KB213490

충칭의 붉은 봄

충칭의 붉은 봄(重庆的红色春天)

2021년 7월 28일 초판 발행
2021년 7월 28일 초판 1쇄

지은이   서명수

발행인   서명수
발행처   서고
주 소   (36744) 경상북도 안동시 공단로 48
전 화   054-856-2177
F a x   054-856-2178
E-mail   diderot@naver.com

I S B N   979-11-960696-7-4(03910)

다큐소설

충칭의 붉은 봄

서고

등장인물

시진핑, 보시라이, 저우융캉, 구카이라이, 후진타오, 쩡칭훙, 장쩌민,
마오쩌둥, 원자바오, 왕치산, 왕양, 바이든, 닐 헤이우드 등

‘이 소설은 실제가 아닌 상상에 의한 픽션입니다. 다큐멘터리(논픽션)가 아닌 허구에 의한 소설이라는 점을 분명히 밝혀둡니다. 따라서 소설 속에 등장하는 인물과 사건은 실재하는 인물의 이름을 편의에 의해 차용한 것임을 거듭 밝힙니다.’

차례

제3부
음모와 배신

종이의 밝은 면

프롤로그

"밥 짓는 동안 잠깐 꾼 꿈에 지나지 않는

한단지몽邯鄲之夢인가,

한바탕 놀았더니 잠에서 깬 일장춘몽一場春夢이던가,

아니면 나비가 되어 날아간 호접몽胡蝶夢이던가.

천하天下를 다스리는 천자天子의 꿈이

눈앞에 다가왔다가 허망하게 깨져 버렸다.

세평짜리 독방에서 하루를 보내는 수인囚人의 신세,

자금성紫禁城을 벗어나지 못한

어린 마지막 황제의 처지와 다를 바 무엇인가.

그 허망한 꿈에서 깨어나니 황금빛 고궁古宮이 아니라

간수들이 눈을 부라리는 친청秦城이었네..."

-보시라이의 일기 中

_____

1

눈을 감았다.

어떠한 판단도 할 수가 없었다.

사실 쿠데타(정변)를 계획했다지만 구체적인 실행준비가 전혀 돼
있지 않아 섣불리 움직일 수 없었다.

최고지도자의 집무실이 있는 '중난하이'中南海에서는 즉각적인 긴
급 당 중앙군사위원회가 소집됐다. 곧바로 특공조를 청두成都 미국
총영사관으로 급파하는 등 긴급조치가 발동됐다는 보고가 들어왔다.

미국 총영사관을 부수고 들어가는 한이 있더라도 '그놈'을 잡아와
야 한다는 생각이 앞섰다.

충칭重庆에서 따라붙은 무경武警 1개 대대와 장갑차 등 중무장병
력이 총영사관을 둘러싸고 2중의 포위망을 구축했다. 당 중앙과 충칭
에서 각각 보낸 두 무장병력이 관할다툼을 벌이면서 일촉즉발의 무력
충돌 일보직전이었다.

미국영사관으로 도망치기 전에 재빨리 선수를 쳤어야 했다.

한 발 늦었다.

청두까지 가서 미국영사관에 피신하리라고는 상상도 하지 못했다.

엎질러진 물이었다.

2월2일.

충칭 시정부 신문판공실은 충칭시 '웨이보'微博를 통해 왕리쥔王立
軍 공안국장을 교육 과학 총괄 부시장으로 전보 임명하는 인사안을
발표했다.

2월3일.

충칭시 '문화선전공작회의'에서 보시라이는 웨이보에 발표된 인사
안이 확정되지 않은 '유언비어'라고 일축했다.

다음 날, 왕리쥔 공안국장을 공안업무에서 배제한 것은 정상적인
인사라고 공식발표하면서 전날 입장을 철회했다.

인사가 오락가락했다.

2월5일.

왕 국장은 출근하자마자 충칭사범대 부속병원에 가서 건강검진을
받았다.

검진결과 건강상태에 별다른 이상이 없다는 진단소견을 받았다.

그는 주변사람들에게 교육 부시장으로 가게 된 것은 '아주 좋은 기회'
라고 말하며 이번 인사를 흔쾌하게 받아들이는 모습을 연출했다.

2월 6일.

왕 국장이 부시장으로 첫 출근하는 날이었다.

평소와 다름없다는 듯 그는 부시장실로 정상 출근했다.

점심식사 시간이후부터 왕 국장은 부시장실에서 보이지 않았다.

2월 7일.

중국판 SNS 웨이보에 청두成都 소재 미국 총영사관 주변을 무장경찰이 포위하고 주변을 통제하는 등의 돌발사태가 벌어졌다며 사진이 실시간으로 올라왔다.

고위층이 미국에 망명했다는 소문도 올라왔다.

망명자는 충칭시 공안국장에서 쫓겨난 왕리쥔이라는 추측이 제기됐다.

이날 저녁이 되자, 왕 국장이 미국 망명을 요청했고 워싱턴과 베이징이 이 문제와 관련, 협상중이라는 익명의 미대사관 관계자 입장이 나왔다.

'왕리쥔이 누구인가?' 웨이보에는 범죄와의 전쟁을 이끈 충칭의 '인민영웅'이라며 그의 사진이 속속 올라왔다.

랴오닝성辽宁省 따리엔大連시에서부터 보시라이의 최측근으로 일한 왕 국장은 충칭시에 와서는 타고난 공안감각으로 '충칭판' 범죄와의 전쟁이라고 할 수 있는 '창홍따헤이'唱紅打黑(혁명을 찬양하고 범죄를 척결하는)캠페인을 성공적으로 수행해 온 인사였다.

#2 _____

린뱌오林彪 원수에 대한 마오毛의 불신은 한계에 달했다.

마오쩌둥毛泽东 주석은 아주 비밀스럽게 움직였다. 린뱌오를 중심으로 한 반대세력들이 정변政变을 꾸며고 실제로 움직이는지를 직접 확인하고 싶었다.

8월 14일

1호 열차가 베이징을 떠났다.

마오 주석의 1호 열차는 '중앙경위단'이 열차운행을 시작함과 동시에 중앙철도국에 운행일정을 통보해줄 뿐 구체적인 일정과 목적지는 알려주지 않았다. 열차가 움직이는 동안 그 철로의 모든 노선이 일시 통제된다. 1호 열차는 유람하듯이 우한武汉과 창사长沙, 난창南昌, 항저우杭州를 거쳐 마침내 상하이上海에 도착했다.

중앙경위단장(경호실장) 왕둥싱王东兴은 주석이 최애最愛하는 열차순행에 진절머리가 날 듯 했지만 한 치의 오차 없이 능숙하게 지방 순회일정을 조율했다.

주석은 베이징 주석궁에 머무르기 보다는 열차를 타고 지방에 머무는 것을 선호했다. 기차에서는 수시로 댄스파티를 열어 주석을 즐겁게 했다. 수행여성 접객원 뿐 아니라 현지에서도 10여명의 무희舞姬들을 조달했다. 베이징을 방문하는 외국수반들에게 '혁명의 상징'이라며 '홍샤오로우'紅燒肉 자랑하는 일도 지겨울 때가 있다.

무엇보다 마오 주석은 문화대혁명(문혁, 1966년)이후 밤에는 거의 잠을 자지 못했다. 일상이 뒤죽박죽, 밤낮이 바뀌었다. 한 밤중이 되면 정신이 또렷해진 마오는 비서를 시켜 보고서를 가져오게 해서 밤새 읽었고, 어떤 날은 물리학자와 수학자를 불러 '우주굴기'宇宙崛起의 필요성을 설파하기도 했다. '창정'長征이라 불리는 중국의 '우주굴기' 프로젝트가 60년대초 시작된 것은 마오주석의 우주개발에 대한 각별한 관심 덕분이다.

그러다 베이징이 지겨워지면 열차에 올랐다. 열차를 타고 베이징을 벗어나면 '대장정' 기분이 났다. 우한에서는 일주일 이상 머무르곤 했다. 문화대혁명을 발동하기 직전이었다. 후계자 류샤오치刘小奇 주석을 상대로 파상공세를 시작하기에 앞서 우한에 열차가 멈추자 그는 '장강'长江에 뛰어들었다. 강을 거슬러 수영하면서 아직도 건재하다는 걸 과시한 기억이 아련히 떠올랐다.

"그 날은 너무 기분이 좋아서 밤새도록 파티를 벌였지... 그러나 이제 그렇게까지 파티를 한 수가 없어..."

그가 지방으로 다니는 이유 중의 하나는 인민의 눈을 피해 파티를 즐기기 위해서였는지도 모른다. 당의 지방지도자들은 마오 주석의 갑작스러운 방문을 두려워하면서도 기다렸다. 주석을 잘 대접해서 눈에 들면 언제든지 주석의 총애를 받아 중앙무대로 발탁될 수있었다.

린뱌오의 아들 린리궈林立果가 공군 내에 만든 비밀 사조직에 대한 상세한 첩보가 올라왔다.

두 달여 전이었다. 마오는 린리궈의 반역행위에 대해 가타부타 단한마디도 언급하지 않았다.

그러다가 우한에 가서 지역군구사령관을 만난 자리에서 린뱌오에 대해 언급한 바 있다.

"지방의 군 지휘관들은 그들의 편에 서지 않을 것이라고 믿고 있네. 인민해방군은 절대로 반역을 저질러서는 안돼. 만일 그런 일이 벌어진다면, 나는 다시 '징강산'井刚山으로 들어가서 유격전을 감행할수도 있어. 장군! 알겠나!"

주석의 메시지는 짧지만 단호했다.

'린뱌오든 누구든, 나의 자리(황제)를 노리는 일이 벌어진다면, 당의 분열을 책동하는 '주자파'의 첩자라고 생각해서 용서하지 않겠다.'

마오의 입에서 린뱌오의 이름이 구체적으로 나오지는 않았다. 당시 마오가 주시하던 1호 경계대상이 공식 후계자 '린뱌오'라는 것은 삼척동자도 알고 있었다.

린뱌오 원수는 마오 주석이 지명한 공식후계자가 되면서 당 서열 2인자의 지위에도 올랐다. 그러나 린뱌오에 대한 마오 주석의 의심이 쌓여갈수록 그의 위상은 위태로웠다. 마오 주석은 한 달간 1호 열차를 타고 지방으로 돌아다니면서도 베이징으로는 돌아가지 않았다.

9월 12일이었다.

한 달여 만에 1호 열차가 베이징 서역에 도착했다.

주석은 곧바로 중난하이로 향했다.

베이징에 도착하기 직전 그는 경악할 암살계획 전모를 보고받았

다. 왕 단장은 즉각 중앙경위단 직할부대를 역사에 사전 배치했다. 폭발물은 발견되지 않았다. 저장성 쑤저우苏州에서 긴급 타전된 정변政变보고서에 따른 조치였다.

'쑤저우의 쇼우팡硕放 철교 아래에서 다량의 폭발물이 발견됐다. 1호 열차가 지나가기 이틀 전 교량 점검을 통해 발견했다.'

1호 열차 통과를 노린 폭발물이었다.

중난하이에 여장을 푼 지 두 시간여 지난 밤 10시가 조금 지났다. '베이다이허'北戴河 별장을 지키던 중앙경위단 장훙张宏 단장으로부터 긴급 직통전화가 왔다.

'린뱌오의 딸 린리헝林立衡의 긴급 전언에 따르면, 린뱌오의 부인과 아들이 린뱌오를 납치해서 국외탈출을 시도하고 있습니다.'

1호 열차의 베이징 안착소식이 전해지자마자 마오 암살을 시도한 린뱌오 측이 자신들의 암살 시도와 정변계획이 들통 난 것을 알고 선제적으로 도주를 시도한 것이다.

마오 주석을 암살하려는 3중, 4중의 계획이 모두 실패했다.

린리궈는 공군을 통해서도 마오를 암살하려는 계획을 짰다.

린뱌오는 내키지 않았지만 아들의 계획에 따랐던 모양이다.

주석의 1호 열차를 폭파하고, 만일 이 시도가 실패했을 경우에는 공군 4군단 사령관 왕웨이궈가 마오를 직접 저격하겠다는 보완계획도 드러났다. 3차 시도는 1호 열차가 상하이에 도착하면, 홍차오虹橋 공항 근처의 석유저장소를 폭파시켜 열차를 날려버린다는 복안도 있었다. 그것마저 실패할 경우, 베이징으로 귀환하는 길의 '쇼우팡'硕放 철교를 폭파시키는 것이었다.

3

'태상황' 마침내 ...

장쩌민江澤民 전 중국공산당 총서기이자 국가주석이라는 당 원로의 존재는 중국에서 각별했다. 마오쩌둥과 덩샤오핑이라는 걸출한 두 지도자 이후의 신중국은 장쩌민과 그의 정치적 기반인 상하이방이 차지한 세상이었다.

덩샤오핑에 의해 지명된 4세대 지도자, 후진타오의 정치적 기반인 공산주의청년단(공청단)의 세력기반은 취약했다. 집권 10년간 후진타오는 상하이방과 장 전 주석에 눌려 제대로 권력을 장악하지도 못했다. 차기 후계구도에서도 후 주석의 의중은 전혀 반영되지 못했다.

결국 차기후계는 상하이방의 의도대로 공청단이 아니라 시진핑으로 넘어갔다.

권력추가 후 주석에게 넘어갔지만 상하이방이 주도하던 권력에는 큰 변화가 없었다. 새로운 지도자가 등장하면 권력추도 이동하게 마련인 권력의 속성이 전혀 작동하지 않았다.

그의 사망설은 주기적으로 터져 나왔다.

그 때마다 그는 보란 듯이 '무덤'에서 뚜벅뚜벅 걸어 나왔다.

2022년 7월1일, 중국공산당 건당建党(창당) 101주년을 맞이했다.

200주년을 향한 새로운 100년이 시작되면서 전 중국이 붉은 깃발로 뒤덮였다.

톈안먼 광장도 붉디붉은 오성홍기로 치장됐다. 바이든 미국과의 미중대결에서도 승리할 수 있다는 중화주의가 중국인의 심장을 뛰게 했다. 미중전쟁의 지도자는 당연히 '시따거', 시진핑이었다. 시진핑은 이제 장쩌민, 후진타오 전 주석을 뛰어넘어, 마오쩌둥과 덩샤오핑에 버금가는 3대 지도자의 반열에 올랐다.

중난하이 안팎의 분위기는 묘했다. 시진핑 주석의 3연임을 사실상 공식화한 중국공산당 창당 101주년에 즈음, 새로운 100년을 시작하자는 시 주석의 결기에 찬 경축연설에 대한 절대적인 지지 속에 예기치 못한 변수가 돌출한 듯 했다. 주석 판공청이 분주하게 돌아가고 있었다. '절대권력 질주'에 반대하는 학자들의 목소리가 간헐적으로 터져 나왔지만 중국내에서는 찻잔 속의 물방울이었다.

태상황太上皇.

후진타오 주석을 꼼짝 못하게 한 '상왕' 노릇 10년에 이어 시진핑 주석 시대에는 '태상황'으로 군림할 줄 알았다.

그러나 '보시라이사건'은 장쩌민과 상하이방의 정치적 영향력에 족쇄를 채웠다.

'상왕'은 고사하고 시 주석 집권 초반, 상하이방의 핵심 측근그룹에 속한 보시라이, 저우융캉 등이 '부패호랑이'로 낙마했고 그들의 재판에 대중의 관심이 집중됐다.

라오바이싱은 알고 있었다.

그가 부패호랑이의 우두머리라는 걸 모르는 사람이 없지만, 시진핑은 절대로 그를 단죄하지 못한다는 것을...

공산당창당기념일부터 흘러나오던 이상한 낌새는 곧 대중에게 확산되기 시작됐다. 장의 동정은 이미 중국공산당 100주년 행사에 보이지 않아 건강악화설이 기정사실화된 바 있다.

2022年 7月 5日 저녁 7시 중국 관영 중앙방송(CCTV) 메인뉴스시간 국영 신화통신과 더불어 긴급속보가 메인뉴스로 떴다.

'중국공산당 전 국가주석이자 중앙군사위원회 주석, 중국공산당 총서기를 역임한 장 동지가 신병치료를 위해 베이징 301 인민해방군병원에 입원, 치료를 받아왔으나 병세가 악화되어 2022년 7월5일 오전 6시 서거逝去하셨습니다.

이에 중국공산당 중앙전국인민대표회의와 국무원, 중앙군사위원회는 전 당과 전 군 및 전국 각 민족과 인민에게 장 동지의 서거를 고告합니다.'

당 97세였다.

덩샤오핑이 94세로 세상을 떠난 것보다 3년이나 더 장수했다.

가을로 예정된 '20대 공산당 대회'를 앞두고 맞이한 갑작스러운 제3세대 지도자의 사망은 중국공산당의 정치지형을 변형시킬 수도 있는 중대한 변수가 될 수도 있다.

그동안 수시로 흘러나오던 사망설은 마침내 한 줄 부고로 돌이킬 수 없는 현실이 됐다.

'일평생 중국인민을 사랑하신 제3세대 지도자 장쩌민 전 중국공산당 총서기이자 국가주석 동지께서 5월28일 인민해방군 301병원에서 서거하셨다.'

관영 CCTV는 마치 이날을 준비라도 한 듯 곧바로 장 전 주석을 추모하는 일대기와 다큐멘터리를 방영했다.

마오쩌둥 주석과 2세대 덩샤오핑 동지에 이어 10년간 신중국을 이끈 3세대 지도자 장쩌민, 그에 대해서는 인민들 사이에서 호불호好不好가 갈렸다. 장쩌민 시대는 집권 10년으로 마무리되지 않았고 4세대 후진타오 시대 막후 권력은 장쩌민세력이 행사했다. 후 전 주석은 집권후반기에도 '장쩌민 그늘'에서 완전하게 벗어나지 못했다. 상하이 방의 정치적 영향력은 광대무변했다. 그가 황제를 호령하는 '태상황' 太上皇이라 불렀던 것은 그 때문이다.

후진타오에 이어 시진핑 시대를 연 막후 주역이 장 전 주석이었다. 후 전 주석을 중심으로 한 공청단 중심의 젊은 개혁파들은 2005년 상하이 사회보장기금 수뢰사건을 계기로 대대적인 상하이방 숙청을 시도했으나 발본색원에 실패했다. 상하이방의 역습에 후 주석 측은 대응하지 못했고, 리커창 대신 시진핑을 후계자로 양보할 수밖에 없었다.

상대적으로 시골구석이라고 할 수 있는, '저장성 서기' 출신 시진핑을 일약 상하이 서기로 보내 '대스타'로 키워 후계수업을 쌓도록 한 후, 베이징으로 입성시킨 것은 장쩌민-쩡칭훙 합작품이었다.

상하이방과 석유방의 조합이기도 한 이 부패한 당 원로들은 '태상황'보다 더 막강한 권력을 가졌다. 당 조직부장, 선전부장 등 핵심 당직을 장악, 당과 국무원 인사를 좌지우지했고 국유기업도 주물렀다.

보시라이 충칭시 서기 휘하의 공안국장 망명시도사건 역시 이들 세력의 정치공작의 '역풍'이었다. 차기지도자 승계를 8개월여 앞두고 돌출된 이 사건은 장 전 주석 측의 관심이 온통 자신들의 정치적 영향력을 지키는 것 외에는 없다는 것을 적나라하게 노출했다.

그 사건 직후 '후진타오-시진핑 연대'가 가시화됐다. 상하이방의 반격이 간헐적으로 이어졌지만 시진핑 시대는 권력갈등의 연속이었다.

시 주석은 대대적인 공직사정에 나섰다. 대중의 눈에 드러난 '부패호랑이'는 보시라이 충칭시 서기와 저우융캉 정법위 서기 정도에 그쳤다.

장쩌민과 쩡칭홍의 위상은 무너지지 않았다.

두 원로가 건재하는 한, 시 주석과 후 전 주석도 편히 발 뻗고 잘 수는 없을 것이다.

장이 '이빨과 발톱이 다 빠진 늙고 병든 호랑이'에 불과하더라도 그를 잡아서 대중에 넘기기에는 위험했다.

장이라는 울타리 안에서 무소불위의 권력을 휘둘러 온 황태자가 쩡 전 부주석이다.

'장 동지' 사망은 쩡 전 부주석에게 치명적인 위기로 다가왔다.

시진핑의 장기집권전략은 장쩌민과 후진타오 등 당 원로들의 정치적 동의를 받는 것이었다. 장기집권의 길을 스스로 여는 위험한 도전이 아니라, 당 중앙위원회의 강력한 요청이라는 시대적 요구와 살아있는 두 전직 최고지도자 등 당 원로의 추대를 통해 미중대결구도를 이끌 수 있는 강력한 지도자로 자연스럽게 '종신집권'으로 가겠다는 전략이었다.

장의 건강상태는 판공청이 시시각각 파악해야하는 중대현안이다.

결국 그가 운명했다. 더 이상 원로들의 동의가 필요없게 됐다.

쩡 부주석의 건강도 좋지 않았다.

판공청은 장 동지의 연명치료를 중단하고 사망사실을 공식발표하도록 지시했다. 단 당 창당 기념일 이후.

신중국 200년을 향한 대장정이 시작된 이후다. 장쩌민과의 동행은 여기까지였다.

장은 상하이 자택에 머물고 있다고 알려져 있었지만 오랫동안 인공호흡기에 의존한 연명치료를 해왔다.

장의 공개 활동 모습이 대중에 노출된 것은 2019년 '국경절'(10월1일)이 마지막이다. 중화인민공화국 성립 70주년 열병식이 열린 톈안먼 사열대 성루 시 주석 양옆에 후 전 주석과 함께 나란히 선 모습이 CCTV에 생중계된 바 있다.

70주년이라는 '꺾어지는' 성대한 열병식에 건강이 좋지 않은 장이 나타난 것은 트럼프 당시 미국 대통령과의 첨예하게 맞붙은 '미중전쟁'상황에서 어려움을 겪고 있던 시 주석의 리더십에 당 원로로서 힘을 보태달라는 요청에 응한 것이다.

2017년 10월 제19차 당 대회 참석이후 2년 여 만에 이뤄진 공개행 보였다.

국경절 행사 내내 그는 열병식을 꼿꼿이 지켰다.

장의 장례는 '중국공산당장'葬으로 성대하게 인민대회당에서 치러졌다.

일주일간 인민대회당을 비롯한 공공기관에는 오성홍기가 조기로 내걸렸다.

베이징은 그러나 장을 애도하는 분위기보다도 정체모를 긴장감이 감돌았다.

태상황이 사라진 '상하이방'은 '좌장'격의 쩡칭훙만으로는 정치세력으로 온전하게 살아남기 힘들어졌다. 와해는 시간문제다.

여전히 시 주석 이후의 후계구도가 한 치 앞이 보이지 않는 오리무중에 빠져있었다.

아니 사실은 시진핑의 장기집권 포석이 구체화된 것이다. 그가 10

년 집권이후에도 물러나지 않는다는 사실을 라오바이싱老百姓이 받아들이기 시작했다.

'베이다이허' 회의가 조만간 열리면 정리에 나서겠지만 당의 구심점이 무너진 마당에 원로들이 물러나라할 가능성은 희박하다.

반대급부로 후 전 주석 아들 '후하이펑'이 '차차기'후계로 약속됐다는 소문이 나돌았다.

마오쩌둥毛泽东과 덩샤오핑邓小平이라는 두 지도자에 대한 평가는 중국공산당 당장黨章. 당헌에 마오쩌둥과 덩샤오핑 사상을 명기할 정도로 각별하다.

3세대 지도자인 장쩌민은 그런 반열에 오르지 못했다.

비록 1998년 톈안먼사태를 맞아 덩샤오핑을 비롯한 당내 보수파가 장 전 주석을 사태수습 적임자로 선택했다. 그는 그러나 덩의 주도하에 후야오방과 자오쯔양이 이끌어 온 '개혁개방'을 지연시키고 반대

하는 등 시대를 역행했다.

장쩌민 역시 장기집권을 꾀했다. 그는 '7상8하'라는 관행을 깨려다 반대에 막혔고 결국 덩이 생전 '격대' 후계로 지정한 후진타오에게 물려주고 뒷전으로 물러났다.

후 전 주석은 공식적인 중국공산당의 최고지도자였지만 막후 권력의 횡포에 속수무책 당했다. 중국공산당 정치국 상무위원회는 상하이방 등 장쩌민계가 다수 포진하는 구도여서 후 주석 독자적으로 할 수 있는 게 없었다.

그러나 후진타오는 리커창을 후계자로 키웠다.

분루憤淚를 삭이며 절치부심 기회를 노린 후 전 주석이다. 장은 암에도 걸리고 건강이 좋지 않았지만 살아남아 태상황으로 군림했다. '베이다이허 회의'에도 나오지 못할 정도로 건강이 좋지 않아 휠체어를 타는 신세였지만 불사조였다.

사망설이 나돌 때마다 불사신처럼 건재를 과시했다.

그의 사망설에 대해 중국당국이 공식부인하고 나선 적도 여러 번

있었다.

2011년 7월이었다.

장이 7월1일 베이징 인민대회당에서 열린 '중국 공산당 창당 90주년 기념행사'에 참석하지 않았다는 사실이 전해지자, 장의 건강에 심각한 이상이 있는 것이 아니냐는 소문이 돌았다.

2008년 8월 베이징 올림픽 개막식과 2009년 10월 건국 60주년 기념 열병식을 비롯한 주요 정치행사에 꼬박꼬박 참석한 그가 중국 공산당 창당 90주년 행사에 보이지 않자 건강이상설이 제기된 것이다.

이때 미국에 서버를 둔 '보쉰博訊닷컴'이 2011년 7월 6일 오전 소식통을 인용 "장 전 주석이 0시 전후 베이징 301병원에서 사망했다"고 보도했다. 사망설이 해외언론을 통해 급속 확산되자 관영 신화통신이 사망설을 공식부인했다.

신화통신은 7일 '권위 있는 소식통'을 인용 "장이 병으로 사망했다는 최근의 몇몇 외국 언론의 보도는 순전히 소문일 뿐이다"라며 사망설을 부인했다.

관영매체가 직접 은퇴한 최고위 지도자의 사망설에 대해 직접 해명을 하는 이례적인 사건이었다.

어쨌든 주요 정치행사가 있을 때마다 장의 건재여부는 주요 관심사안이었다.

그가 살아있는 것만으로도 '상하이방'이라는 정치세력에게는 든든한 울타리가 됐다.

그러나 이제 그의 시대는 갔다.

시주석 장기집권으로 굳어진 후계구도에 새로운 바람이 불까.

보薄 서기는 숨이 턱 막혔다.

이류허가가 나지 않았다.

수화기 너머에서 후胡 주석의 노기怒氣어린 목소리가 전해질 정도
로 당 중앙의 분위기는 살벌했다. '(보 서기를)당장 잡아오라'는 격노

에도 불구하고 저우융캉周永康은 자신이 해결하겠다며 베이징에서 충칭으로 곧장 날아갔다.

보시라이는 저우융캉을 직접 만나 자초지종을 설명하고 이 사태를 해결하는 데 적극 도와줄 것을 요청하려고 기다렸다.

대신 저우는 보시라이의 전화통화조차 거부했다.

단호했다.

두 사람이 직접 만나 조율할 경우, 당 중앙의 의심을 살 수 있었다.

저우는 보시라이의 비행허가를 내주는 선처를 베풀었다.

수송기는 서서히 충칭 장베이江北공항을 이륙했다.

함께 탄 공안국장 직무대리와 무장경찰부대장 및 산하 지휘관들은 긴장된 표정을 풀지 않았다. 행선지도 정확하게 모르는 그들은 단 한 순간도 긴장을 늦출 수가 없었다.

중국공산당 정치국 상무위원회라는 '최고권부'로 진입하기 위한 마지막 관문에서 이런 일이 벌어지리라고 그 누구도 상상하지 못했다.

'狗崽子(꼬우짜이즈. 개새끼)!'

혼잣말이었지만 그의 입 밖으로 튀어나온 거친 욕설에 부하들이 놀라서 일제히 고개를 돌렸다가 황급하게 시선을 돌렸다.

"보시라이는 극도로 무정無情하고 의리가 없습니다. 그가 문화대혁명 때 부친을 고발하는 등 홍위병으로 앞장서 투쟁하고 형제자매는 물론 전처前妻를 대하는 태도만 봐도 알 수 있습니다. 저는 그런 보 서기를 위해 일하다가 갈비뼈 두 대가 부러지고 칼을 맞기도 했지만 나를 개보다 못하게 취급했습니다. 더 이상 보시라이를 위해 일을 하지 않으려고 하자 저의 운전기사 등 제 부하들을 체포, 협박했습니다."

왕리쥔 공안국장이 당 중앙기율검사위에 제출한 자필편지는 모두를 경악시켰다.

비행 내내 불안해했다.

보시라이는 안절부절이었다.

저우 서기가 비행허가를 내주기는 했으나 수송기는 인민해방군의 공격 표적이 될 수도 있었다.

베이징에서 마음만 먹으면 언제라도 격추시킬 수 있었다.

40년 전 비행기로 도망치던 '린뱌오'林彪처럼 '반역혐의로 도주중'이라는 보고서 한 장이면 최신형 '둥펑'东风 미사일 한 방으로 비행기는 산산조각이 날 것이다.

2월8일 아침.

충칭시의 최고지도자 보시라이가 부재중인 가운데 '심화공작회의'가 소집됐다.

회의는 베이징에서 급히 내려 온 저우 서기가 주재했다.

충칭시 신문판공실은 '왕리쥔 부시장(전 공안국장)이 장기간의 과다한 업무로 몸이 불편해서 병가를 내고 치료중'이라고 짤막한 보도자료를 냈다.

그 시각, 보시라이는 윈난성 쿤밍昆明에 도착, 곧바로 제14집단군 사령부를 찾았다.

14집단군 40사단은 보이보(보시라이 부친)가 중국혁명과정에서 이끌던 항일유격대를 홍군에 편입하면서 창설한 사단이다. 그런 인연으로 40사단은 '보씨집안 군대'薄家军라고 불렸다. 평소 보시라이가 자랑하는 부대였다. 국경선을 맞대고 있어 인민해방군 최정예부대의 하나로 꼽힐 정도로 자부심이 강하다.

보시라이는 부대에 도착하자마자 이 부대에서 사병으로 입대해서 사단장까지 오른, 장요우샤張又俠 사단장을 찾았다. 그는 그러나 얼마 전 '선양沈阳군구사령관으로 자리를 옮겼다. 장 사령관은 연락해 온 보시라이의 전화를 받았다. 후진타오 주석의 지시로 시진핑习近平 부주석이 건 긴급전화도 거의 동시에 왔다. 시 부주석은 '14집단군이 보 집안과의 인연을 중시히다가 인민을 배신하는 결과를 만들어서는 안된다.' 며 장 사령관에게 즉각 14집단군과 40사단의 동요를 막아달라고 당부했다. 쿠데타에 가담하지 말라는 강력한 압박이었다.

보시라이는 40사단사령부에서 '혁명열사 전시실' 등을 둘러보며 장 사령관의 호응을 초조하게 기다리는 중이다.

'정변'을 입 밖으로 내뱉지는 않았지만 실행에 나설 때, 확실하게 동참할 수 있는 지, 의사를 타진한 것이지만, 당 중앙군사위와 시 부주석 그리고 장 사령관 등의 압박이 전해지면서 14 집단군은 보시라이에게 냉담했다.

이틀간의 40사단 설득작업은 사실상 무위로 돌아갔다. 이대로 충칭으로 돌아가는 것은 '백기투항'을 하고서라도 살아남아 후일을 도모하기 위한 협상에 나서겠다는 것이다.

'베이징 문턱도 넘지 못하고 나 혼자 죽어야 하는가.'

좌절감에 분노가 치밀어 올랐다.

2월10일.

중국공산당 중앙군사위원회 실세 쉬차이허우徐才厚 부주석과 궈보슝郭伯雄 부주석이 잇따라 광둥과 난징 군구 부대를 직접 시찰했다.

쉬차이허우는 "(인민해방군은)사상을 통일하고 후 주석의 지휘에 따라야 한다"고 강조하면서 "올해는 당과 국가발전에 특별히 중요한 의미가 있는 한 해"라고 말했다.

관영 신화통신은 군부실세의 부대시찰에 대해 신속한 보도를 내놓았다.

군부는 '경거망동하지말라'는 엄중한 경고의 메시지였다.

같은 날, 중앙군사위 총정치부 주임 리지나李繼耐는 총정치부 및 산하기관 군 간부 2천여 명을 소집, 훈시를 통해 '정치를 중시하고, 큰 국면을 잘 살피는 동시에 규율을 지켜야 한다'는 강화講話를 내놓았다.

군 수뇌부의 긴급 메시지는 보시라이에 의한 정변가능성이 남아있는 군부내의 혼란상황에 대한 사전 제압의 의미를 담고 있었다. 특히 이들 군부 지도자가 상하이방계라는 사실은 시사하는 바가 크다.

며칠 동안 서남지역 군부에 대한 보시라이의 규합에 맞선 일촉즉발 대결 양상이 빚어졌다.

아 린뱌오

마오쩌둥 주석의 주치의를 지낸 리즈수이李志綏가 〈마오쩌둥의 사생활〉을 통해 폭로한 린뱌오林彪의 첫 인상은 충격적이다.

"그는 군복을 입고 있었는데 군복이 너무나 꽉 끼어서 완전히 몸에 달라붙어 있었다. 가냘픈 체구에 키는 작았는데 두꺼운 가죽장화를 신고 있었다. 얼굴은 창백했고 군데군데 빠진 머리카락을 가리기 위해서인지 실내에서조차 군모를 썼다. 그의 눈동자는 아주 검어서 동공과 홍채를 분간하기 힘들 정도였고 눈에서는 거의 영적인 광채가 흘러나오고 있었다."

당시 린뱌오는 극심한 우울증과 신경쇠약증에 걸려있었다.

그래선지 햇빛과 바람을 두려워해서 외출을 거의 하지 않았다.

무엇보다 후계자로 지목된 이후 부쩍 더 심해진 마오 주석의 의심과 감시와 변덕스러움이 린뱌오를 극도의 신경쇠약으로 몰았다.

린뱌오의 아내 예췬은 리즈수이에게 "남편이 1940년대에 아편중독

중에 걸린 후 모르핀 주사를 계속 맞아왔다"고 털어놓았다. 국공내전 승리직후인 1949년 말 린뱌오는 아편중독증 치료를 위해 소련으로 후송된 적이 있다. 이후 다시는 아편에 손대지는 않았지만 후유증 탓인지 린뱌오의 행동은 아주 이상해졌다.

린뱌오 원수 일행을 태우고 산하이관山海关공항을 이륙한 비행기는 남쪽으로 비행하다가 급히 북쪽으로 기수를 돌렸다.

급하게 도주하느라 급유를 하지도 못한 채 이륙한 탓이다.

린뱌오가 탄 비행기가 네이멍구内蒙古 방향으로 급선회했다. 5분이면 중국영공을 벗어날 예정이라 긴급조치를 바란다는 공군미사일 사령부의 급전이 비빅거리며 타전됐다.

당서열 2인자에 대한 격추는 마오 주석만이 내릴 수 있다.

국무원에 대기하고 있던 저우언라이周恩来 국가부주석도 동시에 긴급보고를 받았다.

저우는 마오에게 전화를 걸어 '린뱌오가 탄 비행기를 즉시 격추시킬 것'을 건의했다.

마오는 잠시 머뭇거리는 듯 했으나 툭 내던지듯 말했다.

"비는 하늘에서 내리고 과부는 재혼하게 되어있네.

우리가 더 이상 무엇을 할 수 있겠나.

린뱌오는 끊임없이 도망치고 싶어했지.

그가 원한다면 그렇게 하도록 내버려두지.

비행기를 격추시키지는 말게."

불과 몇 분 지나지 않아 전문이 다시 들어왔다.

'레이다에서 항공기의 항적이 사라짐. 몽골공화국 경내에 추락한 것으로 보임.'

모든 사람의 시선을 끄는 뛰어난 미모였다.

눈은 수정처럼 반짝거렸고 단아한 표정과 오똑한 콧날, 어디에서도 찾아보기 힘든, 지성을 갖춘 천하절색天下絶色인데도 청순함이 돋보였다.

'그런 뛰어난 미모에 법학을 전공하는 베이징대北大 법학과 학생이라니...'

첫 눈에 그녀에게 빠지지 않을 수 없었다.

결혼해서 아이까지 있는 유부남이었지만 욕심이 났다.

그녀의 집안에 대해 상세하게 조사했다.

부친은 신장위구르자치구 제2서기를 지낸 구징성谷景生이었다.

모친은 송나라 때 명재상 범중엄范仲淹의 직계후손집안이라는 소문이다.

"천하의 근심에 앞서 걱정하고, 천하의 기쁨은 나중에 기뻐한다."

후난성 웨양岳阳시에 있는 악양루에 오른 후, 범증엄이 남긴 '악양루기岳陽樓記'의 명구로 보시라이도 외우고 있었다. 정말 '탐나는' 집안배경까지 갖추고 있었다. 혁명열사 집안에 송나라 재상의 가문이라니 완벽했다.

그는 친구들과 함께 그녀와 우연치 않게 만나는 기회를 '공작'工作했다. 알고 보니 사돈집안이었다. 치밀하게 접근했다. '문혁' 당시 홍위병으로, 부친을 직접 고발하고 인민재판에 세워 뺨을 때릴 정도로까지 철저하게 마오의 홍위병이고사 했던 보시라이.

그의 목표는 베이징대에 입학하자마자 만인의 관심을 끈 '베이따'北大 대표미녀 '구카이라이'谷开来다.

1976년 10월이었다.

마오쩌둥이 사망하면서 '문혁의 시대'가 갑자기 끝났다. 다음 해인 1977년부터 문혁으로 중단됐던 대학입시 '까오카오'高考가 부활했다.

구징성의 5녀 구카이라이도 문혁기간 하방下方당해 방직공장 직공과 점원으로 일하는 등 엄청나게 고생했다.

그러나 타고난 문학적 소양과 실력 덕에 '까오카오'를 통해 베이징대 법학과에 당당하게 합격했다.

20살의 꽃다운 나이였다.

문혁 때는 대학 문턱에 가보지도 못한 채 건달처럼 허송세월을 보내던 보시라이도 대학입시가 부활되자 '태자당' 후광으로 베이징대 역사학과(세계사 전공)에 입학했다. 29살의 만학도였다. 태자당은 태자당이었다.

두 사람의 만남은 우연이라고 치부하기에는 극적이고 운명적이었

다. 9살이나 차이가 나는 두 사람이 같은 해, 같은 대학에 입학해서 만나게 된 것은 보통 인연이 아니다. 보시라이는 정상적으로 대학에 들어갈 수 있는 시기가 한참이나 지났다. 입시를 준비할 시간도 없었다.

그런데도 그는 당당하게 대학에 입학했다. 아버지의 후광 덕이었다.

"눈이 크고 콧날이 오똑했고 야망이 번득이는 얼굴이었다.

멀리서 걸어오는 키 큰 사람이 보이는데 몸에 밴 야망 탓인지 빛이 비쳤다."

보시라이 역시 젊은 시절 외모가 출중했다, 눈에 띌 정도로 훤칠하고 잘생긴 보시라이가 그녀의 눈에도 들었던 모양이다.

두 사람은 이내 연인사이로 발전했다.

두 사람의 연애는 기숙사 동료의 눈에 먼저 발각됐다. 기숙사에서 가깝게 지내는 모습을 여러 차례 동료들에게 들켰다. 얼마 지나지 않아 그가 유부남이라는 사실이 드러나면서 두 사람의 관계는 서먹서먹해졌다.

보시라이는 그러나 그녀를 포기하지 않았다.

곧바로 부인에게 이혼을 요구했다. 그와 결혼할 당시는 베이징 당

서기로 잘나갔지만 문혁이 끝나자 처가 집안은 정치적으로 몰락했다. 아내의 직업은 그가 보기에 보잘 것 없는(?) 군의관이었다.

부인 리단위는 그의 끈질긴 이혼 요구에 호락호락 응해주지 않았다. 순진하기는 했어도 고집이 셌다. 한 아이의 아버지이자 남편이 바람을 피운 후 이혼을 요구하는데 쉽게 응해주는 아내는 없다.

지금도 달라진 게 없지만 당시도 중국에선 간통죄가 없다. 대신 '중혼금지법'이 있어서 이중결혼 행위에 대해서는 엄격했다.

특히 당원은 일반인보다 더 엄격한 도덕을 적용했다. 그가 아직 중국공산당에 입당하지 못한 시기였다.

홍위병시절 지나친 행동에 대한 해명과 복권이 제대로 되지 않았던 탓에 보시라이는 대학을 졸업하고 중국사회과학원에 다니던 80년이 돼서야 비로소 공산당 입당자격이 주어졌다.

그 사이 구카이라이는 법학과를 졸업하고 대학원에 진학, 국제정치학 석사학위까지 마친 후 변호사자격증을 땄다.

  '제14차 4중 전회'를 통해 중국공산당 최고지도자로서 2차 임기(5년)를 보장받은 장쩌민江澤民은 거침이 없었다.

  덩샤오핑邓小平은 '엎질러진 물'이라고 생각했다. 장쩌민에 대한 기대는 실망을 넘어 '절망'으로 바뀌었다. 그는 기대에 부응하지 못했을 뿐만 아니라 무능했고, 개혁개방에 반대한데다 정치술수에 능했다. '4중 전회'를 통해 장쩌민을 퇴임시키고 후계구도를 다시 짜겠다는 그의 구상은 장 측의 선제공격으로 무산됐다. 애당초 그를 '구원투수'로 내세웠던 선택을 후회했지만 이제 지켜보는 것 외에는 할 수 있는 일이 없었다. 당 중앙군사위 주석을 넘겨준 데다 군부 실세 양상쿤楊尚昆마저 군사위 부주석을 물러나면서 군권까지 완전히 넘어갔다. 1989년 이전상황으로 되돌리기에는 덩은 너무 노쇠했다. 그 때 이미 90세였다.

  다음 해 이른 봄, '양회'가 개최되기 직전이었다.

    덩샤오핑의 집무실에 보고서 한 통이 '친전'親展으로 올라왔다. 천시퉁陳希同 베이징 시장과 7개 성省의 당 서기들이 연명으로 작성한 장쩌민의 과거에 대한 고발장이었다.

    덩은 장의 무능과 반개혁적 정책 및 배신행위에 대해 두 손을 들었다. 건강이 나빠진 그 즈음 덩샤오핑의 관심은 '6.4 톈안먼사태' 재소환 여부에 꽂혀있었다.

    톈안먼사태 당시 덩은 자오쯔양趙紫陽을 실각시키고 차오스喬石를 총서기에 기용하는 방안을 염두에 뒀다. 보시라이 부친 보이보薄一波를 비롯한 다수의 당 원로들이 장 상하이 서기(당시직책)를 천거했다. 자오와 차오스는 6.4사태에 대한 온건한 대응자세가 문제였다.

    보이보가 가장 앞장서서 장쩌민을 지지했다.

    장쩌민 세상이 되자 당 중앙판공청을 비롯한 당의 주요핵심부서는 쩡칭훙曾庆红을 비롯한 상하이방이 장악했다. 당 원로들이 '당 중앙

인사는 어느 한쪽이 차지하듯 해서는 안된다'며 질책했지만 장은 들으려하지 않았다. 중국혁명과정에서 '총 한 번 잡아보지 못한' 장 주석은 군부에 대해서는 마음대로 하지 못했다.

병색이 완연해진 덩샤오핑은 장쩌민 고발장을 받아들고서 잠시 생각에 잠겼다.

그리고는 두꺼운 고발장을 테이블위에 내려놓았다. 이미 다 알고 있는 내용이었다. 장쩌민 부친의 친일행각과 본인의 친일행보는 라오바이싱도 소문을 들어 알고 있는 '공공연한' 비밀이었다. 러시아에서의 여성편력, KGB에 포섭됐을 가능성도 당 조직부에서는 파악하고 있었다.

장쩌민을 6.4 톈안먼사태 수습의 '소방수'로 기용할 때 이미 덩은 장 주석에 대한 비리 보고서를 보고받았다. 고발장보다 더 심한 악행을 저질렀다고 한들 지금으로서는 덮어두는 수밖에 없었다. 당 원로들에게 고발장을 공개하고 그의 직무를 정지하고 박탈하는 초강수를 쓸 수도 있다.

그런 모험을 벌이기에 덩은 너무 늙었고 정치적 의욕도 잃었다.

덩은 보고서를 개봉하지 않은 채 보이보에게 건넸다.

'당신이 그렇게 천거한 장쩌민에 대한 고발장이니 그의 실체를 확인하고 당신이 그의 정치적 미래를 결정하라'는 강한 질책이었다.

보이보는 덩이 준 고발장을 받아들고 회심의 미소를 지었다.

마시던 '티에관인'铁关音茶를 진하게 우려냈다. 방안 가득 묵직한 차향이 퍼져나갔다.

"장쩌민, 이 자는 일본제국주의자와 내통한 자로 애국심이 없는 매국노다. 부친 장스쥔 역시 일본제국주의의 괴뢰정부인..."

100여 쪽에 이르는 고발장은 장 주석의 부친 장스쥔의 친일행각에서부터 양아버지 장상칭 아들을 사칭을 통한 장쩌민의 사기행각, 소련정보당국과의 접촉 및 러시아에서의 엽색행각 등은 물론이고 베이징으로 오기 직전, 상하이 시장시절의 비리의혹까지 망라돼있었다.

'인민을 위해 복무하라'为人民服务는 마오쩌둥의 유지를 받들어 '노동자와 농민, 프롤레타리아'의 친구라는 중국공산당이 이런 위선적이고 매국노이자 희대의 사기꾼을 최고시도자로 추앙하는 모순을 지적한 적나라한 고발장이었다.

고발장을 찬찬히 검토한 보이보는 충격과 배신이 아니라 하나의 시나리오를 떠올렸다. 대장정과 혁명, 신중국 건국, 문혁 등의 풍파를 다 겪으며 이제는 당의 원로로 확고하게 입지를 굳혔다. 누구나 허물은 있다. 이제 장 주석의 아킬레스건을 손에 쥐고 아들의 출세에 활용하는 일만 남았다.

덩샤오핑이 보이보에게 보고서를 보낸 것은 두 가지 의미였다. 이처럼 무능하고 질투심이 많고 약점 투성이인 장쩌민을 추천한 원로들을 질책하는 동시에 장 주석 처리를 '일임'한 것이다.

몇 년만 더 젊었다면 덩은 장쩌민을 직접 처리했을 것이다.

덩은 여전히 마오쩌둥를 대신한 살아있는 중국공산당 자체였다.

보이보는 중앙판공청을 통하지 않고 직접 장쩌민 총서기에게 은밀하게 면담을 요청했다. 최고지도자 장 주석은 이미 천시퉁 등 반대세력의 연대 움직임을 파악하고 있었다.

고발장을 비밀리에 보낸 것도 알고 있었다.

"총서기 동지 아주 오랜만에 뵙게 되었습니다."

장 주석을 만난 보이보는 짧은 인사말을 건네고는 곧바로 고발장을 건넸다.

장-보 회동은 보시라이에게 운명을 가른 사건이었다. 장쩌민을 총서기로 천거할 당시 리셴녠 등 여러 원로들이 함께 장쩌민을 지지한 바 있어 보이보의 역할은 n분의 1에 불과했다.

이번에는 결정적인 문건을 보이보가 입수했다. 처리도 하기 나름이다.

칼자루를 보이보가 쥔 것이나 마찬가지였다.

고발장을 본 장 주석은의 얼굴은 잿빛으로 변했다. 보고서를 당 기율위에 제출해서 조사하도록 한다면 총서기의 위상이 흔들릴 정도로 위험했다. 7개 성시 당 서기들의 연명고발장이었다.

"보 동지. 아들은 잘 지내고 있다고 들었습니다. 그동안 제가 도통 신경을 쓰지 못했습니다. 앞으로 아들 보시라이가 중앙무대로 진출할 수 있도록 노력하겠습니다. 그러니...."

장 주석은 보이보의 속셈을 파악했다.

협상은 간단하게 끝났다.

보시라이의 정치적 미래를 보장해달라는 조건 하나였다.

따리엔大连시 당서기인 보시라이가 당 중앙위원 후보로 나섰지만 인심을 잃어 중앙위 진입에 실패했다는 것도 파악하고 있었다.

장 주석은 보시라이의 후견인을 자임하기로 했다.

"부탁할 일이 있으면 중앙판공청 쩡칭홍 주임과 상의하라"

사망후 '혁명열사'로 추존된 삼촌의 양자라는 관계를 이용해 태자당의 영향아래 출세가도를 달린 장 주석과 보이보는 '태자당'이라는 한 울타리를 확인했다.

"총서기 동지. 당 원로로서 앞으로도 당의 발전을 위해 온 몸을 바치겠습니다. 그러기 전에 우선 이 서한을 작성한 자부터 잡아 들이시기 바랍니다..."

고발장과 보시라이의 미래를 맞바꾼 두 사람의 정치적 밀약이었다.

따리엔

모든 것은 따리엔大连으로부터 시작됐다.

그의 야망과 그의 성공을 뒷받침해 준 부풀려진 업적, 영국인 사업가와의 인연, 아내의 헌신과 숨겨진 욕망, 출발점은 랴오닝성辽宁省의 아름다운 도시 따리엔大连이었다.

따리엔은 이탈리아 베네치아처럼 바다가 아름다운 항구도시다.

그래서 중국인들은 따리엔을 '중국 속 작은 유럽'이라며 오래전부터 '동방수성'東方水城이라고 불렀다.

보하이만渤海灣에 자리잡은 천혜의 항구인 '뤼순'旅順항은 동북아 역사에서 빼놓을 수 없는 '군사기지'로 이름이 나기도 했다. 빼어난 풍광을 자랑하는 따리엔은 러시아풍의 웅장한 서양식 건축물과 오밀조밀한 일본식 건물들이 조화를 이뤄 도시를 이국적으로 만들었다.

신중국 건국이후 따리엔은 '패션의 도시'로 이름을 날렸다. 중국 최대 패션도시服裝로 매년 개최되는 '따리엔 패션위크'大连服装节와 '따리엔 국제패션박람회'는 이탈리아 밀라노 패션박람회와 더불어 세계

양대 패선축제로 유명하다.

뤼순항의 지정학적인 군사적 가치를 가장 먼저 발견해서 군사기지로 조성한 것은 청나라 북양대신 리홍장李鴻章이었다. 1881년 10월 뤼순의 백옥산白玉山에 올라 지세를 살펴 본 리홍장은 '한 사람이 관문을 지키면 만 사람이 와도 열 수 없는' 천혜의 요새라는 것을 간파했다. 리홍장은 곧바로 해군기지 건설에 착수했고, 1890년 항구를 둘러싸고 10여 대의 포대를 설치하고 대형함정을 수리할 수 있는 공창(도크)도 건설했다.

'청일전쟁'은 뤼순항의 소유권을 러시아로 넘겼다.

천혜의 부동항이 필요했던 러시아로서는 청일전쟁의 대가로 청나라로부터 따리엔 조차권을 얻어냈다. 러시아는 뤼순항 방어를 위해 2개 사단 3만여 명을 따리엔과 뤼순항에 배치하고 뤼순항에 20만 포대의 시멘트를 퍼부어 콘크리트 요새화를 완성했다.

열강의 한반도 운명을 좌우한 계기가 된 '러일전쟁' 개전(1905년) 역시 뤼순항에서 시작됐다. 극동 최고의 무적함대를 자랑하던 러시아 극동함대는 일본해군의 기습 어뢰공격에 맥없이 당하면서 개전 초기 타격을 입었다. 결국 러일전쟁 패인이 됐다.

1904년 2월 9일 새벽 일본연합함대는 뤼순항에 정박중이던 러시아함대를 기습적으로 공격했다. 자정을 막 지난 0시 20분. 일본 연합함대 어뢰정들은 뤼순항구로 몰래 숨어들었다. '선전포고도 없이' 러시아 극동함대 소속 전함 레트비잔호, 순양함 팔라다호 등을 향해 16발의 어뢰를 발사했다. 태평양전쟁 당시의 일본이 진주만을 공격할 때도 선전포고 없이 공격에 나섰듯, 일본의 전쟁 방식은 선전포고 없는 선제공격이었다.

해상과 항구에서 일본군의 선제기습공격으로 러시아 극동함대가 치명상에 준하는 엄청난 타격을 받았지만 뤼순항은 쉽게 함락당하지 않는 천혜의 요새였다. 일본군은 러시아군이 주둔한 뤼순항을 빼앗기 위해 정예 일본육군을 투입했지만 뤼순항은 난공불락의 요새였다. 일본군은 무려 6만 명의 사상자를 내고 191일 동안 총공세를 폈지만 뤼순항을 공략하지 못했다.

결국 뤼순항과 따리엔을 일본에 빼앗긴 러시아는 만주에 대한 영향력을 일본에 넘겼다.

따리엔과 뤼순항의 군사 전략적 가치는 그만큼 엄청났다.

오랫동안 일본이 조차한 탓에 따리엔大連은 신중국 건국후 왜색倭色풍이 작열하는 '친일도시'로 낙인찍혀, 마오쩌둥 시대, 중앙으로부터 배척당했다.

그러나 랴오둥辽东반도의 끝단에 위치한 천혜의 군사기지이자 전략적 요충지인 따리엔과 뤼순항에 대한 전략적 중요성을 중국공산당이 간과할 리는 없었다.

베이징대에 이어 중국사회과학원(대학원)에서 역사를 전공한 보시라이는 당 원로인 부친의 후광으로 중앙서기처연구실과 중앙판공청에서 공직을 시작했다.

2년 후 보시라이는 부친의 천거에 따라 따리엔시에 속한 '진씨엔'金县 당위원회 부서기로 랴오닝에서의 첫발을 내디뎠다.

보시라이는 왜 정치적으로나 사적으로 특별한 인연이 없는 따리엔大連에 가서 황제의 야망을 꾸게 된 것일까.

제1부

창홍따헤이 唱紅打黑

"공산당을 찬양하고
범죄를 때려잡자"

안개도시 충칭

2007년 12월.

안개가 온 도시를 삼켰다.

장강長江변에 펼쳐진 거대도시 충칭重庆은 한 치 앞을 분간할 수 없는 안개가 지배하는 세상으로 변했다.

누가 '안개는 여자처럼 속삭인다.'고 했던가.

정말로 충칭에선 아름다운 안개의 여신이 속삭이는 듯한 달콤한 환청이 들려온다.

'이제부터 당신의 세상이야. 세상은 당신하기에 달려있어. 천하를 움켜잡으려면 말이야. 촉蜀나라라는 이곳 변방에 웅크렸다가 '천하삼분지계'를 만들어냈던 유비劉備처럼, 여긴 당신에게 주어진 기회의 땅이야.'

'봐라. 세상에 분명한 것은 아무 것도 없지 않은가? 저 안개 속에서 새로운 길을 열어 장강의 물길이 오늘도 도도히 흐른다는 것을 증명해야 하지 않는가? 잠시 권력을 잃은 마오 주석이 이 장강 물결을 다시 만나서 건재를 과시하고, 권력의지를 분연히 과시하지 않았다면 문화대혁명을 발동할 수 있기나 했겠어?'

분간할 수 없는 안개 속에서 부친, 보이보가 나타나 권력의지를 북돋우곤 했다.

'8인의 혁명원로' 중 마지막까지 살아남았지만, 2007년 1월5일 세상을 떠난 부친은 아들의 권력의지를 그렇게 부추겼다.

문혁의 불길 속에서 보이보는 그를 호되게 야단치면서 담금질을 했다.

'아들아 나를 짓밟고 가라. 부패하고 타락한 아버지를 네가 직접 고발하고 비판해야 살아남을 수 있다.'

다른 홍위병들은 차마 인륜을 저버리지 못하고 자신들의 아버지를 인민재판에 세우지 못하고 완장을 벗어던졌다. 그러나 그는 아버지를 직접 고발해서 인민재판에 세웠고 직접 심문하면서 침을 뱉고 뺨을 때리기까지 했다.

'보수잔당의 우두머리이자 반혁명노선추종자 보이보.'

보시라이는 아버지를 고발하는 일에 추호의 거리낌도 없었고 후회도 하지 않았다. 홍위병이 자랑스러웠다.

그때 부친은 어떤 심정이었을까.

홍위병들에게 둘러싸여 목숨마저 위협받은 아버지를 단 한번도 걱정한 적 없는 그는 냉혈한이었다.

그는 아버지를 통해 그렇게 생존의 철학을 익혔다.

도시를 점령한 안개는 해가 중천에 떠오른 지 한참이나 지나도 쉽게 물러날 기미를 보이지 않았다.

아버지가 돌아가신 지 1년이 다 됐다.

충칭시 당서기.

여기까지 오게 된 것이 다 아버지의 덕분이라는 것을 그는 안다.

목표에 도달하기 위해서는 삼국지의 '한신'韓信 대장군처럼 적의 가랑이 밑으로 기어갈 수도 있다.

"'한신'이 되기도 하고 '유비'가 될 수도 있고 때로는 조조가 되라."

문혁이 끝나 부친이 복권되기 전까지 보시라이는 베이징에서 부랑아처럼 살았다.

감옥에 가기도 했지만, 부친의 후광 덕분에 파출소에 잡혀가서도 태자당이라는 이유로 훈방되곤 했다.

충칭重庆시 난산南山 풍경구(관광구역) 산자락에 자리잡은 신축리조트호텔이어서인지 '호텔'은 조용하고 아늑했다. 지난 밤 갑자기 베이징에서 돌아가신 아버지의 오랜 친구들이 충칭을 방문했다는 전갈을 받고는 이 호텔로 모셨다. 영빈관迎賓館이 따로 있었지만 세인의 눈을 피하는 것이 좋겠다는 생각이 들어 비서실장에게 편안한 '안가'를 마련하라고 했다.

'난산리징뚜자판뎬南山丽景度假饭店.'

충칭시내 전경이 한 눈에 내려다보이는 아름다운 리조트호텔이었다. 누가 호텔건축 허가를 내줬는지 모르지만, 풍광이 뛰어난 오롯한 산자락에 고급리조트호텔을 지을 수 있다는 것은 누가 보더라도 특혜였다.

충칭은 늘 안개가 자욱하게 낀다. 중국 최고의 고온다습한 도시로 이름난 데다 '장강'(양자강)을 끼고 있어 늘 축축하게 습기를 머금은 공기가 사람을 미치도록 만들어 외지인은 여름 한 철을 견디기가 어렵다는 곳이다.

아닌 게 아니라 안개는 어쩌다 오는 손님이 아니었다.

안개가 주인으로 군림하는 도시였다.

충칭 서기로 부임한 지 한 달.

12월 들어서자 안개는 더욱 심해졌다.

보시라이는 상습적인 '안개주의보'에 잔뜩 신경이 날카로워졌다.

일출이후 시간이 조금 지나면 안개가 조금씩 걷히면서 도심 교통은 풀렸지만 주변 도시로 이어지는 고속도로는 한나절 이상 통제되기 일쑤였다.

충칭사람들의 기질이 고집이 세고 자의식이 강한 것은 짙은 안개 때문이라고 했다.

따리엔도 바다에서 해무海霧가 무서운 기세로 몰려오곤 했다.

비릿한 바다냄새가 섞여있는 해무는 그러나 해가 뜨면 금새 걷혔다.

충칭에서는 한 달에 하루 이틀 정도는 하루 온종일 도시 전체가 안개 속에 갇혀 벗어나지못했다.

마치 비상 계엄령과도 같은 안개경보다. 공항은 물론이고 고속도로와 간선도로는 완벽하게 차단되는 계엄령이다.

보시라이는 그런 충칭이 묘하게 마음에 들었다.

3천만 명이 북적거리는 이 거대한 도시를 마비시킬 정도로 통제하는 안개와 같은 강한 지도자. 그것이 그가 추구하는 권력이었다.

안개가 몰려오면 그는 짜릿짜릿했다.

따리엔에서도 그랬다.

어느 날이었다.

따리엔 바닷가에 자리잡은 80층 마천루 빌딩에 올랐다.

보시라이는 해무를 뚫고 솟아 오른 자신을 발견했다. 창밖으로 바다 건너편에서 뿜어나오는 금빛 광채가 그의 눈에 들어왔다. 샌프란시스코의 '금문교'였다. 지구 반대편에 있어야 할 도시가 만들어낸 신기루가 그를 '몽환'의 세계로 이끌었다.

따리엔 바닷가에서는 드문 신기루현상이었다.

중국식 샤브샤브인 훠궈火锅중에서도 '충칭훠궈重庆火锅'는 특유의 매콤하고 얼큰한 홍탕红汤과 바이탕白汤, 혹은 青汤이 함께 나오는 태극문양의 '원앙鴛鴦훠궈'로 유명했다. 두 가지 중에서 충칭사람들은 마라麻辣와 라쟈오辣椒를 듬뿍 넣은 '홍탕'洪汤을 선호했다. 충칭사람들의 '매운 맛 사랑'은 '외골수'가 아니라 '외통수', 직진사랑이다.

백탕과 홍탕을 태극모양으로 반을 나눈 냄비에 함께 담아내는 충칭식 '원앙훠궈'가 전국 요리대회에서 대상을 받은 적이 있다.

그 이후 중국 전역에서 '원앙훠궈'가 유행하기 시작했지만 충칭사람들은 원앙훠궈 보다 홍탕만 먹었다.

세계적으로 안개로 유명한 도시는 영국 런던과 에든버러가 제일이다. 충칭은 미국의 샌프란시스코, 터키의 앙카라, 일본 도쿄 등과 더불어 세계 6대 안개도시霧都로 꼽힌다. 충칭에선 년중 1/3인 104일 정도 안개가 낀다.

도심이 아닌 외곽 산비탈에 위치한 '벽산구'璧山区 운무산은 말 그대로 200일 이상 안개에 휩싸여있다.

'안개'를 빼고선 충칭을 얘기할 수가 없다.

'똑똑똑'

노크소리가 들려왔다. 꼬리에 꼬리를 무는 생각의 미로에 빠져 있다가 노크소리가 현실세계로 돌아오게 했다.

공안국장이다.

그보다 더 충직한 부하는 세상에 없을 것이다. '충견'과도 같은 그는 애완견이 아니라 '세퍼드'같이 그를 지키는 든든한 존재였다.

#2 따리엔에서 온 국장

상무부장(장관)에서 곧바로 정치국 상무위원으로 직행할 수 있는 상하이 서기로 승진하기를 기대했지만 역부족이었다.

병석에 있던 부친까지 나서 당 원로들을 설득하는 등 총력전을 펼쳤다. 그러나 정치국 분위기를 역전시키지 못했다.

상하이上海 서기로 있던 시진핑習近平이 정치국 상무위원으로 승진하면서 베이징으로 상경한 데 따른 후속인사였다. 위정성俞正聲이 후임으로 낙점됐다. 위정성은 '태자당'의 큰 형으로 보시라이보다 4살이나 많다. 초대 톈진天津시장을 지낸 위치웨이俞啓威의 둘째 아들로, 문혁 이전인 1964년 공산당에 입당할 정도로 당 경력에서도 몇 수위다. 위 서기는 특히 '상하이방' 좌장 쩡칭훙 부주석과 아주 가까웠다.

상하이 대신 받은 곳이 충칭이었다.

충칭시 서기로 오게 되자 보시라이는 '창훙따헤이唱红打黑(공산당

을 찬양하고 범죄자를 때려
잡자)라는 대형프로젝트를
전면에 내세웠다. 따리엔에
서 시행해 본 '범죄와의 전
쟁'을 충칭에서 '창훙'을 추
가해서 대표캠페인으로 내
세웠다.

따리엔에서 범죄 소탕에
앞장선 왕리쥔을 불러 충칭
시 공안국장에 임명했다.

따리엔의 상주인구는 600
여만 명으로 랴오닝에서는

두 번 째로 큰 도시지만 충칭에 비할 바가 못된다. 충칭시 인구는 무
려 3천200여만 명으로 중국 최대 인구밀집도를 자랑한다. 낙후된 서
부지역개발을 명분으로 후진타오 주석이 야심차게 내놓은 '서부대개
발 프로젝트'의 전진기지이기도 하다.

한마디로 따리엔과는 '물이 달랐다.' 돈이 흘러넘치는 도시다. 세계
적인 글로벌 기업들이 개혁개방이후 각광받던 연안도시에서 벗어나
서부 프로젝트로 눈을 돌려 충칭시의 매력에 눈독을 들였다.

외자가 넘쳐흐르자, 범죄조직들이 활기를 띠기 시작했다. 충칭시
가 적극 나서지 않아도 글로벌기업과 다국적기업들이 앞장서서 투자
의향서를 제출했고 투자유치처 공무원들은 가만히 앉아서도 인센티
브를 챙겼다. 외자투자개발구를 어디에 어떤 규모로 지정하느냐에

따라 투자시장이 출렁거렸고 조직폭력배들의 세력판도가 달라졌다.

보시라이는 따리엔大連에서 투자개발구 조성과, 외자유치 및 투자자들로부터 투자허가를 내주는 일에서부터 건축허가 등 온갖 인·허가권을 어떻게 활용하는지를 완벽하게 알고 있었다. 충칭은 미국 라스베이가스처럼 공무원과 흑사회의 결탁으로 낮과 밤 모두 흥청망청대는 기회의 땅으로 변신했다.

선전과 상하이, 칭다오 등 연해지역 경제발전에 비해 한참이나 뒤처진 충칭은 덩샤오핑의 '산샤陝峽댐 착공과 서부대개발 프로젝트이후 '황금의 땅'으로 각광을 받기 시작했다.

보시라이는 범죄조직을 어떻게 때려잡고, 어떻게 이용할 수 있는지 누구보다 잘 알고 있었다. 그들과 손을 잡지 않고서는 단 하루도편안하게 발을 뻗고 잘 수 없다는 것을 본능적으로 알고 있던 그는'따리엔 방식'을 원용했다.

다른 폭력조직의 힘을 빌려 가장 힘이 강한 조폭, 흑사회黑社會를제압하는 '이이제이'以夷制夷 전략만이 밤의 세상을 지배할 수 있다는 법칙 말이다. 마약과 폭력조직 운영 등 강력범죄에 대해 중국 공안은 가혹할 정도로 엄격하게 대처했다.

문화대혁명이 시작되면서 중국의 폭력조직, 흑사회는 처음으로 제대로 된서리를 맞았다. 전국 조직을 갖추고 있던 흑사회 두목들은 역광장에서 인민재판을 받고 공개 처형됐다.

개혁개방이 시작되자 '흑사회'는 '물 만난 고기'마냥 다시 세력을 확장하고 신사업에 뛰어들면서 제2의 전성기를 맞이했다.

개혁개방은 호텔과 매춘사업을 통해 자본을 축적한 조폭들을 지하세계에서 벗어나 민영기업가로 변신하게 했다.

1980년대 초반 변방 동북지방 랴오닝성 따리엔의 위성도시인 진현金縣 지부 서기로 첫 공직을 시작한 보시라이가 가장 먼저 한 일이 지역 흑사회 손을 잡은 것이었다. 폭력조직 두 곳의 보스를 만나 보호를 자처한 그는 폭력조직을 비호하는 대신, 그들의 힘을 이용해서 시정을 장악했다. 이들 조직의 수익을 상납받는 것은 당연하게 여겼다.

진현에서 보시라이의 오른 팔로 불리던 조폭 두목이 '쩌우쎈웨이'였다. 보시라이는 조폭과의 의리를 지켰다. 살인사건을 저질러 수배받은 쩌우가 해외로 도주하도록 비호했고, 뒤늦게 체포돼서 사형선고를 받자 형 집행을 연기시키고 15년형으로 감형시켜 준 것도 보시라이였다. 대외적으로는 '범죄와의 전쟁'을 지휘하는 정의의 사도였지만 실제로는 그들과 유착된 조폭 대부와 다를 바 없었다.

'랴오닝판' 범죄와의 전쟁을 수행한 심복 하수인이 이번에 '1선도시' 충칭시 공안국장으로 영전한 왕리쥔王立軍이다.

#

왕 국장이 공안국장으로 부임한 그 날이다.

충칭시로 오기 전에 왕국장은 충칭시 폭력조직 계보와 현황을 일목요연하게 파악했다.

충칭 최대폭력조직의 우두머리는 양톈칭, 쌍벽을 이루는 양대 조직 두목은 류청후. 충칭은 이 두 흑사회가 양분하다시피하면서 충칭의 밤을 장악하고 있었다.

그 때 충칭시 외곽에 주둔하던 인민해방군 부대의 초병이 괴한의

62

총격에 피살된 사건이 발생했다. 초병 살해범은 한 폭력조직원으로 추정됐다. 아무리 우발적인 사건일지라도 폭력조직원이 '인민해방군' 초병을 시비 끝에 살해한 것은 국가권력에 대한 중대한 도전으로 간주되는 충격적인 사건이었다. 범인을 특정하지 못한 사건 초반에는 조용하던 여론이 밤의 세계에서 살해범이 흑사회 소행이라는 소문이 흘러나오면서 충칭시가 발칵 뒤집어졌다.

인근 쓰촨성 청두成都 시민들이 '충칭은 폭력조직이 관리하는 도시'라고 비아냥댈 정도로 충칭 흑사회의 악명이 자자했다.

왕 국장은 공안국장에 취임하자마자 곧바로 '범죄조직과의 전쟁'을 선포하기로 하고, 구체적인 실행계획을 보시라이에게 보고했다. 오늘 들고 온 것은 공안국장 취임사를 통해 범죄와의 전쟁선포를 미리 보고하기 위해서였다.

보시라이는 왕 국장이 들어서자 두 손을 들어 환영하면서 힘껏 포옹했다.

따리엔에서는 하인 부리듯 마구 대하던 보시라이의 갑작스러운 환대에 격세지감을 느꼈지만 '충성'을 굳게 다짐했다.

"보 서기 동지. 충칭으로 불러주셔서 영광입니다. 당과 서기와 충칭을 위해 목숨을 바치겠습니다."

랴오닝의 보시라이는 입에 욕을 달고 살았다.

화가 나면 바로 손찌검과 발길질부터 했고, 종잡을 수 없이 변덕스러운 사람이었다.

왕 국장은 그가 언제 다시 돌변할지 몰라서 어정쩡하게 그의 포옹을 받아낸 후, 급히 한 발 뒤로 물러서 꼿꼿하게 차렷 자세로 섰다.

그의 눈이 빛나고 있었다. 거칠고 강한 욕망이 이글거리고 있었다.

왕 국장은 그의 욕망이 무엇인지 누구보다 잘 알았다. 태양을 향해 날아간 이카로스처럼 권력을 향한 보시라이의 욕망을.

왕 국장도 비슷한 기세로 야망의 눈빛을 반짝거렸다. 소수민족 멍구족蒙古族출신의 왕 국장도 거대도시 충칭에서 출세하고 싶었다. 두 사내의 정제되지 않은 거친 욕망이 충칭에서 끓어올랐다.

범죄와의 전쟁

#3 _____

'104개 파 폭력조직의 두목급 67명 체포, 기타 폭력조직 범죄피의자 1,500명과 폭력조직과 유착한 충칭시 공안국 간부 20여명 구속....'

범죄와의 전쟁이 선포되자마자 대대적인 조직폭력배 흑사회 검거 선풍이 불었다. 2개월 동안의 성과는 괄목할만했다.

인구 3천200만이 넘는 중국 최대 도시 충칭은 범죄의 소굴이었다. 인구만 많은 것이 아니라 서부프로젝트가 본격화되면서 돈이 쏟아져 들어왔다. 개혁개방의 파고가 연해지역을 넘어 서부내륙 중심 충칭으로 밀려들어오자 돈 냄새를 따라 '지하세계' 사람들도 꾸역꾸역 몰려들었다. '우후죽순' 양상이었다. 각종 이권을 둘러싼 부패사슬이 꼬이는 것은 당연했다. 외자투자가 몰리면서 하루가 다르게 장강 지역 개발이 본격화됐다. 수십 층짜리 고층빌딩이 쑥쑥 올라왔다. 예전부터 장강 물류의 중심항으로 유명한 '홍야동' 개발사업도 추진됐다. 이 사업은 충칭시의 최대 노른자사업으로 부각됐다.

범죄와의 전쟁을 (따리엔에서) 수년간 진두지휘해 본 왕 국장은 속전속결 방식을 택했다. 보시라이가 부임한 이후, 충칭 조직들도 랴오닝 소문을 들었다. 조만간 랴오닝식 범죄소탕작전이 벌어질 것이라는 흉흉한 소문에 지하세계도 뒤숭숭했다. 흑사회는 충칭시의 인허가 담당 공무원 및 공안간부들과 오랫동안 유착돼 있었다. 개발계획 수립과 인허가는 한 묶음으로 진행됐다. 부동산개발회사들은 고위 당간부 및 공안 간부와의 유착관계없이 사업을 추진할 수 없다는 걸 알고 있었다.

사업 '시행'은 폭력조직 몫이다.

공안은 흑사회의 웬만한 범죄는 못 본척하며 넘어갔다. 인민의 평온한 삶과 안전보다도 부동산개발회사와 범죄조직의 이권보장이 우선시됐다. 부패 사슬은 시간이 갈수록 강고해졌고 충칭은 대낮에도 납치와 살인사건이 공공연하게 벌어지는 범죄도시로 이름을 높였다. 영화 〈다크나이트〉의 배경인 '고담시티'(Gotham city)는 충칭을 무대로 한 영화였다고 믿을 정도로 충칭은 그 때 까지 중국에서 가장 우울한 회색도시였다.

왕 국장은 '범죄와의 전쟁' 캠페인을 선포한 직후 부동산 기업 '천민량'陳明亮회장으로부터 만나자는 전화를 받았다. 천은 충칭 최대 흑사회인 '후시웅'虎熊파의 총회장董事長이다.

물론 그는 부동산개발회사 회장으로 통했다. 그로서는 왕 국장을 통해 신임 당서기가 선언한 '범죄와의 전쟁'의 최종적인 목표와 협상 가능성을 미리 확인할 필요가 있었다. 개혁개방과정에서 외자유치에 대한 인센티브를 30%까지 지급하는 당근책이 나돌 정도로 중국에서는 투자인센티브를 공무원에게 지급하는 것에 대한 거부감이 없다. 아마도 천 회장은 공안국장과 직접 협상하려고 나선 것 일 것이다.

왕 국장으로서도 충칭 범죄조직들의 수익구조와 운영행태에 대해 구체적으로 파악할 필요가 있었다. 공안책임자가 충칭 최대조직의 보스인 천 회장과의 만남을 마다할 이유는 없었다.

'범죄와의 전쟁'은 인민의 시선을 염두에 둔, 대외적인 캠페인이다. 보시라이와 왕 국장의 궁극적인 목적은 범죄조직을 일망타진하려는 인민의 영웅 '배트맨'이 되려는 것이 결단코 아니었다.

천 회장의 목소리는 의외로 부드러웠다.

오십 정도의 나이로 짐작가지 않을 정도로 경쾌했고 나지막한 톤의 목소리를 가진 천 회장은 정중하게 취임축하 인사를 건넸다.

"왕 쥐장王局長. 서부내륙 최대 도시에 오신 것을 진심으로 환영합니다.

왕 쥐장의 명성은 전 중국에 자자합니다.

랴오닝 인민의 영웅으로 추앙받고 있는 쥐장께서 충칭에 부임해서 다시 한 번 인민의 영웅으로 거듭나실 수 있기를 바랍니다.

혹시라도 시간이 되신다면 저녁을 모시고 싶습니다.

시간을 정해주시면 감사합니다."

천 회장은 왕 국장을 초청했다. '범죄와의 전쟁'을 벌이는 진짜 의도를 파악해서 협상에 나서겠다는 조급함을 드러내지는 않았다. 오히려 충칭 경제계의 실세로서 인사하겠다는 의도만 보였다.

왕 국장은 건성으로 전화를 받았다.

누군지는 알지만 기선을 제압해야겠다는 생각이 앞섰다. 일개 부동산회사 오너 정도가 공안국장과 직접 '협상'을 하려고 드는 꼴이 못마땅했다. 그가 충칭의 밤을 지배하는 최대 흑사회 보스라 해도 '천하의 왕리쥔이 아닌가'라는 자부심이 앞섰다.

"천 회장님. 환대를 해주셔서 감사합니다.

그렇지만 전쟁을 선포한 만큼 당장 할 일이 산적해있어서 시간을 내기가 쉽지 않을 듯합니다. 이 일이 마무리된 후에 연락을 드리도록 하겠습니다."

흑사회 두목과 공안국장과의 회동은 범죄와의 전쟁의 승패를 가늠할 수 있는 전환점이 될 수 있었다.

왕 국장의 배후에는 천하의 보시라이가 있지 않은가. 인민을 위한 '범죄와의 전쟁'이 아니었다. '각본을 잘 짜서 진행해야 할 '버라이어티쑈'였다. 천 회장 정도의 흑사회 두목은 향후 전개될 전쟁의 소품에 지나지 않았다.

왕 국장의 푸대접에 천 회장은 당황스러웠다.

상대가 소수민족 '멍구蒙古족' 출신의 동베이東北지방도시 공안출신이라는 사실을 파악하고 얕잡아본 것이 패착이었다.

　충칭의 밤을 지배하는 황제인 천 회장으로서는 충칭과 아무런 인연이 없는 '풋내기' 공안국장 정도는 쉽게 요리할 수 있다고 여겼다. 신임 공안국장이라도 천 회장의 이름을 모를 리는 없었다, '하룻강아지 범 무서운 줄 모르는' 따리엔에서 온 촌놈의 거들먹거림이라고 치부하기에는 불안해졌다.

　그렇게 범죄와의 전쟁을 지휘하고 나선 야전사령관과 도시를 지배하는 밤의 황제와의 첫 접촉은 출발선에서부터 어긋났다.

#4   난제춘南街村에서 영감을 얻다.

보시라이는 충칭에 부임하기 직전 상무부장 시절에 허난성에 있는
〈난제춘〉南街村이란 작은 마을을 방문한 적이 있다.

난제춘은 2000년대 초반부터 '홍색관광지'의 하나로 마오의 유적을
찾아나서는 '홍커'紅客들의 조명을 받았다.

덩샤오핑이 이끈 개혁개방 시대에 오히려 '마오쩌둥 사상'을 전면
에 내세우고 마오 시대의 '집단농장'과 '인민공사'체제로 마을체제를
회귀시켜, '마오毛시대'를 완벽하게 재현한 마을이 난제춘이다.

마을주민들은 당서기의 지도하에 매일같이 마오쩌둥 사상을 학습
하고 마오毛어록을 금과옥조로 여기고, 공동생산에 종사하면서 이익
을 공평하게 분배하는 공산주의적 생산수단과 분배체제를 이어가고
있었다.

"13억 중국인민들이 경제성장과 더불어 나날이 상승하는 주택값과
학비, 의료비에 허덕이고 있습니다. 그러나 우리 난제춘의 인민들은

그런 걱정에서 해방되어 당에서 모든 것을 보살펴주고 있습니다."

난제춘의 촌장이자 당 지부 서기, 14-18대 허난성 전인대 대표를 역임한, '난제춘 집단유한공사' 왕훙빈 회장은 마오쩌둥 모델을 이 마을에 도입, 정착시킨 장본인이다. 허난성河南省의 성도 '정저우'郑州에서 200km 정도 남쪽으로 가면 린잉현에 이른다. 이 린잉현에 속한 작은 마을이 난제춘이다. 고속도로로 갈 경우 3시간 정도 걸린다. 바로 옆 30여분 거리에 '쉬창'許昌이라는 소도시가 있다.

보시라이는 난제춘의 성과에 대해 잘 알고 있었다. 그가 은밀하게 난제춘을 방문하게 된 것은 난제춘의 성과를 바탕으로, 새로운 경제 모델을 도입하겠다는 생각을 굳혔기 때문이었다.

두 사람은 굳게 악수를 했다. 마오쩌둥 사상에 대한 확고한 믿음이 두 '마오주의자'의 손을 잡게 했다.

보시라이는 하루 종일 난제춘을 돌아보며 왕 서기에게 물었다. 마을입구에 들어서는 순간부터 그는 마오 시대 베이징 톈안먼에 도착한 것 같은 착각에 빠졌다. 마을 한가운데 자리한 광장에는 마오 주석의 거대한 동상이 서있었다. 그 좌우로 마르크스와 엥겔스, 스탈린과 흐루시초프 등 사회주의 지도자들의 초상을 도열해 마치 1950년대 톈안먼 광장을 재현해놓은 듯, 홍위병 시절의 감회가 떠올랐다.

외부 손님들을 접대하는 영빈관을 겸하고 있는 난제춘 마을 안의 유일한 호텔 난제춘삔관南街村로비 정면에는 마오 주석의 초상과 마오 어록을 내걸었다. 호텔에 들어서면 내방객의 시선이 집중되는 부분이다. 호텔에서 판매하는 기념품과 악세서리는 마오 주석 뱃지 등 마오 시대의 그것을 복제한 것이다. 기념품 외의 인기품목은 컵라면

등 난제춘에서 생산하는 각종 공산품들이다.

호텔의 외벽 역시 마오쩌둥 주석의 어록으로 도배되다시피 했다.

난제춘의 모든 것은 마오의 시대다. 상징 소품같은 마오쩌둥 동상과 그 시대를 연상시키는 건물 뿐 아니라 이곳에서 살아가는 주민들의 행동과 정신도 마오시대의 그것이었다. 옌안延安과 시바이포 시절 마오 주석 집무실을 그대로 옮겨놓은 듯 재현한 혁명역사박물관이 있고 거리 곳곳에는 대장정시절의 홍기가 펄럭이고 있었다.

보시라이는 깜짝 놀랐다. 난제춘이 '마오시대'를 재현했다고는 해도 주민들이 이정도로까지 바깥세상과 동떨어진 채, 마오 사상으로 무장하고 마오사상을 매일 교육하면서 살아가고 있으리라고는 상상하지 못했다.

왕 서기에게 물었다.

"인민들의 생활수준水平은 어떤가? 인민공사와 같은 집단노동 시스템으로 지금의 신중국에서 생활하기에 불편한 점이 많지 않은가?"

"보 동지. 여기서 생활하는데 불편한 점은 전혀 없습니다. '요람에서 무덤까지' 당이 인민의 삶을 돌보고 있습니다. 결혼하면 집을 배정해주고 특기와 취미를 파악해서 적합한 일을 하도록 하고 이익은 전 주민이 공평하게 배분을 받아 살아가고 있습니다. 주택을 배정받고, 침대를 따로 살 필요도 없습니다. 옷가지와 이불만 가지고 입주하면 됩니다.

아프면 마을 병원이 모든 것을 책임지고, 장례까지도 치러주니 무엇을 걱정하겠습니까. 여기는 라오바이싱, 인민의 천국입니다."

난제춘에 등록된 주민은 약 4500여명. 난제춘은 2000년대 초반부터 중국 최고의 부자마을로 꼽혔다. 마오 시대를 재현한 이색마을의 실험이 성공적이라는 것이 보시라이는 놀라웠다.

홍색관광이 뜨면서 마을 입구에서 요즘은 입장료를 받고 있다고 했다.

난제춘은 왕홍빈 서기의 집념과 마오 사상에 의해 운영되고 있다고 해도 과언이 아니다.

그가 날마다 금과옥조처럼 여기고 외우도록 하는 것이 '마오어록'이다.

"한 방울의 물은 바다에 흘러들어가야 비로소 영원히 마르지 않을 수 있고, 사람은 자기 자신을 집단사업에 완전히 일치시킬 때에야 비로소 최대의 역량을 발휘할 수 있다" 一滴水只有放进大海里才永远不会干涸, 一个人只有当他把自己和集体事业融合在一起的时候才有力量

보시라이는 난제춘의 성공을 확인하고서는 마음이 놓였다. 충칭이든 상하이든 간에 그곳을 난제춘의 확장판처럼 '마오시대'로 되돌려

놓아야겠다는 믿음이 생겼다.

'자유주의와 자본주의를 경계해야 한다.

인민은 집단에 가두고 끊임없이 사상교육을 해야만 마오 사상이 꽃을 필 수 있다.

현재의 중국식 사회주의 시장경제는 모순덩어리다.

이 모순을 해결하기 위한 새로운 경제모델이 필요한 시점이다.

난제춘의 성공은 신중국에 새로운 길을 제시했다.'

보시라이는 마오쩌둥 사상을 전면에 내건 대대적인 인민의 의식개조, 사회의식 개조에 나서겠다는 생각을 굳혔다. '창홍'唱紅캠페인 구상이 난제춘에서 탄생했다.

-

'쩡치엔挣钱! 쩡치엔挣钱!'(돈을 벌어라! 돈을!)

마오쩌둥 사상의 핵심은 '돈을 벌어라'다.

개인이 아니라 집단으로 똘똘 뭉쳐서 돈을 벌라는 것, 돈을 벌어 잘 살고 싶어 하는 인민의 욕망을 구현해주는 것이 지도자의 의무다.

'이제 중국은 개혁개방의 폐해와 독버섯을 처리해야 한다. 이대로 가만뒀다가는 인민은 돈의 노예로 전락하고 말 것이다. 느슨한 사회주의시장경제로는 인민의 과도한 욕망을 통제할 수 없게 된다.

시장경제를 받아들이면서도 마오毛시대의 인민공사같은 공유·국유경제를 확대한다면 그 폐해를 줄여나갈 수 있지 않을까?

칭화대 추이즈위안崔之元 교수를 만나봐야겠다.'

추이 교수는 마오이즘에 기반한 신좌파 경제이론을 정립하고 있는 이론가로 유명했다.

'성장위주의 개혁개방으로는 인민의 삶과 사상의 조화를 추구할 수가 없다는 것이 그의 주요 주장이다. 덩샤오핑의 '백묘흑묘론'의 한계는 명확했다. 마오이즘을 버리고 앞으로 나아가는 것은 한계가 있다.

옛날로 돌아가야 한다. 신좌파가 추구하는 신자유주의 시장경제는 극단적인 빈부격차와 사상의 해체를 초래할 수밖에 없다.

개혁개방을 '자씨'(자본주의)가 아니라 '사씨'(사회주의)라고 우긴다고 한들, 자씨로 인식하는 것이 현실이다.'

보시리이는 머리 속을 떠도는 생각을 정리했다.

'중국특색의 사회주의 시장경제'를 심화 발전시켜야 한다는 추이 교수의 논리를 강화할 새로운 경제모델을 제시한다면 그것은 난제춘의 확장이다.'

마오이즘으로 무장하고 사회주의 시장경제의 속성을 보다 강화, 국유경제의 장점을 확대하는 모델이 필요했다.

맨눈으로 확인한 난제춘南街村의 성공은 '사씨'(사회주의)의 성공으로 봐도 된다.

벼락성장경제의 폐해로 지적되는 빈부격차 심화, 만연한 부정부패 현상에 대한 처벌 등 대응방안을 누구도 제시하지 않았다. 집단경제, 자립경제의 경쟁력 약화 역시 마찬가지였다.

붉은 깃발인가 푸른 깃발인가 깃발을 무엇으로 내세울 것인가의 문제가 아니었다.

'마오의 시대로 되돌아가려고 하는 것인가'라는 비판에 대해서도 대비해야 했다.

사실 '자립경제'는 고립경제가 될 수도 있다. 국유기업의 비효율성은 극복할 수 없는 난제다.

매일같이 마오사상을 학습하고, 혁명가요를 부르고, 마오 주석을 찬양하면서 노동하고 공동의 이익을 추구하는 그런 사회를 이 시점의 중국에서 실현할 수 있을까?

믿어야 한다.

난제춘은 15년 째 성공적으로 수행하고 있지 않은가?

왕 서기는 스스로 1,000위안의 급여만 받고 인민을 위해 일하고 있다고 자랑하고 있지 않은가. 집과 생활에 필요한 생필품과 의료서비스 등 모든 것을 제공하기 때문에 "나는 돈이 필요없다"고 말한다.

'일하는 노동자와 난제춘 최고지도자의 임금이 달라야 할 어떠한 이유도 없다.'

보시라이는 이 부분에 있어서는 고개를 가로로 저었다.

최고지도자와 인민은 엄연히 다르다.

마오이즘으로 살아가는 '붉은 인민공사', 허난의 난제춘은 그렇게 보시라이 서기가 추구하는 충칭모델로 채택됐다.

5

홍가红歌 부르기

"동쪽 하늘이 붉게 물들면서, 태양이 뜨자 중국에는 마오쩌둥이 나타났다.

东方红, 太阳升, 中国出了个毛泽东

그는 인민의 행복을 도모하는, 에헤라, 그는 인민을 구제하는 큰 별이라.

他为人民谋幸福, 呼儿嗨哟, 他是人民大救星

그는 인민의 행복을 도모하는, 에헤라, 그는 인민을 구제하는 큰 별이다.

他为人民谋幸福, 呼儿嗨哟, 他是人民大救星

마오 주석이시여, 인민을 사랑하는 그는 우리의 길을 안내하는 사람이다.

毛主席, 爱人民, 他是我们的带路人

신중국을 건설하기 위해, 에헤라, 우리를 이끌고 전진한다.

为了建设新中国, 呼儿嗨哟, 领导我们向前进

신중국을 건설하기 위해, 에헤라, 우리를 이끌고 전진한다.

为了建设新中国, 呼儿嗨哟, 领导我们向前进

공산당은 마치 태양처럼 도대체 어디까지 비출까

共产党, 像太阳, 照到哪里哪里亮

공산당이여, 에헤라, 인민을 해방시켜야 하는.

哪里有了共产党, 呼儿嗨哟, 哪里人民得解放

공산당이여, 에헤라, 인민을 해방시켜야 하는.

哪里有了共产党, 呼儿嗨哟, 哪里人民得解放

동쪽 하늘이 붉게 물들면서 해가 뜨자 중국에 마오쩌둥이 나타났다.

东方红, 太阳升, 中国出了个毛泽东

그는 인민의 행복을 도모하는, 에헤라, 인민을 구하는 큰 별이다.

他为人民谋幸福, 呼儿嗨哟, 他是人民大救星

그는 인민의 행복을 도모하는, 에헤라 인민을 구하는 큰 별이다

他为人民谋幸福, 呼儿嗨哟, 他是人民大救星, 大救星"

붉은 혁명의 노래이자 마오쩌둥 주석을 찬양하는 홍가 〈동방홍〉东方红이다.

중국인이면 누구나 외우는 마오쩌둥 찬양가다.

충칭에서 온 홍가 순회공연단의 베이징 홍가 특별공연은 '아 홍가'와 '동방홍'东方紅을 시작으로 1천여 명의 청중이 모인 가운데 성대하게 개막됐다.

2011년 6월 11일 저녁 베이징 '민족궁대극장'

'오성홍기'와 '공산당기'가 붉은 물결처럼 일렁이는 가운데 장엄한 홍가공연이 펼쳐졌다.

무대개막은 〈공산당선언〉낭독으로 시작됐다. 이어지는 합창 순서에서는 마오 주석의 어록으로 만든 홍가를 청중들이 함께 불렀다.

보시라이는 베이징까지 직접 가서 공연을 참관했다.

홍가는 '붉은 노래'.

중국혁명과 중국공산당을 사랑하는 가사를 위주로 한 노래로 주로 대장정과 마오쩌둥 주석, 중국공산당을 찬양한다. 징강산井刚山 시절 장시江西지역의 민요와 옌안延安의 민요 등에 신중국 건국 직전의 국공내전 등을 거치며 만들어진 것이 초기 홍가다.

홍가를 부르게 하는 것은 인민들에게 중국혁명을 상기시키면서 당의 영도력과 마오쩌둥 에 대한 존경심을 고조시키고 사회주의 도덕과 애국심을 고양시키려는 목적에서다.

홍가는 마오쩌둥을 찬양하는 노래였다.

'동방홍'과 '오성홍기' '정강산상 태양홍', '경축 마오 주석 만수무강' '마오 위원과 우리의 일치' '마오 주석의 광휘光輝' '해방구의 날' 등 제목만 봐도 초기 홍가는 마오 주석을 숭배하는 노래가 대부분이었다.

보시라이의 홍가 부르기는 홍색 분위기를 조성하기 위한 '창홍'캠페인의 일환이었다. 기존 홍가 외에 36수에 이르는 홍가를 새로 만들어서 보급하기 시작했다. 충칭시 공무원과 시민들은 의무적으로 새로 만든 홍가를 배워서 불러야했다. 홍가를 부르지 못하면 충칭시민의 자격을 박탈할 정도로 홍가는 충칭시민의 필수적인 '붉은' 교양이다.

홍가 외의 '창홍'캠페인으로 보시라이는 마오쩌둥 사상을 강독講讀하고 마오 어록과 공산주의 사상을 암송하고 읽도록 하는 등의 사상 재무장운동도 제시했다. 개혁개방 30년이 지남에 따라 사회주의 도덕관이 무너진 인민들에게 도덕성을 회복하고 기율을 다잡아 사회주의 품성을 고양시키겠다는 목적이다.

베이징 홍가공연에 앞서 충칭에서는 2년 전인 2009년 11월부터 대대적인 '창홍'캠페인이 시작됐다. 시 산하 각 구와 현 서기书记들이 모두 참여한 '홍가합창단'이 구성된 것을 필두로 온 시민 홍가 부르기 운동이 대대적으로 점화됐다.

'창홍' 캠페인에 충칭시민 모두가 동참하도록 강제했다.

2011년 6월 30일 대대적인 홍가 경연대회가 열렸다.

중국공산당 창당 90주년을 자축하는 홍가 경연대회 '중화홍가회'中华红歌会에는 무려 10만여 명에 이르는 참가자가 참여했다. 중화홍가회는 CCTV와 중앙인민방송국, 중국음악가협회, 중국예술연구원 등이 공동 개최한 것으로 '중국을 노래하다- 인민이 가장 좋아하는 새로운 창작물'이라는 부제를 달았다.

중국공산당 중앙에서도 이 홍가 대회에 지대한 관심을 보였다. 그러나 중앙당 일각에서는 충칭시가 보 서기 취임이후 지나치게 마오 사상과 문혁시대의 분위기로 빠져들고 있다는 우려 섞인 지적도 함께 제기됐다.

"마오 사상과 마오 어록에 대한 무한한 신뢰가 없이는 사념에 빠지고 개인의 이익을 우선시하며 부패와 타락에 빠질 수 있습니다. 위대한 마르크스·레닌주의와 마오쩌둥 사상이라는 강력한 무기만이 자본주의의 부패와 사악을 방지할 수 있습니다."

"이것은 마오쩌둥 시대로 돌아가는 것이 아닙니다.

게다가 문화대혁명의 시대를 그리워하는 것이 절대로 아닙니다. 신중국 성립 당시의 건전한 홍색 정신을 되찾자는 것입니다.

마오 주석을 그리워하면서 대장정 정신을 기리는 것이 어째서 그 시대로 돌아가자는 것입니까."

"정말로 국가와 민족을 생각하고 머리가 깨어있는 사람이라면 충칭의 홍가紅歌 부르기가 어떤 의미를 가지는 것인지를 알 것입니다."

보시라이는 '홍가' 부르기나 충칭시의 '창홍' 캠페인에 대한 비판에 대해 적극 해명하고 반박했다. 홍가와 홍색경전 및 마오어록 암송은 '문화대혁명'을 연상시켰다. 그 시대를 그리워하는 분위기를 조성하는 우파의 반동이자 '우클릭'이라는 우려에 대해서도 보시라이는 가만히 있지 않았다.

"'황허를 지키자'保卫黄河와 '조국을 위해 부르는 노래' 歌唱祖国는 문화대혁명을 찬양하는 노래가 아닙니다.

우리는 국민의 마음을 모을 수 있고 건전한 노래를 불러야 한다는 입장을 분명하게 밝힙니다. 국가와 국민의 이익을 위해서라면 우리는 결코 입장을 바꾸지 않을 것입니다."

'창홍따헤이'(唱紅打黑, 중국혁명과 중국공산당과 사회주의를 고양

하고 범죄조직을 소탕한다)가 자리를 잡았다.

난제춘을 통해 확인한 새로운 경제모델을 통해 혁명 정신을 고양시키는 한편, 범죄와의 전쟁을 통해 폭력과 범죄의 부패사슬을 끊어 '고담도시'라는 충칭에 대한 부정적인 이미지도 벗겠다는 것이다.

범죄조직들이 장악하고 있는 부동산 개발 등을 통한 부패한 이익을 환수, 주변 농민들을 도시로 편입시켜 새로운 노동력을 확보, 도시 활력을 마련하겠다는 야심만만한 계획도 추진했다.

충칭에서는 광장은 물론 시내 거리 골목길 어디를 가더라도 오성홍기가 펄럭이고, 붉은 스카프를 매고 대열을 지은 채 질서정연하게 홍가를 부르는 풍경이 일상이었다.

문화대혁명 당시 홍위병들이 사열을 하는 붉은 물결과 다를 바 없었다.

개혁개방의 달콤한 선물로 벼락부자가 된 중국인들은 국내와 해외

여행에 본격적으로 나서고 있었다. 베이징 톈안먼 광장과 만리장성에 오르는 것이 일생의 목표였던 여행패턴이 달라졌다. 중국혁명의 성지, 마오 주석과 중국혁명 원로들의 흔적이 있거나 대장정의 유적이 남아있는 곳 등이 주요 홍색관광지로 꼽혔다. 홍색여행에 나서는 '붉은 여행객'들은 마치 대장정에 나서듯 당시의 청색 홍군복장을 갖춰 입은 채 후난성 샤오산韶山과 징강산 등 등 마오 주석의 흔적이 서린 곳을 찾아다니며 홍가를 불렀다.

6

'인민을 위해 복무하라'

속을 모르면 겉도 모른다.

안과 겉을 다 안다고 해서 그것이 진실이라고 할 수도 없다.

그런 세상이다.

누구도 믿을 수 없다.

누가 인민인가?

인민 위에 군림하는 인민은 또 누구인가.

《중국 공산당의 당원은 반드시 전심전력을 다해서 '인민을 위해서 봉사해야한다'.为人民服务 개인 일체의 희생을 불사하고 공산주의의 실현을 위해 일생 분투해야 한다.》

'인민을 위한 복무'는 공산당원의 의무사항으로 공산당 당헌에 규정된 의무사항이다.

보시라이는 마오 어록을 인용, '인민을 위한 공무원의 복무'를 강조했다.

옌안延安시절이었다. 마오 주석을 외곽에서 경호하던 중앙경비단 소속 장스더张思德라는 사병이 부대에서 쓸 석탄을 캐다가 탄광이 무너져 사망하는 사고가 발생했다. 그는 1933년 홍군에 입대, 대장정 과정에서 살아남아 '홍색' 혁명전사 칭호를 받은 바 있다.

마오는 사병 장스더의 장례식 추도사를 통해 그의 죽음을 추모했다.

"사람은 누구나 한 번 죽지만 죽음의 의의는 같지 않다.

사마천司馬遷은 '사람은 결국 한 번 죽지만, 죽음에는 태산보다 무거운 죽음이 있고, 털끝보다 가벼운 죽음도 있다'고 말했다.

인민의 이익을 위해 죽는다면 그것은 태산보다 무거운 죽음이고 파쇼를 위해 죽거나 인민을 착취하고 억압하는 자를 위해 죽는다면 그것은 털끝보다 가벼운 죽음일 것이다.

장스더 동지는 인민의 이익을 위해 죽었으므로 그의 죽음은 태산보다 무겁다.

우리는 '인민을 위해 복무하는' 사람들이기 때문에 우리에게 잘못이나 결함이 있을 때 남들이 비판하고 지적하는 것을 두려워하지 않는다. 누구나 우리의 결함을 지적할 수 있다. 그 사람의 말이 옳기만 하다면 우리는 그의 말을 듣고 시정할 것이다. 그 사람의 말이 인민에게 유익하다면 우리는 그 말을 따를 것이다."

전투에서 전사한 것이 아니라 부대에서 쓸 석탄을 채굴하다가 사망한 한 젊은 병사의 안타까운 죽음이 마오쩌둥의 말 한 마디에 의해 '인민의 이익을 위한 고귀한 희생'으로 미화된 것이 '인민을 위한 복

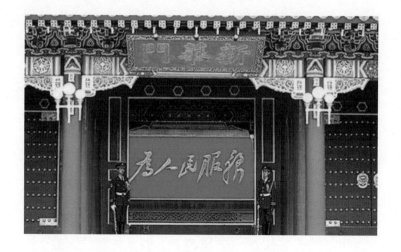

무' 탄생의 전말이다.

이후 '인민을 위한 복무'는 마오사상의 핵심으로 진화됐다.

덩샤오핑조차 '인민을 위해 복무하라'는 마오사상은 이론과 실천이 중요한 것이 아니라 이것을 중시하는 것 자체가 가장 중요하다고 강조했다.

덩은 한술 더 떠 "인민이 기뻐하든 기뻐하지 않던 간에, 인민이 동의하든 동의하지 않던 간에 '인민을 위해 봉사하라'를 모든 업무의 기본으로 삼아야 한다"고 지시했다. 중난하이를 위시한 중국 모든 공공기관 건물의 정면에 붙어있는 '인민을 위해 봉사하라'는 선전구호는 덩샤오핑 지시이후 내걸린 것이다.

마오의 핵심사상을 모욕했다는 이유로 '인민을 위해 봉사하라'라는 제목을 단 소설은 중국에서 판매금지됐다.

소설가 옌롄커阎连科는 소설 〈인민을 위해 복무하라〉为人民服务에 대해 다음과 같이 밝혔다.

"그 시대(마오의 시대)는 혁명이라는 이름으로 만들어진 영혼의 감옥이었다. 이런 감옥이 단지 중국인에게만 있었던 것은 아니다. 과거에도, 현재에도, 미래에도 인간이 존재하는 한 권력은 존재할 수밖에 없고 정치와 국가는 군림할 수밖에 없다. 이러한 영혼의 감옥은 필연적으로 견고한 담장을 갖추게 된다."

"자네는 남을 섬기는 것이 정말로 인민을 위한 복무라고 생각하나?"
…
"인민을 위해 어떻게 복무하겠다는 것인가?"
"누님이 시키는 대로 다 하겠습니다."
…
"인민을 위해 복무해야지. 어서 셔츠를 벗어!"
"정말 인민을 위해 복무하는군. 아주 잘했어…"

(소설 〈인민을 위해 복무하라〉의 한 대목)

마오의 언어는 늘 인민을 유혹하는 매력적인 마술이었다.

보시라이는 홍위병으로 활동하면서 붉은 스카프를 매고 마오의 어록을 왼손 높이 치켜들고 때로는 그 어록을 가슴에 품기도 했다.

"'사령부를 포격하라'는 얼마나 위대한 명령인가.

우리는 마오 주석의 명령을 철저하게 이행해야 했다. 반혁명 자본주의자들을 공격해야 했다.

나의 과격하고 단호한 성격도 그 때 형성된 것이다. 혁명은 붉고 뜨거워야 했다.

마오의 위대한 말은 늘 나를 자극했다. 공산당에 입당하려고 했던 것도 그것 때문이었다."

홍위병시절에 대한 보시라이의 솔직한 고백이다. 그는 일평생 홍위병이었다.

마오의 '고거'故居 생가가 있는 후난 샤오산韶山은 일 년 내내 '붉은 여행객', 홍커红客들로 인산인해를 이룬다.

라오바이싱老百姓. 인민에게 마오는 '건국의 아버지' 이상의 존재다.

그의 생가가 있는 샤오산 '고거'와 비밀별장 디슈이동을 찾아 나선 '붉은 여행객'들은 '문혁'의 시대에 홍위병으로 활동한 60~70대 노인부터 10대 학생에 이르기까지 다양하다.

그들에게 마오는 어떤 존재일까.

"그가 없었다면 지금 우리가 이렇게 살 수 없어요.

중화민족의 영웅입니다"

중국혁명의 성지를 찾아 나서, 마오쩌둥毛泽东을 비롯한 혁명열사의 흔적을 찾아 중국공산당을 찬양하는 '홍색红色여행'은 중국에서만 유행하고 있는 여행패턴이다. 후진타오胡锦涛 주석 집권이후 홍색여행 붐이 일었고 최근 다시 사회주의 도덕관을 함양하자는 당 중앙의 캠페인과 더불어 재점화됐다.

코로나사태가 여행의 자유를 제한하고 있지만 2021년 7월 중국공산당 창당 100주년을 앞두고 중국에서는 다시 홍색여행이 폭발했다. 코로나로 인해 억압돼있던 여행수요가 국내여행 그 중에서도 혁명유적지를 찾아나서는 주제여행으로 집중된 것이다.

충칭의 '창홍'唱红 캠페인은 이처럼 홍색여행을 활용하면서 동시에 전국적인 홍색여행 유행의 불쏘시개 역할로 작용했다. 후 주석은 '8영8치'八荣八耻를 통해 사회주의 도덕 함양을 내세우면서 홍색여행을 권장했다.

〈인민일보〉는 사설을 통해 '홍색여행은 혁명전통을 고양시키는 중화민족의 고귀한 정신적 재산'이라고 규정하고 "중국공산당은 장기간의 혁명투쟁을 통해 징강산 정신과 대장정 정신, 옌안 정신, 시바이포 정신 등을 형성했다"고 강조했다.

혁명성지를 찾아나서는 여행은 "혁명전통 교육과 애국주의 교육의 일환으로서 여행을 하면서 혁명정신을 배우는 길"이라는 것이다. 그래서 학교와 각 단위 기관과 기업에서 단체로 홍색여행단을 조직하면 경비를 지원했다.

홍색여행은 중국공산당이 주도해 온 '홍색캠페인'을 지원하는 동시에 국내여행 산업 활성화를 통한 경기부양이라는 두 마리 토끼를 쫓는 데 효과가 있었다.

2010년 홍색여행을 통한 중국 국내여행의 규모는 1천억 위안(약 18조원)에 이르렀고 이로 인한 취업유발인구가 200만 명에 달했다.

정부는 8대, 10대 홍색여행지를 발표, 붉은 여행을 대대적으로 권장했다.

중국정부가 추천한 혁명성지는 1974년 문화대혁명이 종료되기 직전 발행된 혁명성지 시리즈 우표를 통해서도 알 수 있다.

5대 혁명성지 중 으뜸은 '징강산'井岡山이다.

징강산은 마오 주석이 처음으로 '중앙소비에트'를 만든 곳으로 1934년 대장정에 나서기 전까지 홍군의 근거지였다.

그 다음이 대장정의 출발지로 알려진 '루이진'瑞金와 구이저우성 '쭌이'遵义다. 마오가 대장정을 마친 후 정착한 옌안과 시바이포, 그리고 마오 생가가 있는 샤오산 등도 주요 홍색관광지다.

중국공산당이 창당한 상하이, 상하이에서 중단된 1차 대표자회의를 한 '자싱'嘉兴, 추수봉기가 일어난 류양, 우한, 창사 등도 손에 꼽히는 붉은 여행지다.

2012년 당 총서기에 취임한 시진핑이 가장 먼저 참배한 혁명성지는 루이진이었다.

보시라이는 신중국의 내밀한 '붉은 정서'를 누구보다 잘 알고 있었다.

홍색관광의 거점을 충칭으로 만들겠다는 것이 그의 목표였다.

붉은 오성홍기와 노동자 농민 프롤레타리아의 투쟁을 함께 한 중국공산당 깃발이 온 도시를 온통 붉게 물들일 것이다. 광장이든 강변이든 시내 어디에서나 인민들은 붉은 혁명의 기억을 담아 '홍가'를 부르면서 오성홍기와 중화의 깃발아래 하나가 될 것이다.

보시라이의 심장은 힘차게 뛰었다.

창홍 캠페인이 하나하나 본 궤도에 오르면서 당의 충칭에 대한 관심이 높아졌다.

전 중국에서 몰려온 홍커들이 충칭을 찾는 붉은 감동을 서서히 느꼈다.

'문혁'은 그러나 보시라이에게 씻을 수 없는 상처였다.

문혁 발동 당시인 1966년 보시라이는 고등중학교 1년인 17세 소년에 불과했다.

자발적으로 홍위병 완장을 꿰찬 보시라이는 대부분의 친구들이 '천하대란'의 불길이 자신들에게로 닥쳐오자 아버지를 고발하고 스승을 인민재판에 세우는 대신, 홍위병 완장을 벗어던지고 가족을 보호했다. 그는 그러지 않았다. 홍위병에게 체포된 모친이 안타깝게 사망하고 부친 보이보가 반혁명분자로 비판을 받게 되자, 그는 직접 나서 아버지와의 모든 관계를 단절했다고 선언하고 아버지의 뺨을 때리고 침을 뱉었다.

10년 후 문혁이 끝나 아버지 보이보의 복권이 이뤄지자 그는 아무 일도 없었던 것처럼 행동했다. 그러나 홍위병으로서 행한 악행이 발목을 잡았다. 1968년 제7기계공업부에 침입, 홍위병 무장투쟁을 주도하면서 당시 '항공재료연구소장'인 야오통빈을 구타했다. '중국 항공산업의 아버지'로 불릴 정도로 저명한 야오는 홍위병들의 구타로 즉사했다. 허무한 개죽음이 아닐 수 없었다.

보시라이의 '창훙따헤이' 프로젝트에는 이와 같은 그의 아픈 과거를 탈색하고자 하는 정치적 의도가 숨겨져 있었다. 문혁과 홍위병에 대한 부정적 인식을 희석시키고 그 시절을 그리워하는 복고 정서를 고양시키는 것 이상으로 보시라이의 이미지를 개선시킬 수 있는 좋은 방법은 없었을 것이다.

8

홍위병 보시라이

마치 타임머신을 타고 그 시대로 되돌아간 듯 모든 것이 완벽했다.

어린 학생들은 금과옥조처럼 마오쩌둥 어록을 왼손에 잡고 있었고 실내는 마치 문혁 시절 소품을 옮겨놓은 듯 모든 것이 똑같았다. 사방 벽은 마오 어록으로 도배되어있었고 나부끼는 '오성홍기'와 붉은 '적기'赤旗는 세상을 붉은 색으로 물들였다. 중앙 정면에는 '중국공산당 만세! 마오 주석 만세!'라는 구호가 걸려있고 주먹을 움켜 쥔 어린 홍위병들이 테이블을 돌아다니며 서빙을 하고 있었다.

충칭시 난옌구南岸区에 자리잡고 개업한 홍색주제식당 〈홍서인상〉红色印象이다.

식당에 들어선 보시라이는 감회에 젖었다.

'同志们好! 你们辛苦了!'

(동지여러분, 안녕하신가. 여러분들 고생했습니다!)

마오 주석이 인사를 하자 광장에 모인 일백만 명에 이르는 홍위병들은 '마오주시 완쉐이 완완쉐이!'(毛主席 万岁,万万岁! 마오주석 만세 만만세) 라고 외치며 감격의 눈물을 흘렸다.

1966년 5월이었다.

혁명원로들의 자제들은 당시 모두 베이징의 북4중北4中에 다녔다.

북4중에는 혁명가집안 외에도 일반 평민집안 학생들도 있었다. 문혁이 발동하자 보시라이는 홍위병완장을 찼다. 붉은 완장을 찬 '소년 홍위병'의 눈에는 모든 기성 권위는 때려 부숴야 할 우상이자 반혁명 요소였다.

문혁 초기 보시라이는 '영웅 아버지에게서 훌륭한 아들이 나온다.'며 적색혈통론을 내세워 붉은 완장을 스스로 찼다. 그리고 나선 자신보다 학업성적이 좋은 평민 출신 동급생을 인민재판에 세웠다. 성적이 좋았던 이유 하나로 그 학생은 숙청됐다. 어린 소년에게 홍위병 '완장'은 권력이었다. 홍위병 보시라이는 이처럼 완장을 활용하는 법을 배웠다.

완장의 권력을 맛 본 그는 '자의적으로' 타도 대상을 찾았다. 당시 동급 친구들이 그를 '도량이 좁고 거만하다'고 평가한 것은 정확했다.

그는 베이징 시청구西城区 규찰대와 수도홍위병 연합행동위원회에 가입해서 과격 행동대로 활약했다. 홍위병 규찰대는 당시 베이징에서 가장 과격한 소년 홍위병이었다.

1966년 8월.

베이징은 피비린내 나는 도시로 변모했다. 규찰대는 베이징 주민 중에서 '반동 우파'로 분류되는 주민을 임의로 골랐다. 인민재판정에 세우고 베이징에서 농촌으로 강제 이주시켰다. 배후에 베이징 시장 펑전彭眞이 있었다. 홍위병의 무분별한 폭력은 국가주석 류샤오치刘少奇를 조준했다.

'사령부를 포격하라!'砲打司令部!

물불가리지 않고 나대던 어린 홍위병들에게 '사령부를 포격하라'는 마오의 공격지시는 홍위병들을 자극하는 달콤한 유혹이었다.

중국공산당 중앙위원회가 열렸다.

주석의 집무실이 있는 중난하이 제1식당 담벼락에 '砲打司令部!'라는 제목의 대자보가 나붙었다. 누구나 다 아는 필체였다. 맨 아래에 마오쩌둥 서명이 있었다.

"동지들은 읽어라. 지난 50여 일간 중앙과 지방의 지도급 동지들은 도에 어긋나는 행동을 했다. 자산계급 편에 서서 무산계급 문화대혁명에 타격을 가했다. 시비가 전도되고 흑백을 뒤섞어 놓았다.

다른 의견을 탄압하며 자산계급의 위풍을 만천하에 떨쳤다. 독초는 제거해야 한다."

'독초'가 류샤오치刘少奇 국가주석이라는 것을 모르는 사람은 없었다.

류샤오치는 국가주석이었고 이선으로 물러난 마오는 중국공산당 주석직을 유지하고 있었다. 당 서열로는 마오가 1위 류샤오치가 2위였다. 류샤오치는 마오가 지명한 공식 후계자였다.

류샤오치도 발언에 나섰다.

"지난 4년간, 정치국과 상무위원들은 마오 주석의 지휘를 받았다.

당 중앙에는 한 개의 사령부, 마오 주석이 영도하는 무산계급 사령부가 있을 뿐이다.

나와 다른 동지들은 참모나 조수에 불과하다. (각 급 학교에 홍위병들을 진압하는 공작조를 파견한 것에 대해)깊이 반성하고 책임을 지겠다.

이번 회의에서 검토 받기를 원한다."

덩샤오핑도 "모든 잘못은 서기처가 저질렀다. 총서기인 내게 책임이 있다"며 고개를 숙였다.

마오는 두 사람의 발언을 듣고 중앙위 회의장을 떠났다.

그날 밤 마오는 문혁소조를 소집했다.

"내가 없는 사이에 학생운동을 진압했다. 백색白色공포다. 지금 베이징에는 사령부가 두 개 있다. 하나는 무산계급을 대표하는 나와 린뱌오, 그리고 너희들(홍위병)이다. 다른 사령부는 자산계급을 대표하면서 백색공포를 자행했다. 홍색이 백색을 제압해야 한다."

철이 없다고 해야 하나. 홍위병들은 '사령부를 포격하라'는 주석의 명령을 철저하게 따랐다. 하늘 아래에서 두 개의 태양이 동시에 뜰 수는 없다.

홍위병들은 사령부인 중난하이로 몰려갔다.

중난하이를 지키던 경비병들이 홍위병 무리에게 문을 열었다.

홍위병들은 밤낮없이 몰려와서는 '타도! 류샤오치'를 외쳤고, 류 주석의 거처 외벽에 '반동분자'라며 붉은 낙인을 찍었다.

류샤오치는 마오 주석을 직접 찾아가서 주석직을 사임하고 고향에 내려가겠다고 했다.

"제가 책임을 지겠습니다. 제 잘못이 큽니다. 노선착오였습니다. 당 간부들은 우리 당의 소중한 자산입니다. 그러나 저는 과거에도 주석에게 반대하지 않았고 현재도 반대하지 않으며 앞으로도 반대하지 않을 것입니다. 국가주석과 상무위원 그리고 모든 당직을 내려놓고 고향이나 옌안에 내려가서 농사를 짓겠습니다."

주석은 물끄러미 그를 바라봤지만 아무 말도 건네지 않았다.

샤오치가 문을 나서자 비로소 평소와 달리 문 앞까지 나와 배웅하면서 "건강을 잘 돌보고 철학책을 읽어라"는 따뜻한 당부를 건넸다.

신중국 건국에서 그때까지 생사고락을 같이 해 온 혁명동지이자 고향 후배이자 후계자 류샤오치와 마오는 그렇게 마지막 작별을 나눴다.

마오는 그러나 류샤오치를 그냥 내버려두지 않았다.

홍위병들은 그를 중난하이에서 끌어내 인민재판에 세워 심문하고 구타했고 감옥에 구금시켰다. 1969년 10월 '중소분쟁'이 발생하자, 급히 허난성 카이펑의 지하감옥으로 이송된 류샤오치는 쓸쓸하게 생을 마감했다.

홍위병으로 활약한 보시라이도 따지고 보면 시대의 피해자다.

보시라이에게 문혁은 권력에 오르는 사다리를 맛본 최초의 좌절이었다.

충칭에 새로 문을 연 홍색주제红色主题식당은 문혁 당시의 분위기를 즐기는 '붉은'식당이다. 중국엔 감옥식당, 암흑식당, 공포식당, 무림식당 등 온갖 종류의 '주제식당'(특정 테마를 주제로 한 식당)이 성업 중이다. 그 중에서도 '붉은 식당'은 당국의 열렬한 지지와 후원을 받았다.

테이블 사이를 오가며 서빙을 하는 어린 종업원들은 모두 붉은 완장을 찬 홍위병차림이다. 무대에서는 '사령부를 포격하라!'는 주제의 뮤지컬이 공연되고 있었고, 간간이 홍가를 불러댔다. 정신이 없었다. 마오 시대 인민공사에서나 먹었을법한 커다란 철밥통에서 쌀밥米饭을 퍼담았고 마오 주석이 즐겨먹은 '홍샤오로우'红烧肉는 이 식당의

핫 메뉴다. 붉은 고추를 듬뿍 넣어 붉은 혁명을 쏙 빼닮았다는 '충칭 휘궈'는 홍색식당의 시그니처다.

'붉은'紅色 충칭은 사회주의 종주국 러시아 모스크바의 붉은 광장 처럼 상징물로 가득찬 '훙서징디엔 주제공원'红色经典主题公園으로 마무리될 예정이었다. 무려 25억 위안의 예산을 투입, 오락단지와 주 제구역, 및 훙서징디엔 구역으로 구분된 3개 프로젝트로 중국 최대 '붉은 공원'으로 조성한다는 계획이다.

공원에는 대장정과 중국혁명과정에서 빛나는 업적을 남긴 10대 원 수들이 말을 타고 칼을 빼든 조각상이 들어서고 55명의 장군들이 그 들을 향해 도열하도록 설계됐다.

또한 혁명성지 징강산과 옌안, 시바이포의 혁명유적들이 복제돼 전시되고 장미와 단풍나무 등 붉은 색 수목들로 꾸며진 홍색공원도 조성될 예정이다.

'공원이 완성되는 그 때쯤이면 나는 베이징에 입성해 있을 것이다.' 충칭휘궈와 훙샤오로우를 맛보던 보시라이의 마음 속에서 절대권 력에 대한 욕망이 꿈틀꿈틀댔다.

9

범죄와의 전쟁

"폭력조직들은 도살업자들이 가축을 죽이듯이 인민들을 흉기로 난도질했습니다.

이것은 참을 수 없는 광경이었습니다.

우리가 범죄와의 전쟁을 주도한 것이 아닙니다. 폭력조직들이 우리로 하여금 그렇게 하도록 한 것입니다.

우리에게 선택의 여지는 없었습니다."

"5성급 호텔에서 버젓이 불법적으로 카지노를 운영했습니다.

린저쉬林則徐도 그같은 행위를 참을 수 없었을 것입니다."

보시라이는 충칭의 '범죄와의 전쟁'에 대해 기자회견을 통해 처음으로 입장을 밝혔다.

충칭에서 열린 '세계 중문언론매체협의회' 제42차 회의 개막식이었다.

충칭의 범죄와의 전쟁은 전 세계의 주목을 받았다.

범죄와의 전쟁을 시작한 지 6개월여 만에 충칭 공안국은 두목급 조

직폭력배 67명과 2,000여명의 조직원을 체포해 재판에 넘겼다. 범죄 조직과 유착된 충칭 공무원 700여명도 옷을 벗었고 그 중 50여명은 사법처리됐다. 충칭에 '포청천'이 나타났다는 기사가 쏟아졌다.

'창홍따헤이'唱紅打黑 캠페인의 가시적인 성과다. 보시라이 부임 초기 시큰둥한 반응을 보인 충칭시민들은 뒤늦게 열렬한 박수를 보내기 시작했다.

보시라이가 언급한 〈린저쉬〉는 청말淸末의 대신으로 윈난과 광둥성 총독으로 영국의 아편밀매행위에 대한 강력한 단속으로 '중화민족의 영웅'으로 불린 인물이다. 린저쉬는 '아편밀매 금지령'을 공포했고 이를 위반한 영국 상인들로부터 아편을 몰수해서 불태웠고, 그들을 강제로 추방했다. 린저쉬의 강경한 아편단속은 제1차 아편전쟁의 빌미로 작용했다.

'포청천'과 '린저쉬'

보시라이는 포청천보다는 '민족영웅' 린저쉬 꿈을 꿨다.

"우리 시의 검찰과 공안의 고위간부 가족이 불법카지노를 운영한다는 것은 용납할 수 없는 일이다."

그가 의혹을 제기한 고위간부는 검찰총장이자 사법국장 원창文强이었다.

원 국장은 전임 왕양汪洋 서기 때 공안부국장으로 있다가 보시라이 취임 후인 2008년 사법국장으로 승진 전보된 충칭 토박이 출신 간부였다.

보시라이의 공개 언급 직전, 범죄조직 비호 혐의로 체포된 원창은 재판에 넘겨졌다.

원창은 이후 공직과 당적을 박탈당하는 '쌍개'(쌍카이)처분을 받았을 뿐 아니라 사형에 처해졌다.

또한 5성 호텔에서 불법카지노를 운영한 장본인은 원창의 제수弟嫂 '씨에차이핑'谢才萍이다. 원창 체포 직후 충칭의 한 매체에 보도된 씨에의 범죄는 폭력조직을 결성, 직접 운영하면서 호텔카지노를 불법 운영한 혐의였다.

세무서 직원이던 '씨에'는 도박에 빠져 세무서를 그만둔 뒤에 '불법카지노 도박장'을 차렸다. 전직 공무원인 그녀가 카지노를 차린 것은 배후에 공안국 실세 '원창'이 있었기 때문이었다.

도박장 개설과 동시에 폭력조직을 구성했고 카지노가 잘되자 여러 곳에 카지노지점을 개설 수천만 위안을 벌어들였다. 그녀는 배경을 믿고 불법도박장을 수사하던 공안을 납치, 구타하는 등의 범죄도 저질렀다. 그녀의 범죄행각 중 세인의 눈길을 끈 것은 남다른 '엽색행각'이었다. 16명의 남성들과 불륜관계를 맺었고, 심지어 자신이 운영하

는 호텔에서 '신부놀이'
를 즐겼다.

충칭의 옐로우 매체
들은 조직폭력과 불법
카지노 개설 및 불법납
치 구금, 마약복용 및 뇌
물제공 등의 범죄로 그
녀가 '징역 18년에 102
만 위안의 벌금형'을 선
고받았다는 사실 보다
그녀의 남자에 많은 지
면을 할애했다.

황색기사를 쓰는 이른바 '옐로우 잡지'가 이즈음 중국에서 유행했다.
[그녀의 매력과 재주가 어쩐지 궁금하다.]
이런 제목의 기사가 황색잡지를 도배했다.
재판을 받고 있던 공개된 그녀의 외모는 결코 미인이라고 할 수 없
었다.
사실 '씨에'보다 미녀 조폭 두목 '왕즈치'王紫绮가 충칭에서 더 유명
세를 탔다.
왕즈치는 '량디엔 찻집'亮点茶座이라는 불법매춘업소를 동생과 함
께 운영했다. 이 작은 찻집의 매출이 한 달 천만 위안(한화 17억원)이
넘었다.
'셋째언니'라는 애칭으로 불린 왕언니는 동생 '왕완닝'王婉宁과 함

께 1994년 '월향'이라는 이름의 동네미용실月馨美容院을 개업했다. 이 미용실은 사실 미용실이 아니다. 용역시장을 통해 어린 농촌여성들을 유인, 성매매를 하는 위장된 불법성매매업소였다. 성매매업소가 성황을 이루자 자매는 폭력조직을 구성, 어린 소녀들을 직접 납치해서 성매매를 시키기 시작했고 대담하게도 시내 번화가에 '량디엔찻집'을 열었다.

범죄와의 전쟁은 자매의 성매매업소를 간과하지 않았다. 불법 성매매 뿐 아니라 어린 소녀들에 대한 납치와 인신매매가 더 문제였다. 공안은 찻집을 급습했고, 이 업소를 비호해 온 공안 간부들과 시 공무원들도 동시에 체포했다.

사형선고를 받고 왕 자매는 2011년 이슬처럼 사라졌다.

"어떻게 이렇게 많은 폭력조직들이 충칭에서 이런 잔인한 행위를 하면서 인민을 괴롭힐 수 있었는지 알 수가 없습니다. 지금껏 수많은 공무원들을 처벌했습니다. 앞으로도 지위고하를 막론하고 폭력범죄조직과 연루된 당원과 공무원에 대해서는 관용하지 않겠습니다."

보시라이는 신중하게 말을 이었다.

"부정부패와의 전쟁, 폭력조직 소탕은 중국공산당의 존망이 걸린 절체절명의 문제입니다. 우리 충칭만의 문제가 아닙니다."

'창홍따헤이'가 충칭 캠페인만이 아니라 중국공산당이 직면한 현안 중의 현안이라는 점을 강조했다. '민생과 동떨어진 한탕주의' 혹은 '당중앙을 의식한 형식주의'라는 정치적 경쟁자들의 비난에 대한 정면대응이었다.

10

홍빠오紅包 뿌리기

"그들은 최고급 차를 몬다.

그들은 회원제 술집에 간다.

그들은 최고급 호텔의 가장 안락한 침대에서 잔다.

그들의 가구는 최고급 삼나무로 만들어진다.

그들의 주택은 최고의 전망이 내려다보이는 한적한 곳에 있다.

그들은 공금으로 골프를 치고 여행을 하며 사치스러운 삶을 즐긴다.

그들의 차는 검은 색이다.

그들의 소득은 아무도 모른다.

그들의 생활을 감추어져 있다.

그들의 일도 보이지 않는다.

검은 옷을 입고 어둠 속에 서있는 사람처럼 그들의 모든 것이 보이지 않기 때문에 우리는 그들을 '검은 집단'이라고 부른다."

2009년 7월 라오바이싱老百姓 서민과 괴리된 중국공산당 고위 간부들의 이중생활을 저격하는 글이 '웨이보'微博에 올라왔다.

이 글은 곧바로 삭제됐지만 글을 둘러싼 논란은 한동안 이어졌다.

그러나 그뿐이었다.

라오바이싱과 괴리된 그들의 사치생활은 사실이었고 라오바이싱은 그들의 생활을 부러워하면서 돈의 '바다로 뛰어들었다.'下海

'홍빠오'紅包는 춘절春节이나 결혼식 혹은 생일 때 빨간 봉투에 넣어주는 돈이다.

'공짜라면 양잿물도 마신다'는 속담처럼 중국에서 홍빠오는 사람들을 웃게 만드는 마법이다. 축의금으로 주는 홍빠오는 주로 '8'자를 선호한다. 80 위안이나 88위안, 혹은 800 위안을 빨간 봉투에 넣어서 준다. 8의 발음 '빠'가 폭발한다는 의미의 '发'와 발음이 같아서 '대박이 나라'는 기원의 의미를 담고 있다.

마오 주석을 찬양하고 혁명정신을 고취시키는 '창홍'唱红과 범죄조직을 소탕하는 '따헤이'打黑는 지도자의 이미지를 제고하는 데 좋은 수단이었다. 그러나 충칭시민들의 인기를 얻는 데에는 큰 도움이 되지 않았다.

충칭시는 외자外資가 쏟아져 들어와 재정이 풍족했다.

보시라이는 비서실장 쉬밍徐鳴의 건의에 따라, 경제사정이 어려운 최하위 빈곤계층에게 '홍빠오'를 지급하겠다고 밝혔다. '2008 베이징 올림픽'을 치른 중국이지만 충칭시의 1인당 GDP는 상하이의 절반 수준에 불과했다. 충칭의 발전 속도는 느렸다. 시 외곽 농민과 도심 부동산 부자간의 소득격차는 상상을 초월했다. 상대적 박탈감은 사회 불안 요소로 작용했다.

"춘절(설날)을 맞아 충칭시는 상이 및 퇴역군인과 생활이 어려운 퇴직 당 간부를 비롯한 총 500만 명에 이르는 시민들에게 6억 위안(1천80억원 상당)의 현금과 물품을 나눠주겠습니다."

'춘제春節 홍빠오'는 보 서기가 충칭 서기로 부임한 지 2년 만에 처음 시행했고 2010년 2차 지급했다. 2차 홍빠오는 지원 규모와 액수를 두 배로 확대했다. 상이군인과 퇴직 당 간부들은 가구당 300위안, 190만 명에 이르는 소득수준 하위계층 라오바이싱은 가구당 30위안, 그 아래 극빈계층 가구에는 50위안~70위안의 현금을 지급했다.

수해 등의 재난을 당한 200만 명에는 현금 대신 각종 식료품과 의복 침구류 등을 보냈다.

"우리 충칭시는 부자들에게 매달리지 않고 가난한 시민들을 더 자주 찾고 더 보살펴야 한다.

부자들에게는 투자를 하도록 해야 하지만 가난한 사람들을 무시하면 안 되고, 부자들에게 아첨을 해서도 안 된다."

공짜돈 '훙빠오'는 단번에 라오바이싱老百姓의 마음을 사로잡았다.

반응은 뜨거웠다. 창훙따헤이에 시큰둥하던 충칭시민들이 보시라이의 업적을 칭송하기 시작했다.

창훙따헤이에 대해서도 박수가 쏟아졌다.

전적으로 '훙빠오'가 이끈 효과였다.

그로부터 3개월여가 지나 5월 단오절이 다가오자 보시라이는 다시 '훙빠오'카드를 꺼냈다. 베이징으로 가는 길은 멀었고 마음은 조급했다. 이 여세를 몰아 단숨에 베이징까지 입성해야 한다는 마음만은 굴뚝같았다.

단오절 전날인 6월15일 저녁.

보시라이는 시 산하 기관장과 중화전국총공회 충칭지부 및 자선단체장들이 모두 참석한 기관장회의를 열었다. 단오에 대한 이런 저런 이야기를 나누다가 단오절 전통음식 '쫑즈'를 나눠먹는 방안을 제시했다. 가난한 사람들도 쫑즈를 사서 먹을 수 있는 떡값 지원을 즉흥적으로 제시했다. 회의에 참석한 기관장들은 '좋은 생각'이라며 만장일치 박수를 쳤다.

라오바이싱을 진정으로 사랑하는 아버지 같은 지도자라는 칭송이 쏟아졌다.

공짜 돈의 위력을 확인한 보시라이의 훙빠오 행보는 거침이 없었다.

쫑즈粽子는 단오절에 죽은 '굴원'屈原을 기리기 위해 만들어먹는 중국 전통음식으로 연잎 등으로 찹쌀과 각종 식재료를 싼 후, 쪄서 먹는 일종의 떡과 같은 음식이다.

300여만에 이르는 빈곤계층에게 1인당 20위안의 떡값이 뿌려졌다. '홍빠오'의 위력은 충칭을 넘어 중국 전역으로 확산됐다.

창홍따헤이로 굳어진 '포청천'같은 강한 지도자라는 이미지에서 벗어나 인민을 사랑하는 아버지 같은 지도자라는 이미지를 덧씌우는데 성공하자 중국 전역에서 홍빠오가 뿌려지기 시작했다.

내집 마련의 꿈인 서민 아파트값을 안정시키고 도시빈민인 농민공 대책도 제시하는 등 보시라이표 친親서민행보는 계속됐다.

11

왕양 광둥성 서기

전임 충칭 서기로 '광둥모델'의 창시자인 왕양汪洋 광둥성 서기.

나보다 여섯 살 어리지만 당 서열 7위 리커창李克强 부총리를 이을 '공산주의청년단' 차세대주자다.

정치국 상무위원회라는 좁은 문을 통과할 사람은 왕양과 나, 둘 중 한 사람일 가능성이 높다. 그가 나의 경쟁자인 셈이다. 내가 가고자 한 상하이 서기를 꿰찬 위정성은 태자당의 '맏형'으로 나보다 앞섰다. 왕양을 제쳐야 한다. 그도 일찌감치 이런 경쟁구도를 알고 있다.

중앙 판공청과 국무원에서 동시에 충칭시정부에 대한 감찰단을 내려 보냈다.

'공청단' 끼리는 한통속이라는 생각이 들었다.

'태자당'인 우리는 한패거리는 고사하고 제각각 모래알처럼 각자도생하는 데 반해서 말이다.

내전을 거쳐 혁명에 몰입했던 아버지의 시대에는 목표가 같았다.

건국이후 권력을 나누는 과정에서 어제의 동지는 오늘의 적이 되기도 했다. 문혁이 확실하게 보여주지 않았던가.

아버지는 그런 생존경쟁에서 살아남았다. 내게도 그런 '늑대'의 피가 흐르고 있다.

왕양의 충칭 방문 일정을 받아 든 보시라이는 잠시 상념에 잠겼다.

무의식의 흐름 속에서 또렷해졌다. 문혁 때의 기억이었다.

당시 홍위병 완장을 먼저 찼던 기억과 '살아남아야 한다.'는, 그러기 위해서는 권력을 먼저 잡아야 한다는 조급함이 일을 그르쳤다. 반걸음만 앞서면 되는데 너무 앞서면 아무도 따르지 않는다는 아버지의 조언을 듣지 않았다.

아버지를 고발하고 구타하면서까지 당과 주석에 대한 충성과 혁명 의지를 보여줬는데도 당은 나를 의심했다. 도대체 당이 왜 어설프게 관용을 베풀고 행동하는지 그 때는 이해하지 못했다. 다시는 오류를 범하지 않겠다는 오기가 생겼다. 왕양을 당장 잡지 못하더라도 확실하게 타격을 줘야 한다. 한발짝 더 앞으로 나아가야 한다.

그는 아마도 협상을 제안할 것이다.

'적당한 선에서 멈추라고...'

공청단이 태자당에서도 '독불장군'으로 소문난 나를 밀어줄 리는 없을 것이다.

'내가 받아들일 수 있는 카드는 무엇일까...'

그들이 제시할 카드는 나와 아내의 경력에 관한 것일 수도 있었다. 따리엔과 랴오닝에서 벌인 여러 가지 불미스런 일이 떠올랐다. 따리엔 방송 간판 아나운서 '장웨이제'张伟杰의 마지막 모습이 스쳐 지났다. 그녀와 그렇게 이별할 사이가 아니었다.

여자의 질투는 오뉴월에 서리를 내릴 정도로 지독하다. 구카이라 이를 잘 단속했어야 했다. 잘 처리했지만 여전히 그렇게 시신을 처리해선 안된다는 걸 알았을 때는 늦었다. 왕 국장을 얼마나 다그쳤었나. 왕 국장은 골프채에 맞아 다리가 골절됐었지...

그들이 그런 일까지 알 수는 없다는 생각에 미치자, 머리가 맑아졌다.

우리가 하는 일이란 개발프로젝트에 대한 리베이트를 두 배로 뱉어내게 하는 것이었다. 선택은 그들의 몫이다.

흑사회 '후숑파'와의 협상이 결렬된 것은 그 때문이었다. 그들은 충칭의 밤을 장악하고 있다고 착각했다. 그건 전임 서기시절의 관계다.

왕양도 위기의식을 느낀 모양이다.

당 중앙을 통해 '메신저'를 보냈다. 공생을 제의했다. 공멸보다 공생을 선택하자는 그의 제안은 무시됐다. 범죄와의 전쟁은 끝나지 않았다. 이전 2년간 충칭에서 구축한 조직들이 와해됐다. 범죄와의 전쟁에 박수를 칠 수도 없었다.

라오바이싱의 전폭적 지지를 받고 있는 '범죄와의 전쟁'에 대해 제동을 걸 수가 없었다.

자칫 당 중앙으로부터 범죄조직을 비호하거나 그들과 연루되어 있다는 오해를 받을 수 있었다.

조용하게 처리해야 뿌리를 뽑을 수 있는 '조직범죄와의 전쟁'을 시끌벅적하게 벌이고 있는 의도는 당에서도 안다. 전임 서기가 벌여온 각종 시책과 업적을 뒤흔들어놓고 지역 흑사회와의 유착, 연루 등의 약점을 잡겠다는 의도가 깔려있었다.

당내에서는 전임자의 치적을 의도적으로 폄훼하거나 약점을 잡는 짓은 하지 않는 것이 불문율이었다. 그러나 보시라이는 달랐다. 그에게는 충칭이 막다른 골목이라고 해도 과언이 아니었다. 승부를 내야했다. 성과를 얻어 정치국 상무위에 진입하지 못한다면 끝이라는 위기감이 그를 사생결단으로 만들었다.

당도, 보시라이도, 왕양도, 나름의 계산을 하며 신경전을 벌였다.

폭력조직의 배후로 유착관계가 드러나 사형까지 당한 원창文强은 왕양의 심복이었다. 그는 왕양 서기 시절 승승장구했다. 보시라이가 부임하기 전에는 공안국 부서기와 부국장으로 공안 분야 실세이자 2인자였다.

왕리쥔 국장이 부임해서 가장 먼저 한 일이 부동산 투자 개발회사 회장으로 변신한 충칭최대 폭력조직 두목을 잡는 일이었다. 잡고 보니 배후에 원창이 있었다.

부동산재벌 천 회장과 전국정치협상회의(정협) 충칭시지부 주석이창도 체포했다. 이들의 배후도 사법국장(검찰총장)으로 승진한 원창이었다.

원창에 대한 재판은 끝났다.

왕 국장은 당적박탈과 사법처리라는 '쌍규'처벌을 받은 그를 당기율검사위로 넘겼다. 마지막으로 해야 할 일은 그의 엽색행각을 공개, 도덕적으로 무너뜨리는 일만 남았다.

개혁개방은 중국의 오랜 관습 '축첩'蓄妾문화를 부활시켰다.

사회주의 도덕함양을 부르짖어도 축첩은 다시 성행했다. '대장정' 중에도, 항일전쟁과 국공내전을 치르는 와중에도 혁명동지와 여성동지들간의 연애는 영웅호걸의 그것으로 치부됐다.

장제스의 위협에 쫓겨 간 옌안에 있으면서 마오 주석은 잠재적 경쟁자들을 숙청하는 한편, 밤마다 파티를 열었다. 장칭江靑이 마오의 눈에 들어 자리를 잡은 것도 그 파티였다.

조직의 귀재로 불린 류샤오치刘少奇도 왕광메이王光美를 만나기 전에 두 번이나 결혼했다.

'권력과 돈 그리고 여자'는 패키지였다.

당 기율검사위의 조사는 그래서 한결같았다.

당 간부와 고위급 공무원의 여자를 찾아냈다. 그 이후는 수월했다. 그들의 여자情婦는 대부분 미국이나 캐나다 혹은 호주와 뉴질랜드에 있었다. 그들의 집에서 찾아내는 뇌물보다 해외에 빼돌린 자금이 더 많았다. 그들은 운이 나빴을 뿐이라고 자위한다.

원창의 경우도 그랬다.

처음에는 사법국장이라는 지위를 이용해서 체포가 용이하지 않았다.

그를 체포하러 온 공안과 검찰원 사이에 총격전이 벌어질 뻔했다.

원창의 배후는 보시라이보다 더 쎈 전임 왕양이 아닌가.

왕양의 뒤는 중국공산당의 최고지도자 후진타오胡錦濤 주석이다.

왕리쥔 국장은 직접 원창을 심문했다. 흑사회 조직은 초토화됐고 수년간의 유착관계와 뇌물 자료도 다 확보했다. 왕 국장은 원창의 여자를 모두 체포했다.

따지고 보면 그것이 가장 잔인하고 악랄한 방법이었다.

2009년 10월 재판을 받고 있는 원창에 대해 '명보'와 '문회보' 등 홍콩매체들이 '엽색獵色생활'이라는 옐로우 기사들을 쏟아냈다. 원창이 범죄조직들을 비호하는 댓가로 뇌물을 받고 미성년자 및 유명 연예인들과의 부적절한 관계를 맺어왔다는 폭로성 기사가 충칭 공안소식통을 인용, 보도됐다.

\#

왕양의 충칭방문은 그런 와중에 이뤄졌다.

50여명의 광둥성 고위간부들을 대거 대동하고 충칭에 왔다.

보시라이는 왕 서기와 힐튼호텔에서 충칭-광둥성간 전략적 협력에 서명하는 행사를 개최했다. 광둥성은 인구가 1억 명에 이르는 중국 최대 '인구대성'이자 개혁개방의 전진기지다. 덩샤오핑이 개혁개방을 선언하고 가장 먼저 외자유치에 나선 개혁개방의 모범도시가 선전深圳이었다.

"광둥성의 선도적인 개혁개방의 성과를 배우고 서부대개발의 전진기지 충칭시의 발전방안에 대해 정성을 다한 심도있는 협력에 전심전

력하겠다."

왕양은 범죄와의 전쟁에 대해서 언급했다.

"범죄와의 전쟁 그리고 낙후된 서부지역의 경제회복, 민생안정 등의 측면에서 보시라이 서기 취임이후 충칭시는 새로운 발전단계로 들어서게 된 것을 축하합니다.

이는 전적으로 탁월한 지도력을 보여준 보시라이 서기의 추진력 덕분입니다."

덕담은 덕담이고 속내는 속내다.

충칭보다 몇 단계 앞선 발전단계에 있는 광둥성, 특히 선전과 광저우 인민들의 충칭여행에 대한 협력과 투자 장려, 충칭출신 농민공에 대한 지원방안 등을 왕 서기는 전격 제안했다.

두 사람의 갈등과 경쟁과 더불어 협력도 본 궤도에 올랐다.

2012년 가을 18기 정치국 상무위원회를 향한 무한경쟁이었다.

12

원창文强 사법국장

"잡아와!"

보시라이의 최종승인이 떨어졌다. 충칭 최대 흑사회 두목은 부동산개발투자회사 회장이자 '태고삼협 골동품시장'泰古三峽古玩城 오너였다. 이 골동품 전문시장은 260억 위안을 들여 조성한 중국 서부지역 최대 규모다. 진나라시대부터 청나라시대에 이르기까지 진귀한 골동품들은 대부분 이 시장을 통해 유통됐다. 골동품은 진품으로 인증받으면 가격은 천정부지로 뛴다. 천 회장은 2000년대 초반 부동산개발회사를 기반으로 충칭 최대의 부자로 자리를 잡았다. 부동산투자부터 골동품 유통시장까지 장악한 그는 인민학교 수학교사 출신으로 숫자에 밝았다.

전형적인 충칭상인이었다.

'重庆最富黑老大'

'천 선생'陈老师은 어느 순간 '충칭 최고의 부자두목'으로 세인의 입

에 오르내렸다.

왕 국장은 범죄와의 전쟁을 시작하면서 원창 사법국장과 공조 하에 민생사범부터 잡아들였다. 라오바이싱老百姓을 괴롭히는 조무래기 조폭들을 소탕, 인민의 지지를 확보하는 것이 범죄와의 전쟁 성공의 관건이라는 것을 따리엔大连에서부터 알고 있었다.

적당하게 타협하면서 전선을 넓히는 것이 조폭의 퇴로를 열어주면서 충돌을 최소화하는 방법이었다. 개혁개방과정에서 조직과 자본을 확보해 몸집을 키운 폭력조직과 처음부터 정면승부를 하면 위험부담이 크다는 것을 누구보다 잘 알고 있었다.

왕 국장은 범죄조직 보스 두세 명을 규합, 충성서약을 먼저 받았다. 그들과는 함께 가되 나머지 범죄조직에 대해서는 가차없이 철퇴를 가해야 이 전쟁에서 승리할 수 있었다.

1차로 67개 조직 보스들을 잡아들였다.

3천만 명이상 거주하는 충칭에서 이 정도 범죄조직은 사실 피라미에 지나지 않았다. 정작 대형 범죄조직들은 부동산개발회사로 위장, 각종 이권사업을 벌이고 있는 토호세력들이었다.

천 회장도 출신을 따지면 전혀 조직폭력배라고 할 수 없는 교사출신이다. 충칭 50중 교사로 학생들을 가르쳤다. 부친이 충칭의 한 지역 교육위원회 주임을 맡은 교육자 집안이었다.

그런 그가 흑사회에 발을 들여놓게 된 것은 1989년 원창 국장의 권유로 충칭에서 유흥업소를 창업하면서다.

업소 운영으로 돈을 모으기 시작한 천 회장은 부동산투기 붐이 일자, 1992년 부동산개발에 뛰어들었다. 폭력조직 결성과 도박 및 매춘 알선 등 본격적으로 범죄를 저지르기 시작한 것도 이때부터였다.

서부지역 최대 골동품전문상가는 2005년 개설했다. 천 회장은 회장으로 취임했고 거의 동시에 충칭시 우중구 전인대 대표로도 선출되면서 '인민대표'로서 합법적 지위도 마련했다.

교사에서 흑사회 두목, 재벌회장, 인민 대표로의 변신까지 종횡무진했다.

#

확실한 제보가 들어왔다. 몇 개월 전부터 내사를 했다.

조직 부두목격인 장원張汶에 대한 것이다. 우한대학을 나온 장원은 회계사였다. 천 회장의 회계업무를 맡게 된 장원은 자연스럽게 조직 핵심간부가 됐다.

천 회장이 전격 체포된 것은 '우연찮은 사건'에 연루된 것이 빌미가 됐다.

2009년 6월 충칭에서 인민해방군 부대 초병이 조직폭력배에게 총격을 당하는 이른바 '6.3 강북 총기사건'이 발생했다.

민간인이 해방군 초병의 검문에 불응하고 오히려 초병에게 총을 쏴서 상해를 입힌, 충격적인 사건이다.

공안국은 즉시 총격사건을 자행한 조폭 내사에 나섰다.

제 14집단군 총참모장과 총정치국장도 이 사건에 지대한 관심을 표시했다.

공안국은 내사 끝에 총격을 가한 범인이 흑사회 두목이라는 사실을 확인했다.

충칭에서 잔혹하기로 소문난 '핑토우파'平头党였다.

천 회장에 대한 내사도 마무리됐다.

인민해방군을 공격한 이번 사건은 엄중했다.

왕 국장이 충칭 공안국장으로 부임하자 '대접'을 하겠다며 먼저 초청을 한 적이 있는 흑사회의 두목이자 충칭 경제인연합회' 회장이었다. 각종 행사에서 마주친 천 회장은 점잖았다. 하지만 선량한 기업인 행세를 하고 있어 섣불리 잡아들일 수는 없었다.

왕 국장은 무술공안 중에서도 최고급의 '특수수사대'를 차출했다.

그들의 비호세력이 원창이라는 것도 드러났고 증거도 확보했다.

'충칭 대세계호텔'重庆大世界酒店호화특실.

천 회장과 핑토우파 두목 등 군소조직 보스들이 함께 마작을 하고 있다는 제보였다. 호텔방을 급습, 일행을 모두 체포했다.

체포 직후 공안국은 천 회장의 체포사실을 언론에 알렸다.

범죄단체 조직과 도박, 마약 복용 및 마약밀매 혐의였다.

최종 목표는 그가 아니라 원창 국장이었다.

'우리가 제2의 정부다'我们就是第二政府

천 회장의 영향력이 얼마가 센 건지, 21명의 조직 간부들은 충칭 최대 범죄조직을 조직한 후 대외적으로 공공연하게 '우리가 제2의 정부'라고 공언하고 다닐 정도로 충칭에서 막강한 영향력을 발휘해왔다.

천 회장을 체포한 후 원창 국장도 체포했다.

남은 일은 원창의 배후인 왕양 서기와 엮는 일이다.

왕 국장은 보시라이의 베이징 입성을 위한 첫 단추를 마침내 꿰다.

2010년 10대 최강목소리 선정

인민일보 인터넷인 '인민망'人民网은 2010년 1월 '책임중국-10대 최강목소리'에 보시라이를 비롯한 10명의 고위공직자를 선정했다.

보시라이는 10명 중 당당하게 1위를 차지했다.

'책임중국-10대 최강목소리'责任中国—2009年度系列评选十大最强声音는 인민일보가 해마다 20여명의 예비후보를 선정해서 누리꾼들의 투표를 통해 선발하는 차세대 고위공직자 인기투표다.

보시라이가 1위에 오른 것은 2009년 한 해 동안 시끌벅적하게 진행된 충칭시의 '창홍따헤이' 캠페인에 대한 누리꾼들의 적극적인 지지가 반영된 것이다.

2009년에는 20명의 예비후보에 드는 것으로 만족해야 했던 보시라이가 불과 1년 만에 1위에 오른 것은 괄목할만한 성적이다.

순위에는 보시라이 외에 5세대 지도부(상무위) 진입가능성이 거론되던 리위안차오李源潮 중앙 조직부장, '중부굴기'中部堀起를 주도하고 있던 왕진산王金山안후이安徽성 서기, 공직 부패척결을 주도하던 멍젠주孟建柱 공안부장 등이 10대 공직자로 함께 뽑혔다.

인민일보가 발표하는 '책임중국- 10대 공직자'로 선정된 것이 차기 지도부 진입을 보증해주는 것은 아니다. 대중의 입에 오르내리는 것 자체가 보시라이의 대중적 지명도를 높여주고 상무위 입성에 한 발 더 다가서게 하는 것만은 분명하다.

보시라이는 곧바로 당 중앙에 전화를 걸어 고마움을 표시했다.

인민일보는 중국공산당 중앙위원회의 기관지로서 사실상 중국공산당의 지휘를 받는 '장관급' 기관이다.

인민일보 보도는 중국공산당의 향후 정책방향과도 연결된다는 점에서 보시라이의 향후 행보에 의미있는 청신호라고 할 수 있다. 인민일보 사장에게 영향력을 발휘할 수 있는 당 지도부의 압박과 요청없이는 1위로 선정될 수가 없다.

'인민일보'가 앞장서서 충칭의 '창홍따헤이' 캠페인을 지지하는 모양새였다.

'인민들이여 당과 정부의 고위공직자와 범죄조직간 유착과 결탁 고리를 끊어내고 혁명정신을 드높이고 있는 충칭의 '창홍따헤이'를 적극적으로 지지하고 칭송하라.'

이런 정치적 의도가 자락에 깔렸다.

보시라이는 창홍따헤이 기치아래 '붉은 충칭'을 만드는데 성공한 지도자로 대중에 각인되기 시작했다.

인민일보 보도의 배후에는 정치국상무위원회가 있다.

정법위 서기를 맡고 있는 '저우용캉'周永康 상무위원.

저우 서기는 전 중국 성시자치구 지도자들에게 충칭시의 창홍따헤이 캠페인의 성과를 신시대 사회기풍의 모범사례로 제시하면서 적극 추천했다.

보시라이 띄우기의 일등공신은 바로 저우융캉이었다.

인민일보의 10대 목소리 선정이후 충칭일보를 비롯한 지역매체 등도 창홍따헤이 성과를 대대적으로 과장되게 선전하면서 '보시라이 띄우기'에 본격 나섰다.

10대 최강목소리 선정을 계기로 차세대 지도부에는 후계자로 지명된 시진핑 국가부주석과 더불어 보시라이 서기도 드디어 함께 거론되기 시작한 셈이다.

"힘없는 인민의 편에 서서 부정부패 척결에 앞장선 보시라이는 현대판 포청천."

충칭 최대 폭력조직의 두목 천 회장은 사형을 선고받았다.

그를 비호한 원창 전 사법국장(검찰총장)도 사형을 선고받았다.

충칭 최고 부자조폭두목과 충칭 검찰총장 스캔들은 세인의 관심을 끌었고 두 사람의 동반 사형집행은 보시라이를 현대판 '포청천, 정의의 사도'라는 신화를 만드는 데 일조할 것이었다.

천 회장의 사형 집행 직전인 6월 말, 충칭 공안국은 힐튼호텔 대주주 펑즈민彭治民을 긴급 체포했다.

이 호텔은 범죄와의 전쟁이 시작된 이후에도 공안국의 비호를 받으면서 불법성매매 알선을 계속하는 등 '범죄와의 전쟁' 캠페인을 비웃듯이 불법영업을 계속해왔다.

펑즈민의 비호세력은 공안국에 있었다. 공안국 부국장을 비롯한

10여명의 공안간부들이었다.

공안국이 성매매 수사에 착수하자 펑은 오히려 충칭시 공안국이 호텔영업을 방해한다며 베이징에 청원을 내는 등 구명작업으로 맞불을 놨다. 베이징 정치권과의 꽌시도 깊은 모양이었다.

보시라이는 베이징에서 전해오는 은근한 압박에 화가 치솟았다.

'괘씸죄'가 추가됐다.

호텔을 비호한 충칭시 간부가 공안국 부국장이라는 사실이 드러나자 왕리쥔 국장도 적잖은 타격을 입었다.

그도 그럴 것이 공안국 부국장은 왕 국장과 한 팀으로 지난 8개월여 지속해 온 '창홍따헤이'를 실무적으로 지휘한 사령탑이었다.

범죄와의 전쟁 '시즌1'은 마무리수순이다.

8개월 동안 체포한 폭력조직원이 3천700여명. 두목급이 70여명에 이르렀다.

"거악을 뿌리 뽑지 않고서는 인민들이 편안하게 지낼 수는 없다.

그래서 우리는 공개적으로 폭력조직과의 전쟁을 선포했고 사회악과 독버섯 같은 범죄조직을 발본색원하듯 뿌리 뽑았다. 성매매와 마약, 도박과 살인 등의 강력범죄에 대해서도 보다 강력하게 대응할 수밖에 없었다. 민심이 우리의 숭고한 뜻을 이해하기 시작한 것이다."

인민일보는 최강목소리 선정과정에서 "현재 어떤 행위들이 중국의 이미지에 가장 나쁜 영향을 미치는가?"라는 설문조사도 진행했다.

'부정부패'가 1위로 꼽혔다.

고위 공직자와 고위 당 간부의 부정부패가 연일 매체에 보도되고 있지만 워낙 많은 공직자의 비리가 터져서 웬만해서는 관심을 끌지도 못했다.

신중국 건국 직전인 1948년 창간된 '인민일보'는 당 중앙위가 발행하는 중국공산당 공식 기관지다. 통신사인 '신화사'와 CCTV(중앙방송)가 매체별로 당의 방침을 발표하는 창구역할을 하지만 당 공식 기관지는 인민일보 뿐이다.

1941년 마오쩌둥이 머물던 옌안에서 창간해서 당 중앙의 기관지 역할을 해오던 '해방일보'는 신중국 건국후 상하이시 기관지로 전환됐다.

인민일보의 발행목적은 '당의 이념과 노선, 정책방침을 비롯, 당 중앙의 중대한 의사결정을 적극 홍보하고, 국내외 각 영역의 소식을 신속히 전함으로써, 중국공산당이 일치단결, 전국 인민을 이끌고 혁명, 건설, 개혁의 위대한 과업을 수행하는 데 중요한 공헌을 하는 것'으로 규정돼있다.

인민일보는 당의 정책을 홍보하고 당의 지침을 하달할 뿐만 아니라, 주요한 논쟁거리가 발생하면 직접 '화두'를 제시하고 논쟁의 한 당사자로 뛰어들기도 하는 점이 특이하다.

14

저우융캉 상무위원

'충칭일보'重庆日报는 충칭시가 직접 운영하는 기관지다.

충칭일보는 2009년 10월 '범죄와의 전쟁' 성과에 대해 열렬한 찬사를 보내면서 "우리를 분노케 하는 범죄를 쓸어버리는 것에 최선을 다해야 한다"는 장쩌민江澤民 전 주석의 어록을 인용, 보도했다. 충칭일보의 이 보도는 보시라이가 장 전 주석의 정치적 지지하에 있다는 것을 확인한 것으로 해석되고 있다.

후진타오의 뒤를 이을 후계자로 시진핑이 낙점된 가운데 중앙정치국 상무위 진입을 노리는 지도자들 간의 막후 경쟁이 치열하게 전개되고 있었다.

차기 18기 지도부에는 17기 상무위원 중에서 시진핑과 리커창을 제외한 후 주석과 원자바오 총리, 우방궈 전인대 상무위원장, 자칭린 정협 주석, 저우융캉 정법위 서기 등 7명이 모두 퇴진한다. 이는 '7상8하' 원칙에 따른 것으로 이 7석의 상무위원을 둘러싸고 25명의 정치국 위원과 후보위원들 사이에 정치생명을 건 치열한 경쟁이 본격화됐다.

이미 '중난하이'中南海주변에서는 시진핑과 위정성 상하이 서기, 왕치산 부총리의 상무위 진입을 기정사실화했다. 공청단에서는 리커창 부총리 외 1명이 더 들어간다면, 왕양 광둥성 서기가 유력하다고 했다. 태자당에서 시 부주석과 위정성이 확정됐다면 태자당 일원인 보시라이에게는 유리하지 않은 구도다.

'창홍따헤이' 캠페인에 대한 초기의 당 중앙의 부정적인 시각은 희석된 듯 했다. 인민망(인민일보)이 보시라이를 책임중국-최강목소리 1위로 선정했다는 것은 당 중앙의 지지를 의미하는 것이었다.

'지독한' 이미지정치를 한다는 평가는 극복돼야 할 과제로 남았지만 보시라이는 장 전 주석의 지지를 공식화하기 위해 동분서주했다.

그러나 후 주석을 중심으로 한 공청단이 보시라이를 대하는 분위기는 냉랭했다. 전임 왕양 서기를 겨냥해서 범죄와의 전쟁을 추진하고 있다는 의구심 때문이었다. 왕양에 대한 공세를 멈추지 않을 경우, 보시라이의 과거 경력에 대해 문제를 제기하겠다는 경고도 간접 전달됐다.

***

장강長江이 내려다보이는 난산南山 중턱에 자리잡은 난산리징쟈두호텔 꼭대기층은 보시라이서기가 '안가'로 사용하는 호화특실이다. 오늘은 베이징에서 온 특별한 손님을 위한 '초호화' 연회가 열렸다.

산싸三峡에서 잡아 온 물고기로 만든 충청산 '酸菜鱼'와 '太安鱼' '重庆鸡公煲' '江山红叶' 등 산해진미가 한 상 가득 차려졌다. 충청요리는 사실 쓰촨요리와 큰 차이는 없다. 매운 맛을 좋아하는 쓰촨四川 사람들의 입맛이나 충칭훠궈의 붉은 맛은 구분할 수가 없을 정도로 일란성 쌍둥이였다. 그래서 보시라이가 붉은 혁명 정신을 기치로 세우면서 '창훙'唱红 캠페인을 대대적으로 벌이자 적극 호응하고 나설 수 있었던 것인지도 모른다.

마오쩌둥이 늘 강조했던 것이 붉은 고추를 즐겨먹는 사람들의 '붉은 혁명'정신이다.

"중국에서는 매운 고추를 먹지 못하면 제대로 된 혁명가가 될 수 없다."

마오는 외국에서 온 손님에게도 자신의 고향 후난산湖南产고추를 식탁에 내놓고 '고추와 혁명'의 관계를 설명하곤 했다. 마오의 고향 후난사람들이 부르는 '붉은 고추의 노래'는 그래서 마오쩌둥이 가장 즐겨 부르는 '혁명가'였다.

후난만큼 붉은 매운 맛을 좋아하는 곳이 충칭이다. 거의 모든 요리에 '붉은 고추辣椒'를 넣어서 요리하고 민물고기를 조리하면서 붉은 고추를 잔뜩 넣어, 매운 맛 하나로 먹기도 한다. 쓰촨과 충칭 그리고 후난 사람들은 서로 '뿌파라, 라뿌파' 不怕辣, 拉不怕! (매운 것을 두려워하지 않고, 맵지 않을까 두렵다) 싸움을 벌인다.

충칭방송국 미녀아나운서를 비롯한, 충칭을 대표하는 미녀들이 연회를 위해 동원했다. 보시라이 스스로 자타공인 '보사노바'라는 별칭으로 통할 정도였지만 오늘의 특별한 손님은 중국 최고의 바람둥이, '백계왕'百鷄王으로 불리는 중국 최고의 '호색한'이었다. 천하절색 충칭미녀를 만나 운우지정을 나누고 천하제일 영웅호걸(?)이 되는 날이었다.

충칭은 중국 최고의 미녀도시로 이름났다.

랴오닝성 따리엔과 더불어 충칭은 중국 최고 미녀도시 수위를 다퉜다. 실제로는 따리엔 미녀보다는 오히려 날씬한 체형에 하얀 피부가 특색인 충칭미녀에 대한 평판이 더 좋았다. 보시라이 역시 충칭에 오자마자 '충칭미녀'에 대한 세간의 소문을 직접 확인했다(?)

쑤저우苏州와 항저우杭州 미녀들이 키가 작은 남방형 미녀라면 충칭과 따리엔은 키가 크고 피부가 하얀 서구형 미녀다. 충칭은 일 년 내내 안개가 끼어 웬만해서는 햇빛을 보기가 어려워 특히 하얀 피부는 충칭미녀의 특징이었다. 오죽했으면 '해가 뜨면 개가 놀란다.'는 속담이 회자될 정도로 충칭에서는 늘 안개가 낀다. 햇볕이 부족해서 피부 하얀 미녀가 유난히 많다는 것이다.

충칭은 다른 지역 음식보다 맵고 기름기가 적은 음식을 선호한 탓에 늘씬하고 쭉 뻗은 미녀들을 최대 번화가인 '해방비 거리'에서 볼 수 있다.

그런 충칭미녀의 성격에 대해 중국인들은 화끈하고 솔직하다는 의미로 '훠라'火辣하다라고 표현한다.

준비는 완벽했다.

범죄와의 전쟁을 통해 성과를 낸 '보시라이를 격려하러' 저우융캉周永康 정치국 상무위원 겸 중앙정법위원회 서기가 비밀리에 충칭을 방문한 것이다.

보시라이는 그가 충칭에 오는 이 날을 학수고대했다.

최선을 다해서 흡족하게 그를 접대해야 했다. 공안과 검찰 및 사법 분야를 총괄하는 최고의 권력 실세 중앙정법위 서기. 충칭이 '범죄와의 전쟁'을 기획하고 시작할 때 국무원 공안부장의 사전 승인을 받았다. 공안부장도 정법위서기가 지휘한다.

저우 서기는 상무위원이 되기 전까지 석유계통에서 30여년 몸을 담은 덕에 '석유방'이라는 파벌의 3세대 좌장으로 불리는 에너지 분야 최고 실세였다. 석유방은 1950년대 따칭大庆유전을 개발하면서 석유 수급문제를 해결하는데 수훈을 세운 뒤, 베이징에서 정치적 영향력을 확대해왔다. 저우 서기 역시 1967년 따칭유전大庆油田 실습원으로 경력을 쌓았다. 1985년에는 석유공업부 부부장, 1988년 중국석유中国石油 사장으로 장기간 일하면서 석유방의 실세가 됐다.

"보 동지! 그동안의 노고에 대해 치하를 드립니다. 당의 그 누구도 쉽게 해내지 못할 '창홍따헤이'공작工作을 성공적으로 수행해 온 보 동지의 성과와 의지에 경의를 표합니다."

"저우 동지의 후원과 배려에 힘입어 인민을 부패와 범죄로부터 안전하게 보호하는 것이 당의 책무라고 생각합니다. 저우따거周大个의 건강과 미래를 위하여 한 잔 올립니다!"

엄격한 상하관계가 형님('따거')으로 바뀔 정도로 분위기가 훈훈했다.

분위기가 한껏 무르익었다. 보시라이 곁에는 왕리쥔 국장이 잠시 배석했다. 저우 서기는 큰 그림을 그렸다. 그의 뒤에는 상하이방 좌장 쩡칭훙曾庆红 부주석이 있고 쩡 부주석이 사실상 상하이방을 대표했다. 마침내 보시라이는 저우융캉과 쩡칭훙 그리고 상히이방으로 통하는 권력의 사다리에 올라타는데 성공했다.

'영웅호색'英雄好色이라고 했다.

마음껏 마시고 마음대로 미녀를 취하는(?) 것이 그들의 연회방식이

었다.

충칭미녀의 진면목을 제대로 알 수 있는 충칭의 밤이 깊어갔다.

장쑤성江苏이 고향인 저우 서기의 경우 강남미녀의 대명사인 '쑤항'苏·杭, 쑤저우와 항저우 미녀들에 익숙하다. 오늘은 화끈한 훠라火辣 충칭미녀들에 빠져들 시간이다. 저우융캉과 보시라이 두 사람 다 화류의 세

상에선 둘째가라면 서러워 할 한량들이 아니었던가.

충칭의 뜨거운 밤은 그렇게 '영웅호색들의 밤'으로 각색됐다.

저우 서기의 충칭 비밀방문 한 달 후, 충칭일보는 저우 서기가 충칭을 다녀갔다는 사실을 보도했다.

'정치국 상무위원이자 중앙정법위원회 서기인 저우융캉이 충칭을 방문, 보시라이 충칭시 서기와 충칭시가 벌여 온 '범죄와의 전쟁'의 성과를 확인하고 "인민을 위한 당의 입장을 성실하게 수행하고 있다"며 격려했다.'

"충칭시 당위원회와 정부 지도자들의 엄격한 지휘 아래 충칭시 공안 부서는 범죄와의 전쟁에서도 놀랄만한 성과를 거두었다고 치하했다."

#15 ──────────   황제는 멀리 있다.

'중앙정부의 통제는 중난하이의 담장 밖으로 미치지 않는다.

담장 밖의 사람들은 베이징의 소리를 듣지 않는다.'

(〈중국공산당의 비밀〉에서)

2008년 8월8일 개막한 '2008 베이징 올림픽'은 '중국의 굴기'를 전 세계에 선언하는 역사적인 행사였다. 올림픽이 치러지는 베이징에서는 고질적인 베이징의 교통정체와 대기오염을 완화시키기 위해 올림픽이 열리기 6개월 전부터 공장조업 2부제, 차량 홀짝제 등 대대적인 친환경 캠페인을 벌였다. 올림픽 개막식에서는 G2로 도약한 중국경제 뿐 아니라 '중화문명'中华文明의 부활을 화려하게 선보이는 공연을 준비하는 등 그야말로 중국굴기의 총력전을 펼쳤다.

그러던 와중에 '산루三鹿분유'사태가 터졌다. 개막식이 일주일도 채 남지 않은 시점이었다. 산루분유를 먹고 어린 아이들이 죽거나 이

상승세를 보인 사례가 수십여 건 보고되면서 소비자들의 불만이 속속 제기됐다. '산루'는 '멍니우'蒙牛와 함께 당시 중국분유 업계를 양분해 온 대기업이다. 이 회사는 주력 분유에 부족한 단백질성분을 보강하겠다는 이유로 '멜라민'을 첨가해서 제조했다. 멜라민은 암을 유발하는 성분으로 식품으로 사용할 수 없다.

소유주를 비롯, 회사 경영진은 회의를 열어 즉각 해당제품을 수거 폐기하고 제조공정상의 문제를 시정하는 대신, 소비자들의 불만제기 은폐를 시도했다. 조용히 문제된 제품을 회수하고 교체해서 소비자들의 불만을 우회하는 한편, 책임소재도 불분명하게 처리했다.

베이징 올림픽 개막 직전 뒷전에서는 멜라민분유사태를 은폐하려는 작업이 은밀하게 이뤄졌고 올림픽이 끝난 후에야 뒤늦게 멜라민분유 사태의 전말이 드러났다.

수십여 명의 어린 아기들이 멜라민분유를 먹고 사망했고 무려 29만 명에 이르는 어린 아기들의 신장 등 장기에 문제가 생겼다. 멜라민분유파동은 해외로 번지며 파장이 확산됐다. 값싼 중국산 분유를 수입, 원료로 쓰던 한국에서는 중국산 식품 전반에 대한 불신이 일었다. 베이징 올림픽 성공에 따른 중국굴기보다 멜라민분유파동이 던지는 부정적 이미지에 대한 파장이 더 컸다.

　중국에는 '산은 높고, 황제는 멀리 있다'는 속담이 오래전부터 내려온다. 봉건황제의 시대는 물론이고 중국공산당 독재의 완벽한 통제 시스템을 갖춘 신중국에서도 이 속담은 통한다.

　멜라민분유사태는 베이징 올림픽이후 중국 국무원 식품부가 개입하고 나서야 조사가 이뤄졌다. 산루는 사명을 개명했지만 여파를 견디지 못하고 문을 닫았다. 그 과정에서 수년간 이뤄진 멜라민분유에 대한 검사와 감독 책임 문제는 전혀 파헤쳐지지 않았다. 산루유업이 있는 허베이성 스좌좡시와 허베이성 당 서기 혹은 정부의 책임자가 처벌을 받았다는 후문은 없다. 유야무야된 셈이다.

　충칭은 베이징과 더불어 4대 특별시다. 그러나 베이징에서는 가장 먼 도시다. 베이징사람들에게 충칭은 머나 먼 시골도시다. 충칭 입장에서는 베이징 당 중앙의 눈치 보지 않고 당서기가 '소황제'로 군림할 수 있는 최적의 환경이다. 견제받는 상하이가 아니라 충칭으로 간 것이 오히려 보시라이에게는 전화위복이 됐다.

　보시라이는 '황제의 담장 밖'에 있는 충칭의 황제였다.

　따리엔大连과 랴오닝성辽宁은 베이징 코앞이라 '소황제' 노릇을 엄두도 못내지만 머나먼 충칭은 다르다.

　보시라이는 스좌좡의 산루유업 사태가 터지자 즉각 대처했다. 사태가 확산되기 전에 그는 곧바로 관계부문 대책회의를 열어 중국에서 가장 먼저 산루유업 모든 제품에 대해 폐기처분을 내렸다.

　베이징과 멀리 떨어지면 떨어질수록 지방 지도자는 베이징의 지시

대신 자신의 권력을 더 행사하려는 경향이 있다. 물론 새로운 제도와 규칙을 도입할 때는 지방에서 먼저 운용해보고 검증된 후 베이징과 중앙에 도입하기도 한다. 코로나 사태가 터지자 베이징당국이 '사스 사태'의 판박이가 될까 우려해서 베이징으로 들어가는 모든 문을 걸어 잠근 것은 그 때문이다. 지금도 베이징으로 향하는 전 세계 직항을 폐쇄하고 톈진이나 주변도시로 항공편을 돌린 후 승객을 격리시켰다가 베이징으로 진입하도록 한 것은 그 때문이다.

그래서 한 지방에서 장기간 근무할 경우, 토호나 지역 기업과의 유착으로 인한 각종 특혜와 유착비리문제가 생길 수밖에 없다. 지방의 지도자들은 적당한 선에서 비리와 타협하거나 눈감아줄 수 있다는 논리를 당연시하게 된다.

보시라이는 태생적으로 후 주석과는 손잡기가 불편했다. 태자당과 공청단이 견원지간처럼 사생결단의 경쟁을 벌이고 있기 때문이었다. 보시라이는 후 주석보다는 상하이방과 부친과 밀약을 맺은 장쩌민의 영향력을 선택했다. 그가 여기까지라도 올 수 있었던 것은 자신의 실력이 아니라는 것을 잘 알고 있었다. 권력의 역학관계를 이용하는 자만이 살아남을 수 있다.

중국공산당 정치국 상무위에서 저우 서기가 충칭을 방문하고 난 이후, 다른 상무위원들의 충칭방문이 본격화되기 시작했다.

당 내부에서 '충칭을 배우자'는 분위기가 당 창건 90주년에 맞춰 하나의 흐름으로 만들어진 셈이다.

황제는 멀리 있다. 그래서 그의 황제의 꿈은 은밀하게 시작될 수 있었다.

#16 파죽지세

"마오쩌둥毛泽东은 끊임없이 후계자와 추종자를 검증하고 숙청했다. 그들의 출신배경이 어떻든, 혁명과업 성과가 어떻든 간에 배후에서 그들을 흔들고 공격하고 숙청했다. 그는 냉정하고 잔인하고 냉혹했다. 평생 자신을 도와 조직을 결성하고 혁명대열에 함께 한 동향의 류샤오치刘少奇를 공식 후계자로 지정한 후에도 의심하고 시험에 들게 한 후 홍위병을 시켜 끌어내렸다. 류샤오치가 결국 모든 직위를 내려놓고 고향에 내려가서 농사를 짓겠다며 작별인사를 오자 손수 문밖 배웅까지 했다. 그러나 홍위병에게 끌려나와 모욕을 당하고 투옥시킨 것은 마오였다.

권력 앞에선 모두가 잠재적 적이었다. 거침없는 권력의 속성에 평생 지배당한 마오쩌둥이었다."

보시라이의 교두보는 확보됐다. 장쩌민, 쩡칭훙, 그리고 저우융캉으로 이어지는 상하이방의 지지를 확고하게 확보하는 것이 우선이었는데 그것이 어느정도 완성됐다. 이제 혁명원로들과 태자당 동의를 구하는 일이 다음 수순이었다. '상하이방'과 후 주석의 '퇀파'(공청단)는 후계자로 시진핑을 지명했고 리커창 부총리는 서열2위 국무원 총리를 맡는 것으로 합의됐다.

***

신화통신은 중국의 유일한 통신사다. 중국 정부의 공식입장을 발표하는 창구다. 인민일보는 중국공산당 중앙위원회의 '기관지'. 신화통신과 인민일보, 중국 중앙방송국(CCTV) 등 3대 매체가 신문과 통신 방송에서 중국공산당과 중국 정부를 대변한다.

2010년 인민일보의 '책임중국-최강목소리' 1위 선정에 이어 2011년 신년벽두부터 신화통신이 보시라이 띄우기에 나섰다.

공식적인 '춘절연휴'(1월31일~2월6일)가 끝나고 시끌벅적한 춘절 분위기가 이어지던 2월 22일. 신화통신은 홈페이지 최상단에 '함께 부유해지는 해법을 충칭에서 찾는다.'는 제목의 장문의 르포기사를 내보냈다. 보시라이의 사진을 대문짝만하게 실었다.

신화통신은 종종 충칭일보 등 충칭지역 신문 기사를 홈페이지에 전재하는 방식으로 보시라이의 동정을 중국 전역에 전송해왔는데 이번에 처음으로 직접 작성한 기사를 통해 노골적인 '보시라이 띄우기'에 나선 것이다.

신화통신은 충칭시의 경제 발전성과와 빈부격차 등 양극화 해소를 위한 보시라이 서기의 노력을 집중 조명하면서 이를 모범 사례로 소개했다.

동부 연안도시에 비해 상대적으로 낙후된 충칭시가 11차 5개년 개발계획 기간(2006~2010년)동안 1인당 GDP를 4천 달러수준까지 올려 전국 평균 수준으로 이끌었다고 격찬했다. 또 12차 5개년 개발계획(2011~2015년)기간에는 연간 1억 대의 노트북을 생산하는 노트북 제조의 중심으로 떠오르면서 6천500억 위안(11조2천억원)의 신규수요를 창출해내게 될 것이라는 '장미빛 미래'도 소개했다.

아울러 신화통신은 충칭시가 소득분배 개선에 앞장서, 지니계수를 0.42에서 0.35로 낮추는 한편, 노농 사이 수입격차도 2.5 대 1 수준으로 내릴 계획이라는 점도 강조했다. 충칭의 경제발전상을 추켜세우면서 이른바 '국유기업 성장을 통한 부의 재분배'를 기본으로 한 '충칭모델'의 성공을 전면에 내세운 것이다.

신화통신의 보시라이 띄우기는 2012년 가을 결정될 정치국 상무위원 선임의 청신호였다. 인민일보와 신화통신 보도는 당 지도부 다수가 보시라이 지지에 동의했다는 것을 의미했다.

#17 시진핑 충청방문

시진핑 부주석이 마침내 충칭을 찾았다.

후 주석을 이을 차기 지도자로 확정된 시진핑 부주석은 2010년 12월 6일부터 사흘간 충칭시를 방문, 홍색红色캠페인 등 다양한 문화행사를 참관하고 경제특구를 시찰하면서 충칭시의 경제발전양상을 직접 확인하는 등 '충칭모델'의 성공에 깊은 관심을 표시했다.

중국의 각종 언론매체는 국영이거나 관영 혹은 반관영이다. '반관영'과 사기업 형태의 매체도 있지만 당과 국무원 및 시정부 등의 영향력에서 벗어난 독립 매체는 없다. 서방에서처럼 언론의 자유가 보장된, 신문과 방송이 아니라는 점에서 언론이라 하지 않고 '매체'媒体라고 부르는 것은 그런 이유에서다.

장강长江 산샤三峡의 안개가 자욱하게 내린 12월 초. 시진핑 부주석의 충칭 방문은 제5세대 지도부 구성을 앞두고 있는 '중난하이'를 긴장시켰다.

링지화令計劃 주석의 중앙판공청 주임이 가장 먼저 시 주석의 움직임을 알아차렸다. 장쩌민 주석 때부터 중앙판공청(대통령비서실)에서 근무하기 시작한 링 주임(비서실장)은 후진타오가 국가주석과 당 총서기가 되자 중앙판공청 주임으로 승진했다. 링 주임 역시 공청단 출신이어서 이뤄진 인사였다. 중앙판공청에는 국무원은 물론이고 각 지방에서 올라오는 각종 정보가 시시각각 보고된다. 상무위원 다음으로는 최고의 실세였다.

링 주임 역시 후 주석 되임 즈음에 정치국에 진입하겠다는 야심찬 꿈을 꿨다. 링 주임보다 한 살이 더 많은 리커창이 '공청단'을 대표해서 당 서열 6위로 정치국 상무위를 지키고 있지만 그 역시 지도부 입성을 노렸다. 오래전부터 고향 산시山西성 출신 정치국 중앙위원 등 당 고위간부들과 기업인들로 '산시방'('시산회')를 조직한 것은 다 후일을 도모하기 위해서였다.

장쩌민 때부터 중앙판공청에서 일해 온 경력이 말해주듯 '상하이방'과도 교분이 깊다. 특히 장 전 주석의 복심인 '쩡칭훙' 부주석이 판공청 주임일 때 부주임으로 일한 측근으로 계파를 넘나들었다.

쩡 부주석은 93년부터 99년까지 무려 6년간 판공청 주임을 맡아 장 주석의 모든 것을 도맡아 처리한 집사였다. 당시 주석으로 향하는 門을 향하려면 반드시 쩡 주임을 거쳐야 했다. 산시에서 태어났지만 마오쩌둥의 고향 후난성 창사長沙의 후난대학을 나와 공청단 활동을 통해 중국공산당에 입당한 링지화로서는 쩡 부주석의 정치적 영향력을 누구보다 잘 알고 있었다. 이미 공청단파의 대표로는 리커창李克强 부총리의 상무위 진입이 확정된 만큼 상하이방과 태자당 몫의 후보자들의 연대도 살펴봐야 했다. 당내 세력구도에 대해서는 누구보다 잘 아는 자리가 판공청 주임이었다.

쩡칭훙은 물론 원자바오 전 총리 등 역대 중앙판공청 주임은 정치국 후보위원, 위원을 거쳐 정치국 상무위원으로 진입하는 코스였다.

19대 정치국 상무위원 리짠수栗战书도 링지화 주임에 이어 2012년 시진핑 주석 취임과 더불어 중앙판공청 주임으로 갔다가 2017년 정치국 상무위원으로 승진, 당 서열 3위인 전인대상무위원장을 맡았다.

링지화는 누구보다 먼저 상하이방과 태자당의 비밀연대를 알아챘다. 두 세력의 연대를 사실상 묵인하면서 그는 상하이방 좌장과의 정치적 인연을 활용, 자신이 속한 공청단파의 양다리전략을 구사했다. '공청단파'로서 후 주석의 최측근이자 심복으로 행세하면서 상하이방과의 인연도 활용하려 한 것이다.

외부에 알려진 링지화의 트레이드마크는 '워커홀릭', 이른바 '공작왕'工作王이었다. 그러나 실제 그의 모습은 '카사노바'와 다를 바 없었다. 매일 새벽에 출근해서 일하고 저녁 늦게 퇴근해서 붙여진 자랑스러운 별명이 공작왕이었다. 그러나 매주 두 번씩은 새벽에 집을 나서 호텔이나 영빈관 등에서 애인情婦을 만나 '밀회'를 즐겼다. 당 중앙기율검사위가 나중에 밝혀낸 그의 애인은 무려 27명이었다. 의외의 '호박씨'였다.

링지화 주임은 충칭에 있는 보시라이의 동향을 누구보다 잘 파악하고 있었고 그의 당 지도부 로비 상황도 낱낱이 파악했다. 그러나 그는 후 주석에게 자신이 알고 있는 모는 것을 보고하지 않았다. 느슨하게 관리하면서 태자당 및 상하이방과의 관계설정에 이용하면서 자신의 정치적 입신을 위한 거래에 도움을 주려는 계산이 앞섰다.

#18 아 페라리. 링지화

후 주석의 공청단이 태자당과 상하이방에게 수세에 몰리게 된 것은 링지화의 배신 때문이었다고 해도 과언이 아니다. 후 주석이 오죽했으면 퇴임 직전 자신의 수족과도 같은 판공청 주임 링지화를 전격 교체하고 중앙선전부장으로 내보내면서 '너는 더 이상 내 사람이 아니다'라고 한탄했을까.

링지화의 몰락은 외아들의 교통사고 사망사건으로 현실화됐다.

2012년 3월 18일 새벽 4시 10분

베이징의 한 외곽도로 '바오푸스다리'保福寺桥 위에서 검은 색 페라리가 과속으로 달리다가 교각을 들이받고 전복됐다. 운전자인 젊은 남성은 현장에서 즉사했고 동승한 두 여성은 자동차 밖으로 튕겨져 중상을 입고 구조돼 병원으로 후송됐다. 응급실에서 한 여성은 사망했다. 이들의 옷차림은 상반신이 탈의돼있는 등 단정치 못했다. 목격자들이 사고현장 사진을 찍어 웨이보微博에 올렸다.

사망한 운전자의 신원이 드러났다. 베이징대 석사과정에 다니던 24세의 '링구'令谷였다. 사고처리에 나섰던 베이징 공안국이 발칵 뒤집어졌다. 사고현장은 처참했다. 공안국의 보고를 받은 링지화 주임은 곧바로 사고현장과 병원으로 가서 사망자를 확인했다. 아들 링구였다.

참혹한 현장을 확인한 그의 얼굴이 일순 일그러졌다가 평온해졌다.

"사망자는 내 아들이 아니다"

링 주임의 말을 들은 공안국 직원들은 당황스러웠다. 그러나 즉시 사고현장 수습에 나섰다.

자신의 아들이 아니라는 링 주임의 말은 사고 진상을 재빨리 은폐하라는 지시였다. 술과 마약에 취한 채 젊은 여성을 페라리에 태우고 가다가 교통사고로 사망한 망나니가 당 고위간부아들이라는 것이 매체와 대중에 알려질 경우, 정치적 타격을 입게 될 것을 우려했다. 병원으로 후송됐지만 중상을 입고 응급실에 있던 두 여성 중 한 명은 응급주사를 맞은 후 사망했다. 두 여성이 치명상을 입은 것이 아니었다는 증언이 나오면서 독극물에 의한 타살의혹이 제기되기도 했다.

사고 다음 날 공교롭게도 제13차 전국인민정치회의가 열렸다. 링 주임은 아무 일이 없었다는 듯이 예정대로 회의에 참석했다. 아들이 음주교통사고로 사망했는데도 자신의 아들이 아닌 양 평상시처럼 행동한 것이다. 이 사실을 알게 된 사람들은 그를 지독한 냉혈한이라고 생각하지 않을 수 없었다.

시 공안국과 사고수습 절차를 협의한 링 주임은 저우융캉 정법위 서기를 찾아갔다. 이 사건을 조용하게 수습하려면 공안 분야를 총괄하는 저우 서기의 승인을 받아야 했다. 음주교통사고에 대한 증언을 막겠다며 동승한 여성을 살해했다는 의혹도 제기되고 있었다. 사고와 관련한 뒤숭숭한 소문이 일파만파로 확산되자 공안국은 관련사실을 확인해서 저우 서기에게 보고서를 올렸다.

이미 모든 상황을 파악하고 있던 저우 서기는 링 주임이 찾아온 속셈을 간파했다. 저우 서기는 사망한 동승 여성과 중상을 입은 여성의 가족에게 치료비와 보상비를 충분히 주고 수습하기로 하고 링 주임의 어깨를 다독였다. 두 여성 가족에게는 중국석유가 적잖은 보상금을 보냈다.

정법위 서기의 방을 나가려는 링 주임을 불러 세웠다.

"링 주임. 잠깐만...."

링 주임이 의아해하는 표정으로 뒤돌아서자 두툼한 서류 봉투를 건넸다. 느낌이 좋지 않았다. 사무실로 돌아가서 보라고 했다. 봉투 안에는 일본 교토의 저택과 계좌거래내역 등이 상세하게 적혀있었다. 10여 년 동안 '대내총관'大內總管으로 불리는 판공청 부주임과 주임으로 있으면서 받은 인사 관련 뇌물액수와 사망한 아들 링구 앞으로 등기된 일본의 별장 등을 다 파악하고 있었다.

꼼짝할 수가 없었다. 주석 판공청 주임에게 후 주석을 배신하라는 노골적인 협박이었다. 쩡칭홍을 주임으로 모신 인연으로 '비서방'의 총무역할을 하고 있었지만 상하이방과도 이중첩자 행보를 하지 않을 수 없게 된 것이다.

판공청 주임을 포섭하게 된 상하이방은 이제 거침이 없었다.

시진핑 부주석의 충칭 방문이 성사된 것은 산샤三狹의 겨울안개가 자욱하게 내려앉은 2010년 12월 초순, 초겨울이었다.

시진핑과 보시라이, 두 사람의 평소 관계는 아주 좋았다.

보시라이는 홍위병 경력에서 보듯이 어린 시절 태자당내에서도 잘난 체 하기로 소문난 악동이었다. 반면 시 부주석은 웬만해서는 앞에 나서지 않는 우직한 성격의 '팬더' 같은 존재였다. 경쟁상대가 아니었다.

부친 보이보의 물밑 노력으로 '태자당 악동'이미지에도 불구하고 상무부장을 마치고 차지한 충칭의 소황제, 보시라이. 신중국의 황제로 등극할 날만 기다리고 있는 시 부주석과 보 서기의 경쟁은 끝이 났다. 대외적으로도 보시라이로서는 '시진핑 황제'가 탄생하는 날, 상무위원회에 들어가는 것이 최대의 목표였다. 시 부주석의 지원이 절실했다.

시 부주석도 보시라이의 지원이 나쁘지 않았다. 장 전 주석과 쩡 부주석 등 상하이방의 지지로 후계자로 낙점이 됐지만 황제로 등극한 이후에는 그들의 영향력에서 벗어나야 했다. 후 주석은 주석과 총서기를 모두 물려받았음에도 장 전 주석이 중앙군사위를 이양하지 않으며 '상왕'노릇을 이어가지 않았던가. 장의 어깃장에 얼마나 수모를 당했는지 누구보다 잘 알고 있었다. 상하이방의 지지로 후 주석측을 견제하는데 성공했지만 자신의 독자세력을 보강하는 게 절실했다.

상하이 서기를 물려준 위정성은 태자당의 본류였다. 그의 상무위 진입에 대해서는 반대가 없었다. 9명의 상무위원 중 최소 4명을 내편으로 만들어야 했다. 보시라이의 야심과 그를 둘러싼 여러 불협화음에 대해서는 오래전부터 잘 알고 있었다. 그러나 권력구도를 둘러싸고 세 대결을 한다면 약점을 갖고 있는 보시라이가 더 낫다는 판단이 들었다.

***

시 부주석의 충칭방문 공식적인 행사는 '창홍타헤이' 캠페인에 맞춰 진행됐다.

시진핑은 마오쩌둥 사상을 고양하는 '창홍'唱红 캠페인에 많이 끌렸다. 문화대혁명 당시 '소년' 홍위병으로 붉은 완장을 차고 톈안먼 광장에 뛰쳐나가 '마오주시 완쑤이!'毛主席万岁!를 외쳤던 어렴풋한 기억이 떠올랐다.

보시라이의 창홍 캠페인은 중국공산당 창립 90주년에 맞춰 시의적절한 인민을 계몽하는 운동이었다. 자본주의적 시장경제에 물들어버린 인민의 마음을 붉게 다잡는데도 캠페인은 적당했다. 보시라이는 시진핑과 함께 붉은 홍가红歌를 부르고, 마오 어록과 경전을 읽는 등의 붉은 캠페인을 하루 종일 함께 했다. 충칭사범대학에 가서는 대학생들에게 강화를 하고난 후, 그들의 생각을 듣고 '젊은 학생들이 중국굴기를 앞당겨줄 중국의 미래'라며 격려하기도 했다.

다음 날 시진핑은 충칭의 경제개발특구들을 차례로 돌아보면서 충칭시의 급속한 경제성장과 농민공의 도시이주 및 인민을 위해 추진하고 있던 국유기업을 통한 분배정책 성과에 대한 보시라이의 생각을 청취했다.

늘 짙은 안개에 휩싸여있는 우중충한 회색도시, 충칭이 보시라이가 부임한 지 2년여 만에 활력을 되찾고 있었다. 범죄조직을 완벽하게(?)소탕한 탓에 도심은 비온 뒤처럼 깨끗해보였다. 그가 늘 강조해온 '사회주의 도덕관'이 충칭시민들의 가슴에 새롭게 자리잡은 듯한 느낌을 받았다.

개혁개방의 전진기지였던 연해도시에 충칭모델의 접목을 시도할 필요가 있었다.

만찬은 저우융캉 서기와 비교했을 때 더 깔끔하게 준비됐다.

역시 보시라이의 비밀 초대소인 '난산리징쟈두호텔'이었다. 오늘 주빈은 차기지도자였다.

정치국 상무위 진입을 위한 두 번째 관문을 넘어섰다.

충정의 붉은 꽃

제2부

개혁개방시즌2
_____

***

1978년 말부터 1980년 말까지는 '베이징의 봄'北京的春天이었다. (마치 1979년 박정희 대통령 시해사건부터 1980년 5.17 비상계엄 까지가 한국의 '서울의 봄'이었듯이 중국에서도 마오쩌둥 사망 후 잠시 민주화의 봄날이 있었다.)

'민주벽'운동과 잡지 발간, 단체설립과 선거운동 등은 청년 학생과 노동자가 주도했고, 소수의 공산당 밖의 지식인(소위 반체제 지식인)이 참여한 신중국 최초의 민주화 운동이었다.

일부는 마르크스-레닌주의 관점에서, 일부는 자유주의와 민주주의의 관점에서 마오쩌둥의 개인숭배와 문화대혁명, 공산당 일당제를 비판했고, 그 대안으로 과감한 정치개혁 추진과 더 많은 민주와 자유를 요구했다. 이는 밖으로부터의 비판이었다.

이에 반해 1979년 1월부터 4월까지 개최된 '이론공작 토론회'는 공산당 내의 지식인(체제내 지식인)이 공산당의 역사와 문혁, 마오쩌둥과 마오쩌둥 사상에 대해 거리낌 없이 토론한 '안으로부터의 비판이었다.

다만 이것은 어디까지나 외부에 공개되지 않은 당내토론이었다."

(덩샤오핑 시대의 중국2- 조영남)

신중국 건국이후 '중국 사회주의'에 대한 반성과 비판이 대대적으로 제기된 것이다.

"이제부터라도 '인간 중심의' 진정한 사회주의를 건설해야 한다."

마오쩌둥 시대에 대한 깊은 성찰에 바탕을 둔 반성은 처음이었다.

"그게 무슨 소리인가. 마르크스-레닌주의와 마오쩌둥 사상의 '순결성'을 지키고 중국공산당 유일 영도의 현 정치제제를 굳건하게 지켜야 한다."

반대의 목소리도 더 강하게 터져 나왔다.

중국 공산당이 영도해 온 공산당 유일지도체제를 지키려는 세력이 이른바 '보수파'다.

덩샤오핑邓小平과 천윈陈云 등이 주축이었다. 반면 지난 시대를 반성하자며, '인간'의 탈을 쓴 사회주의로 나아가야 한다는 주장을 전면에 내건 소위 '개혁파'의 간판은 후야오방胡耀邦이었다.

덩샤오핑은. 마오 주석 사후 복권돼 실권을 장악하게 되자 화궈펑의 과도기체제를 거친 후 발빠른 경제성장을 추구하기 위한 개혁개방 속도전을 제기하고 적극 추진했다.

이 때 덩을 도와 준 개혁개방의 조타수로 후야오방이 선택되었다.

1989년 벌어진 '6.4 톈안먼사태'의 출발점은 덩샤오핑과 후야오방 간의 개혁파 내 노선투쟁이었다. 그 결과가 개혁에 대한 저항과 보수 회귀다.

1

따리엔 스더그룹

정변政变, 쿠데타는 늘 일어날 수 있었다. 마오쩌둥 주석의 경호를 맡았던 왕둥싱王东兴 (경호)실장은 주석을 겨냥한 암살과 쿠데타에 노심초사했다.

마오쩌둥은 낮과 밤이 바뀐 '올빼미'생활을 했다. 그리고는 종종 '1호 열차'를 타고 '중난하이'中南海를 떠나 우한과 난징 등 남쪽 지방으

로 떠났다. 후계자를 지명해두고도 감시하고 비판하고 숙청한 것도, 따지고 보면 쿠데타가 두려울 정도로 신변이 불안했기 때문이었다.

랴오닝성辽宁 따리엔大连을 근거지로 성장, 보시라이사건이 터지기 직전 중국 부자 8위에 오르기도 한 '스더'实德그룹의 쉬밍徐明 회장.

2012년 3.19 쿠데타政变사건의 발단은 쉬밍 신병확보였다.

따리엔은 보시라이 서기의 근거지였다. 따리엔 시장과 랴오닝성장 등 10여 년 따리엔에서의 공작工作을 통해 정치적 입지를 마련한 보시라이는 따리엔 기업인과의 유착이 남달랐다.

랴오닝성 최고의 기업인으로 등극한 쉬 회장은 중국 프로축구리그에서 8번이나 우승을 차지한 명문구단으로서의 입지를 다진 따리엔 스더 축구단의 구단주로서도 대중의 관심을 끌었다.

시진핑习近平 주석은 중국의 축구굴기崛起를 자신이 실현시키고 싶은 '중국몽'中国梦의 하나로 전면에 내세울 정도로 열렬한 축구광으로 잘 알려져 있다.

시 주석의 축구몽은 중국이 월드컵 예선을 통과해 본선에 진출하는 것과 월드컵경기대회를 중국에서 개최하는 것, 마지막으로는 월드컵에서 중국이 우승하는 것, 세 가지다. 중국축구가 월드컵 본선 무대에 진출한 것은 2002년 한일 월드컵 대회가 처음이자 마지막이었다. 그 때 중국이 본선에 나가게 된 것은 아시아축구강국인 한국과 일본이 월드컵 공동개최국으로 자동 출전하는 바람에 아시아지역 본선 카드가 하나 남아서 중국의 본선진출이 가능했다.

아이러니컬하게도 중국의 고대 놀이의 하나로 공을 갖고 노는 '축

국'蹴鞠에서 축구가 시작된 것이라며 축구 종가宗家는 영국이 아니라 중국이라는 황당한 주장도 중국에서는 나돌고 있다.

어쨌든 따리엔 스더는 중국 프로축구리그에서 8번을 우승하면서 중국축구 '종가'로서의 자부심이 강한 구단이다. 원래 이 축구단은 중국 부자순위 1,2위를 다투는 '완다'万达그룹의 왕젠린王健林 회장이 1994년 중국 프로축구 슈퍼리그 개막에 맞춰 창단한 구단이었다. 그해 첫 우승을 할 정도로 막강한 구단이었다. 창단이후 4 차례 우승한 명문구단이었는데 스더그룹 쉬밍 회장이 1999년 인수, '따리엔 스더'로 구단명을 바꿨다. 스더는 이후에도 적극적인 투자를 바탕으로 4번 더 우승, 총 8번 리그 우승의 영예를 안은 중국 최고의 명문구단으로 자리 잡았다.

축구구단주가 바뀐 배경에는 보시라이가 개입한 것 아닌가 하는 추측도 제기됐다.

당시 완다그룹은 부동산개발사업 통해 재계의 입지를 탄탄히 갖춘 기업이었다. 그 때 신생 스더그룹에 4회 우승에 빛나는 축구명문 구단을 넘겨줄 이유는 없었다.

구단을 매각한 1999년 따리엔 시장이 보시라이였다. 스더그룹은 따리엔시의 각종 개발 사업을 독점하다시피 하면서 석유화학과 보험업으로 업종을 확대하는 등 폭풍 성장하고 있었다.

2002 한·일 월드컵 신화의 주역 중 한 사람인 한국국가대표 안정환 선수가 2010년 이 따리엔 스더 구단으로 이적, 축구인생의 마지막을 여기서 마쳤다.

2011년 한국 축구 국가대표 수비수 김진규도 따리엔 스더에 입난했다.

보시라이도 시 주석 못지않은 축구광이었다. 따리엔 시장 시절 보시라이는 따리엔 시내 중심가에 대형 축구공 모형을 만들어 세울 정도로 축구에 열광했다. 또 따리엔시가 따리엔을 연고지로 한 스더 구단을 적극 지원하도록 하는 등 따리엔을 둥베이東北 지방 최고의 '축구도시'로 키우는데 총력을 기울였다.

그러나 이제 중국 축구리그에 따리엔 스더는 없다. 스더그룹도 사라졌다.

따리엔에서 태어난 쉬밍 회장은 90년 '선양沈阳항공대학'을 졸업한 후, 92년 따리엔 스더그룹大连实德集团을 설립했다.

보시라이가 랴오닝에 처음 내려간 것이 1984년 진현金县 부서기였다. 따리엔시 진저우구金州区서기, 따리엔시 상무위 선전부장(1989년)을 거쳐 1989년 따리엔 부시장으로 보 시라이는 승승장구했다. 쉬밍 회장이 스더그룹을 창업한 1992년, 따리엔 시장으로 취임했다. 이후 2000년까지 거의 9년간 따리엔 서기를 겸직하면서 보시라이는 따리엔의 소황제로 군림했다.

따리엔을 기반으로 한 스더그룹의 급속한 성장은 보시라이의 지원과 비호를 제외하고는 설명할 수 없다.

스더그룹은 창업 14년 만에 화학과 건설 산업을 주력으로 금융보험, 문화체육, 가전제품 제조 등의 분야로 기업영역을 확대해서 명실상부한 대기업집단으로 발전했다. 따리엔역 앞의 승리광장과 스타베이, 따리엔 관광명소로 확정된 진스탄 개발사업, 따리엔 골프장 건설사업 등 따리엔시가 발주한 30여개 개발사업을 독점 수주하는 기염을 토했다. 따리엔 스더 플라스틱공업 유한공사는 중국 국무원으로부터 '중화인민공화국 건설부 화학자재산업화기지'로 지정받으면서 국가중점기업으로 성장했다.

2006년 스더그룹 쉬 회장은 중국 부자순위 8위에 랭크되는 영예를 안았다.

2012년 3월 15일 스더 그룹 주거래은행은 스더 그룹의 대출을 전면 중단하고 금융거래를 중단했다.

이날 중앙기율검사위원회는 쉬밍 회장을 전격 체포해서 구금했다.

그러나 쉬 회장의 체포 소식과 체포후의 행방은 가족은 물론 누구에게도 알려지지 않았다.

왕치산 기율검사위 서기

2

'적과 동지를 철저하게 구분하라.'

시진핑의 책사로 불리는 왕치산王歧山은 깊은 상념에 빠졌다.

당 대회까지 남은 9개월의 시간. 곳곳이 지뢰밭이다. 누가 동지고 누가 적인지 구분하기 어려워졌다.

하늘의 자손 '천자天子'라는 황제. 한 하늘 아래 두 명의 황제가 동시에 존재할 수는 없다. 황제의 자리에 앉기까지는 누구도 믿을 수 없다. 살얼음판 위를 걸어가는 것과 같은 시간이었다.

장쩌민 전 주석의 지지로 상하이방과 태자당 연대라는 모양새를 연출하면서 5세대 후계자로 낙점됐지만 당 중앙위에서 총서기로 선출되기까지는 단 한순간도 마음을 놓을 수 없었다.

시진핑이 믿을 수 있는 유일한 측근을 꼽으라면 왕치산일 것이다.

더 이상 장 전 주석과 상하이방을 믿지 못하게 됐다. 그 누구보다도 장 전 주석과 상하이방의 행태를 잘 알고 있었다. 그는 상하이방과 태자당의 연결고리인 쩡칭훙 부주석과도 친분이 두텁다. 두 개의 파벌이 연대하다시피해서 후 주석을 압박했다. 리커창李克强으로 향하던 기류를 '시진핑 대세'로 돌린 최대 공신은 막후의 장 전 주석과 쩡 부주석이었다.

그런데 이제 와서 다른 기류가 흐르고 있다는 것이 감지됐다. 5세대 지도부를 구성할 정치국 상무위원 후보 선정에서부터 강한 압박이 들어왔다.

상하이방의 의도대로 끌려간다면 차기 지도자로서의 위상과 지도력 발휘는 제약을 받을 수 밖에 없다. 미묘한 갈등이 불가피해졌다. 시진핑과 상하이방과의 관계가 삐걱거리기 시작했다. 후 주석 측과의 연대를 통한 '플랜B'를 선택하는 것이 낫겠다는 생각이 들었다.

거래는 성사됐다.

권력이양과 관련, 후 주석은 뒤끝을 남기지 않았다. 속전속결이었다.

리위안차오李源朝와 장가오리张高丽 장더장张德江 등 태자당 언덕에도 한 자락 걸친 상하이방과 가까운 상무위원 후보들의 실력도 만만찮았다. 중앙정법위를 장악한 저우융캉 서기가 모든 권한을 내려놓고 순순히 자리를 내려올 것인지도 미지수였다.

어제의 적이 오늘의 동지가 되듯이, 오늘의 동지 또한 내일은 적이 되기도 하는 냉혹한 권력의 세계였다.

왕치산은 '권력구도'를 그리는 동시에 분석하고, 결단력있게 적과 동지의 피아를 식별하는 냉정한 판단력을 타고났다.

개혁개방의 파고는 라오바이싱의 영역을 넘어섰다. 중국인민은행과 국가개혁위의 강단이 없었다면 인민폐人民币 한 장 마음대로 찍어내지 못하고 쏟아져 들어오는 외자에 속수무책으로 중국경제가 잡아 먹힐 수밖에 없었을 것이다.

왕치산이 세상의 주목을 끌게 된 계기는 2003년 사스(급성호흡기 증후군, SARS)사태였다.

초기감염정보 은폐로 홍콩을 쑥대밭으로 만든 사스가 홍콩을 거쳐 베이징으로 확산되면서 사스사태의 파장은 일파만파로 확대됐다. 후 주석은 멍쉐농孟学农 베이징시장과 위생부장을 전격 경질하고, 하이 난성海南서기로 있던 '금융통' 왕치산을 베이징 대리시장으로 임명했 다. 장 주석으로부터 권력을 이양받은 집권 1년차였다. 멍 시장은 공 청단파의 핵심측근이었지만 후 주석은 읍참마속의 심정으로 그를 잘 랐다.

왕 대리시장은 사스사태 해결의 '특급 소방수' 역할을 확실하게 해 냈다. 사스사태는 곧 수습되었고 왕 시장의 정치적 미래도 활짝 열렸 다. 2007년 마침내 최고지도부 25인이 포진한 중국공산당 중앙정치 국에 입성入城했다.

중국인민은행장, 건설은행장 등을 역임하면서 중국경제의 산파역 을 해 왔다.

덩샤오핑이 제기한 '개혁개방' 전진기지 광둥성 부성장을 역임한 후 국무원 '경제체제개혁 판공실' 주임으로 있으면서 미국의 승인을 얻어내면서 중국의 WTO가입을 성사시킨 장본인이 왕치산이었다. WTO가입은 중국경제를 한 단계 도약시켜 세계의 공장에서 세계의 엔진으로 전환시키는 계기로 작용했다.

왕치산이 움직이기 시작했다. 시 부주석을 만난 왕 부총리는 당분간 활동을 자제하는 것이 좋겠다고 건의했다.

'당분간 활동을 자제하고 구체적인 일정을 드러내지 않고 움직이는 것이 좋겠습니다. 분위기가 심상치 않습니다.'

차기구도를 둘러싼 쿠데타 정보가 수시로 들어왔고, 암살가능성도 제기됐다.

'누구도 믿지 말라'며 끊임없이 후계자를 숙청해 온 마오쩌둥 주석의 처세를 굳이 인용하지 않더라도 권력승계를 앞둔 후계자에게는 가장 위험한 시기였다.

왕치산에게는 지금부터 1년 반 전, 충칭에서 확인한 보시라이의 충성서약이 환기됐다. 당시 금융부문 총괄을 맡은 왕 부총리가 충칭에 간 것은 충칭의 경제개발현황과 금융환경을 파악하기 위해서였다. 그로부터 한 달 후 저우융캉, 두 달 후 시 부주석이 충칭을 찾았다.

왕치산 부총리의 충칭방문일정을 보시라이는 단 한 순간도 놓치지 않고 밀착 수행했다. 도시 전역을 파헤치려는 듯이 개발구로 지정하고, 특구개발 엔진을 만들어 그 자금으로 다른 산업을 부흥한다는 것이 보시라이의 복안이었다. 시내 곳곳에서는 오성홍기가 펄럭이고 있었고, 건설장비들이 온 세상을 파헤치려드는 충칭의 기억이 떠올랐다.

충칭의 개발사업은 자체 금융만으로는 절대적으로 부족했다. 중앙정부 특히 건설은행을 통한 대대적인 정책금융 지원이 절실했다. 금융계 '차르'라고 불린 왕치산이었다.

개발특구 시찰을 마친 국무원 시찰단은 공상은행과 건설은행 그리고 지방의 충칭은행 은행장 등 최고책임자들과 좌담회를 열었다. 보시라이와 왕 부총리는 '태자당'이라는 이너서클로서도 가까운 사이였다. 왕 부총리가 한 살 더 많았다.

그래선가 누구에게도 고분고분하지 않은 안하무인같은 보시라이였지만 왕 부총리에게는 공손한 태도를 유지하며 지원을 요청했다.

'백척간두 진일보'百尺竿頭進一步

왕 부총리는 이 한마디를 꺼내면서 충칭의 발전은 이런 절박함을 바탕으로 임해야 한다고 지적했다.

인민의 삶을 향상시키겠다는 '为人民服务'(웨이런민푸우)의 심정으로 백척간두의 끝에 서서 다시 한 발을 내딛는 심점으로 임하라는 불호령이었다.

왕 부총리는 충칭의 '창홍따헤이' 캠페인이 경제적으로는 실패한 선전선동 구호에 그쳤다는 것을 단숨에 간파했다. 다만 '창홍' 구호를 통해 라오바이싱을 선동하기에 적당한 측면이 있다는 것 정도는 인정했다.

광둥과 하이난 등 개혁개방의 역사가 오랜 연해도시들과 달리, 내륙 도시인 충칭과 쓰촨은 폐쇄성이 강하고 오랫동안 낙후된 만큼 지역 현안에 대한 라오바이싱의 희망과 결속력은 엄청나다는 것도 파악했다.

그것이 보시라이에 대한 개인숭배로 변질되고 있었다. 도시 곳곳에서 느껴지는 분위기는 그런 조짐을 농후하게 드러냈다.

황제가 담장 안에 갇혀있다는 것은 옛 말이다.

이제 중국은 만리방화 하나로도 라오바이싱의 사상을 통제할 수 있는 '빅브라더'가 지배하는 사회다.

'태자당'으로 분류되는 왕치산은 엄밀하게 따지면 혁명원로의 자제가 아니라는 점에서, 태자당의 본류는 아니었다. 그래서 어릴 때부터 혁명원로 자제들끼리 교류하면서 몸에 밴 엘리트의식도 없다. 그러나 그는 혁명원로인 야오이린姚依林 전 부총리의 사위로서 '태자당'의 일원으로 분류된다. 하긴 태자당이라는 파벌은 더 이상 존재하지 않는다.

'문화대혁명'은 그에게 운명과도 같은 깊은 인연을 이었다. 부친이 산시陝西 옌안延安과 가까운, 산시山西 톈쩐天镇이 고향인 그는 8살 때 베이징으로 상경, 베이징 35중을 다녔다. 35중은 혁명원로 자제들이 다니는 '홍색红色학교'였다. 35중을 졸업할 무렵에 문혁이 발발했다. 홍위병들의 준동이 끝난 후인 1969년 산시 옌안으로 하방을 간 그는 그곳에서 야오 전 부총리의 딸 야오밍산姚明珊을 만나 결혼에 성공했다.

혁명원로의 사위가 되면서 자연스럽게 태자당의 일원이 된 것이다.

옌안에서 그는 운명처럼 시진핑을 만난다.

옌안에 먼저 하방된 왕 부총리는 인근인 옌촨延川현으로 하방돼 내려온 시 부주석을 만나자 자신이 기거하던 토굴에서 하룻밤을 재웠다. 시 부주석은 자신이 갖고 내려온 경제서적을 선물했고 이후로도 두 사람은 지척 간에 있으면서 형제처럼 끈끈하게 지냈다.

시 부주석이 집권 후, 부정부패 척결의 칼을 왕치산에게 쥐어주면서 일임한 것은 이런 오래된 숙명적인 끈끈한 관계가 있었기 때문이다.

3

2007년 여름 베이다이허 北戴河

유난히도 더운 여름이었다.

베이징 올림픽을 1년 앞둔 시점이어서 온 나라가 시끌벅적했고 국내외적으로 시급한 현안은 산더미처럼 쌓였다. 게다가 원로들이 모두 모이는 '베이다이허'北戴河회의는 내년에는 올림픽 때문에 열지 못할 가능성이 높았다. 이번 가을에 개최될 당 중앙위원회에서는 5년 후 후진타오 주석을 이을 차기 후계자문제를 결정하게 되어 있어 과거 어느 해 베이다이허 회의에 비해 분위기가 엄중했다.

혁명원로들이 속속 도착했다. 정치국 상무위원들의 모습도 며칠사이 많이 보였다. 후계구도에 오른 리커창과 시진핑도 긴장 속에 도착했다. 장 전 주석의 모습은 보이지 않았다. 원로들의 표정에서는 새로운 기류가 읽혔다.

대세는 줄곧 '리커창'이었다. 장 전 주석은 여전히 막강했다. 2004년 군사위 주석을 후 주석에게 이양했지만 군부 지도부는 장 전 주석

측 인사들이 포진하고 있었다. 후진타오 집권 5년간 군통수권은 사실상 장쩌민의 '수렴청정'하에 있었다.

공지된 날자에 맞춰 베이다이허 회의가 열렸다. 중앙정법위 부서기와 공안부장을 겸임하고 있는 저우용캉周永康 정치국 위원이 한 무더기의 서류뭉치를 들고 회의장에 들어 온 것이 눈에 띄었다. 석유방좌장으로 불리는 저우 위원은 쩡칭훙曾庆红 부주석의 최측근이었다.

베이징 올림픽 경기장 건설을 맡고 있던 류즈화 베이징 부시장의 건설비리가 터지면서 베이징올림픽 준비를 둘러싼 사정비람이 한바탕 지나간 뒤 인지라 '중화굴기'와 '중화문명의 부활'을 전 세계에 과시할 2008 베이징 올림픽의 의미는 중국에 남달랐다. 후 주석이 세계를 향해 '도광양회' 시대의 종식과 중국굴기를 선언하게 될 것이었다.

1년 앞으로 다가 온 올림픽경기장 건설과 중국인민의 '문명文明수준'을 단기간 내에 끌어올리는 '8영8치'八荣八耻 캠페인을 통해 사회주의 도덕을 고양시키고 중화주의와 애국심을 고취한다는 내용이 강조됐다.

1. 조국을 열렬히 사랑하는 것은 영예, 조국에 해를 끼치는 것은 수치
   以熱愛祖國爲榮, 以危害祖國爲恥

2. 근면·성실하게 일하는 것은 영예, 일하기 싫어하고 쉬운 일만 찾는 것은 수치 以辛勤勞動爲榮, 以好逸惡勞爲恥

3. 고달프지만 노력하는 것은 영예, 교만하고 방탕한 것은 수치
   以艱苦奮鬪爲榮, 以驕奢淫逸爲恥

4. 단결해 서로 돕는 것은 영예, 남에게 해를 끼치고 자신의 이익만을 챙

기는 것은 수치 以團結互助爲榮, 以損人利己爲恥

5. 성실하게 신의를 지키는 것은 영예, 이익을 좇아 의를 저버리는 것은 수치 利誠實守信爲榮, 以見利忘義爲恥

6. 과학기술을 숭상하는 것은 영예, 우매하고 무지한 것은 수치 以崇尙科學爲榮, 以愚昧無知爲恥

7. 법과 규율을 지키는 것은 영예, 법을 어기고 규율을 혼란하게 하는 것은 수치 以遵紀守法爲榮, 以違法亂紀爲恥

8. 인민을 위해 봉사하는 것은 영예, 인민을 배반하는 것은 수치 以服務人民爲榮, 以背離人民爲恥

등이 8가지의 영예와 8가지의 수치다.

베이징 시내 각 후퉁(골목)은 물론 사거리마다 애국심을 고취하고 개인주의화된 사회 무관심 현상을 타파하자는 대자보가 대규모로 나붙었다. 사회주의 도덕관 함양과 더불어 무단횡단을 하거나 신호들

을 지키지 않는 등 교통질서를 지키지 않는 차량과 사람들을 대대적으로 단속했다. 또 길거리에 침을 뱉고 한여름에 웃통을 까고 다니는 사람들도 단속해서 벌금을 매겼다.

왕치산 베이징시장은 베이징 올림픽 조직위원장을 맡아 올림픽 준비에 만전을 기하고 있었다. 왕 시장에 대한 격려와 경고의 목소리도 동시에 나왔다. 왕 시장은 2004년 사스사태를 성공적으로 수습한 '인민의 영웅'이었다. 후 주석이 전임자인 장쩌민 전 주석의 정치적 영향력을 견제하겠다는 차원에서 베이징 시장에, 태자당의 일원인 '테크노크라트' 왕치산을 선택한 것이 후일 결정적인 패착이 될 줄은 꿈에도 몰랐을 것이다.

2002년 사스사태는 리커창의 정치적 운명을 바꿔놓는 악재였다고 해도 과언이 아니다. 사스바이러스 창궐은 '에이즈(AIDS 후천성 집단 면역증) 집단감염'에 대한 어설픈 대응이라는 오점을 남긴 리커창의 허난성 경력을 상기시켰다.

'팬데믹'으로 확산된 우한폐렴 사태 초기, 코로나19 바이러스가 확산되던 초기 시 주석의 긴급 지시로 리커창이 정치국 상무위원회 산하에 설치된 '감염병 영도소조'를 이끌게 되자, 인민들이 우려하며 손가락질한 것은 바로 그 허난에이즈 사태에 대한 나쁜 기억을 소환했기 때문이다.

후 주석의 총애를 받아 후계구도에서 앞서가던 리커창이었다. 그러나 그는 상하이방과 혁명원로의 거부정서를 극복하지 못했다. 허난성 서기로 일하던 시기에, 리커창은 낙후된 허난 경제를 발전시키겠다며 허난을 해외 제약회사들에 혈장 등 혈액을 공급하는 기지로

제공하는 오류를 저질렀다. 꾸이저우貴州와 윈난云南, 광시广西자치구 등 다른 지방에서도 '혈장경제'를 위한 집단매혈이 있었지만 허난성 만큼 조직적이지는 않았다. 허난의 각 급 지방정부 차원에서 아예 '공공매혈소'를 운영하기까지 했고 주민들에게 피를 팔아 돈을 벌라고 독려에 나섰다.

비위생적인 공공매혈소의 집단매혈은 각종 세균 오염과 '에이즈 창궐'이라는 끔찍한 참사를 초래했다.

그로부터 10여년이 지난 후 집단매혈로 인한 에이즈 집단감염과 발병은 엄청난 허난의 사회문제가 됐고 결국 허난성 정부는 에이즈로 오염된 일부 지역을 봉쇄하고 피해를 축소은폐했다.

위화의 소설 '허삼관 매혈기'는 픽션이 아니라 미화된 한 편의 다큐멘터리라고 해도 과언이 아니다.

저우 공안부장이 들고 들어온 한 보따리의 서류뭉치에 혁명원로들의 시선이 쏠렸다. 그것은 중국공산당 지도부가 포함된 그들 가족들의 해외투자내역이 기록된 비밀장부였다.

***

베이다이허 회의 마지막 날 쩡칭훙 부주석이 회의를 정리했다.

'마지막으로 시진핑 부주석의 인사말을 들어보도록 합시다.'

후 주석의 후계자는 그렇게 만장일치 박수로 시진핑으로 결정됐다.

후 주석과 공청단은 시진핑 후계결정에 동의하지 않을 수 없었다.
리거칭은 위기국면에서 돌파력을 발휘하지 못했다. 그것은 애초 후
주석 등 공청단의 무기력에서 비롯된 것이기도 하다.

시진핑, 리커창의 서열 확정에 이어 우방궈 전인대상무위원장, 원
자바오 총리, 자칭린 정협 주석, 리창춘 등 4명 등 나머지 상무위원 후
보에 대해서도 의견을 통일시켰다.

'7상8하'(67세 이하면 임기를 연장할 수 있지만, 68세를 넘으면 퇴
임하는) 관례에 따라 쩡칭훙과 황쥐는 은퇴하도록 하고 우관정과 뤄
간을 대신해서 허궈창과 저우융캉을 상무위원으로 승진시키는 복안
이다. 물론 시진핑이 후계구도를 확보하는 데는 쩡 부주석의 물귀신
작전이 주효했다.

상하이방과 태자당 연대세력의 승리였다.

"하나의 유령이 유럽을 배회하고 있다. 공산주의라는 유령이. 구
유럽의 모든 세력들, 즉 교황과 차르, 메테르니히와 기조, 프랑스
의 급진파와 독일의 경찰이 이 유령을 사냥하려고 신성 동맹을
맺었다.

반정부당치고, 정권을 잡고 있는 자신의 적들로부터 공산당이라
는 비난을 받지 않은 경우가 어디 있는가? 또 반정부당치고, 더 진
보적인 반정부당이나 반동적인 적들에 대해 거꾸로 공산주의라
고 낙인찍으며 비난하지 않은 경우가 어디 있는가?

이 사실로부터 두 가지 결론이 나온다.

공산주의는 이미 유럽의 모든 세력들에게서 하나의 세력으로 인
정받고 있다.

이제 공산주의자들이 전 세계를 향해 자신의 견해와 자신의 목적
과 자신의 경향을 공개적으로 표명함으로써, 공산주의의 유령이

라는 소문을 당 자체의 선언으로 대치해야 할 절호의 시기가 닥쳐왔다.

이러한 목적으로 다양한 국적을 가진 공산주의자들이 런던에 모여서 다음과 같은 『선언』을 입안하고 그것을 영어, 프랑스어, 독일어, 이탈리아어, 플랑드르어와 덴마크어로 발간한다.

부르주아와 프롤레타리아, 지금까지의 모든 사회의 역사는 계급 투쟁의 역사다.

자유민과 노예, 귀족과 평민, 영주와 농노, 동업 조합의 장인과 직인, 요컨대 서로 영원한 적대 관계에 있는 억압자와 피억압자가 때로는 은밀하게, 때로는 공공연하게 끊임없는 투쟁을 벌여 왔다. 그리고 이 투쟁은 항상 사회 전체가 혁명적으로 개조되거나 그렇지 않으면 투쟁하는 계급들이 함께 몰락하는 것으로 끝났다.

......(중략)

따라서 우리는 현대 부르주아 자체가 기나긴 발전 과정의 산물이며, 생산과 교환 방식에서 일어난 잇따른 변혁의 산물임을 알 수 있다.

부르주아의 이러한 각 발전 단계에 발맞추어 정치적 진보도 함께 이루어졌다. 봉건 영주의 지배 밑에서는 피억압 신분이었고 코뮌에서는 무장을 갖춘 자치 단체였으며, 어떤 곳에서는 독립한 도시 공화국(독일과 이탈리아에서와 같이), 또 다른 곳에서는 납세 의무를 지닌 군주 국가의 제3신분(프랑스에서와 같이), 그리고 매뉴팩처 시기에는 신분제 또는 절대 군주 국가의 귀족에 대항하는 세력, 즉 대군주 국가 일반의 주된 토대였던 부르주아는 대공업과 세계 시장이 형성된 이래 현대의 대의제 국가에서 마침내 독점적인 정치적 지배권을 쟁취했다. 현대의 국가 권력은 부르주아 계급 전체의 공동 업무를 관장하는 위원회에 지나지 않는다.

....(중략)

부르주아는 모든 생산 도구의 급속한 개선과 한없이 편리해지는 교통수단으로 모든 민족, 심지어는 가장 미개한 민족까지도 문명화한다. 그들 상품의 싼 가격은 모든 만리장성을 쳐부수고 외국인에 대한 야만인들의 집요한 증오까지도 여지없이 굴복시키고야 마는 무기다. 부르주아는 모든 민족에게 망하고 싶지 않거든 부르주아적 생산 양식을 채용하라고 강요하며, 이른바 문명을 받아들이라고, 즉 부르주아가 되라고 강요한다. 한마디로 부르주아는 자신들의 모습대로 세계를 창조하는 것이다.

부르주아가 봉건 제도를 무너뜨릴 때 사용한 그 무기가 이제는 부르주아 자신에게 겨누어진다.

그러나 부르주아는 자신에게 죽음을 가져올 무기를 발전시켰을 뿐만 아니라 이 무기를 자신에게 겨눌 사람들, 즉 프롤레타리아라는 현대의 노동자들도 만들어 냈다.

공산주의자들은 프롤레타리아 전체와 어떠한 관계를 맺고 있는가?

공산주의자들은 다른 노동자당들과 대립하는 특별한 당은 아니다.

그들은 프롤레타리아 전체의 이해관계와 동떨어진 이해관계를 갖고 있지 않다.

그들은 어떤 특별한(besondere) 원칙을 세워서 프롤레타리아 운동을 이 원칙에 뜯어 맞추려고 하지 않는다.

공산주의자들의 당면 목적은 다른 모든 프롤레타리아 당들의 당면 목적과 같다. 즉 프롤레타리아를 계급으로 형성시키고, 부르주아의 지배를 뒤엎으며, 프롤레타리아의 손으로 정치권력을 장악하는 것이다.

.......(하략)

- 이상 공산당선언의 일부다.

'하나의 유령이 아니라 여러 네의 유령무리들이 중국을 배회하고 있다. 그들은 모든 수단을 동원해서 당을 사적소유로 만들어 치부하고 당을 무너뜨리려 하고 있다. 때로는 마오이즘(마오쩌둥 사상) 이라는 이름으로 때로는 신좌파의 주장으로, 당과 인민을 유혹하고 있다.

당은 유연하게 인민의 삶을 증진시키려는 자본주의의 유혹을 용인해야 한다.

그러나 마르크스레닌주의와 마오이즘의 이름으로 새로운 노선을 저해하는 반당분자들의 준동은 예외 없이 과단성있게 척결하고 막아내야 한다.

그것이 5세대 지도부의 당면과제가 될 것이다.

작금에 제기된 인민의 지적은 당의 타락이 아니라 당간부들의 타락에서 비롯된 것이다. 늙은 호랑이들을 단칼에 척결하지 않고서는 공산당의 건강성을 회복할 수 없다.'

한 통의 경고장이 시진핑 부주석에게 전달됐다.

'이제부터는 누구도 믿어서는 안된다.'

장쩌민과 쩡칭홍은 물론이고 홍얼다이红二代라고 하더라도 적도 아니고 동지도 아니라는 냉혹한 경고의 메시지였다.

이미 확정된 후계구도를 허물려는 시도이기도 하고, 혹은 후계기 반을 무너뜨리려는 정변政变세력의 경고일 수도 있다. 이미 상하이 방 원로들의 당부와 부탁은 차기후계자인 시 부주석에 대한 존중과 배려보다는 강한 압박과 길들이기로 느껴졌다.

그들은 언제든 지지를 철회할 수 있다. 지금껏 쌓아 온 부와 권력의 검은 카르텔을 건드리지 않는다는 보장을 해주지 않는다면 차기 권력 구도를 뒤흔들겠다는 협박이었다. 10월 이후 조직적인 움직임이 노골화되고 있었다.

어느 쪽 편도 들지 않던 우방궈 전인대 상임위원장이 충칭의 홍색 캠페인과 국영기업을 통한 개발정책에 박수를 보냈다. 인민일보와 CCTV의 잇따른 충칭 특집은 특정 세력의 배려가 없으면 절대로 보도되지 못한다. 중앙판공청의 분위기와는 전혀 다른 이런 분위기는 낯설다. 이상기류가 분명했다.

칼 마르크스의 공산당 선언을 패러디한 유령타령이라...하나의 유령이 아니라 여러 떼의 유령무리들이 중국을 배회하고 있다니...

무슨 일이 벌어지고 있는 것일까.

5

두 원로

시중쉰习仲勋과 보이보薄一博

대장정과 이후의 옌안 중심의 서북西北소비에트 구축 등 중국혁명의 순간순간 마오쩌둥을 도와 신중국을 건국하는 데 공훈을 세운 두 혁명원로.

장제스蔣介石의 토공討共작전이라는 절체절명의 위기를 맞이하여 대장정에 나선 홍군紅軍이 도착한 마지막 여정이 옌안 시베이 소비에트였다. 이 소비에트의 최고지도자가 23세의 청년 쉬중쉰仲勋 주석이었다. 대장정을 마친 마오쩌둥과 소비에트를 구축한 시중쉰의 첫 대면은 드라마틱했다.

시중쉰은 '시베이'에서 청춘을 다 보냈다.

한편 보이보는 시베이 시절 중국공산당 중앙재정부장을 맡으면서 재정분야에서 두각을 나타냈다.

그러나 두 혁명원로는 문화대혁명의 역풍을 피하지 못했다.

'부전자전'이라더니 아버지를 닮아서일까.

보시라이가 저돌적이고 즉흥적인 성격이라면 시진핑은 곰처럼 우직하면서도 매사에 신중했다.

두 원로들의 사이는 나쁘지 않았다. 보이보는 자신보다 다섯 살 어린 시중쉰에 대해 마오 주석에게 직접 칭찬할 정도로 호감을 표시한 바 있다. 반면 둘의 정치노선은 극과 극으로 치달았다.

마오 사후 덩샤오핑이 광둥성에 개혁개방 특구를 만들어 개혁개방 노선을 실천하려 하자 시중쉰은 광둥성 성장과 서기를 맡아 개혁개방의 야전사령관 역할을 성공적으로 수행했다.

개혁개방의 큰 그림을 그린 덩샤오핑이다. 그 개혁개방의 설계도를 완성하고 직접 실천한 야전사령관은 시중쉰이었다. 그리고 최전선에 나선 시중쉰을 측면 지원한 개혁개방의 전도사가 후야오방胡耀邦이었다.

중화인민공화국 건국 직후인 1949년

시중쉰은 시베이西北 서기 겸 시베이군정위원회 부주석을 맡고 있었다. 중국혁명은 완성했지만 국민당 잔당 소탕과 토지개혁 같은 개혁조치들로 온 중국이 난장판이 돼서 시끄러웠다.

어느 날 보이보가 베이징의 마오쩌둥 주석을 찾아왔다. 마오는 때마침 시중쉰이 시안西安에서 보낸 〈중국공산당 중앙 서북국 위원회 전체회의 상황에 관하여〉란 문건을 읽고 있던 중이었다.

보고서는 서북지구 토지개혁, 통일전선, 민족공작 등에 관한 것으로 내용이 풍부하고 논리가 정연했다. 광할한 지역에 다민족이 거주하고 있어 사회적으로 복잡한 정치지형의 시베이 지역 정치개혁 상황을 잘 이해할 수 있도록 만들어 제출한 보고서였다. 마오는 보고서를 읽다가 감탄하면서 보이보에게 물었다.

"시중쉰 동지는 어떤 사람이오?"

"젊고 능력이 있습니다" 보이보가 대답했다.

옌안시절 마오 주석을 보좌한 바 있는 보이보는 그 때 마오가 시중쉰에 대해 호평하는 말을 들은 적이 있었기 때문에 그 때 기억을 되살려 그대로 평가했다.

마오쩌둥이 다시 입을 열었나.

"지금은 이미 '노화순청'爐火純靑이오."

노화순청이란 '화로의 불이 뜨거워지면 파란색으로 변하듯 내공의 경지가 극에 달했다'는 뜻으로 최고의 찬사였다. (시중쉰- 서북국의 나날들)

마오가 그렇게 무한신뢰를 보내던 시중쉰 이었다.

그러나 시중쉰은 문화대혁명 발동 직전인 1962년 옌안시절의 정치적 동지인 '류즈단'刘志丹의 생애를 토대로 한 소설 〈류즈단〉을 지원했다는 누명을 뒤집어써 '반당'수괴로 숙청을 당하는 등 고초를 겪었다.

그때 시중쉰은 깨달았다.

'정변政變을 도모하는 것은 목숨을 내거는 일이다.

한 사람이나 한 무리가 아닌, 한 시대의 운명을 뒤바꿀 수 있는 시대의 요청을 받아야 한다. 단순한 군사정변이 아니라 민심의 정변이어야 한다. 그렇게 민심을 얻어야만 새 시대를 여는 새로운 황제로 등극하게 되지만 한 치의 오차라도 생긴다면 반역의 수괴, 대역죄인으로 전락하고 만다.'

#6
조반유리

"시진핑 주석이 중국을 개혁개방의 길에서 이탈시켜 문화대혁명의

시대로 돌아가고 있다. 중국 공산당은 세계평화의 최대 위협이다.

제2부 개혁개방시즌2   183

시 주석이 집권한 이후 그의 언어, 사상, 행동은 모두 문화대혁명으로 돌아가고 있다. 그 시기를 겪은 우리는 그 변화에 매우 민감하다."

(차이샤菜霞 전 중앙당교 교수)

가슴이 벅차올랐다.

거리는 온통 붉은색 오성홍기五星红旗와 중국공산당기가 펄럭이는 홍색물결로 일렁거렸다.

도심 광장에서는 남녀노소불문하고 삼삼오오 모여 일사불란한 군무를 췄고 무대에서는 목소리 높여 '홍가'红歌를 부르는 모습이 동시에 연출됐다. 마치 타임머신을 타고 문혁 당시로 되돌아간 듯한 분위기였다.

자동차를 타고 둘러보는 충칭重庆시가지의 모습은 묘하게 '문혁'당시의 장면들과 오버랩됐다. 붉은 완장을 찬 홍위병들이 떼지어 몰려다니면서 당 간부와 원로 교수들을 체포해서 이리저리 끌고 다니면서 욕을 보이고 인민재판에 세워 마구 구타하기도 했다.

'조반유리'造反有理
'세상의 모든 반란에는 나름의 정당한 도리와 이유가 있다.'

천하대란天下大亂의 시대였다.

기성권위와 전통과 종교는 모두 무시하고 파괴해야 할 악惡이었다.

마오는 '중앙기관이 옳지 않은 일을 하고 있다면, 지방이 조반造反해서 중앙으로 진공하도록 호소해야 한다. 각지에서 많은 손오공을 보내 천궁天宮. 베이징을 소란하게 해야 한다'고 지시했다.

'조반유리'라는 마오의 이 지시는 전 중국에 대자보로 붙었다. 대자보가 나붙자 전 중국에서 어린 홍위병부대가 자발적으로 조직됐다.

홍위병부대는 마침내 경비가 삼엄한 최고지도자의 집무실이 있는 중난하이까지 몰려갔다. 경비병들은 어쩐 일인지 홍위병의 진입을 적극적으로 막지 않았다. 중난하이에는 매일같이 홍위병들이 몰려들었다.

마오의 공격목표는 류샤오치치少奇 국가주석이었다. 조반유리의 '톈궁'天宮은 중난하이였다.

중난하이에 난입한 홍위병들은 첫날 류샤오치가 거주하는 집의 벽에 붉은 스프레이로 '타도샤오치 반당분자' '打到少奇, 反党分子'라는 등의 구호로 비판했고 며칠후는 마침내 집으로 난입, 류샤오치와 부인 왕광메이를 끌어냈다.

친위 정변政変, 친위쿠데타였다.

국가주석을 겨냥한 홍위병의 테러와 거친 폭력행위를 공안은 적극 저지하지 않았다. 대혼란이었다. 사실상의 무정부상태였다. 국가주석의 부인 왕광메이도 수모를 당했다. 홍위병들은 그녀를 끌고나와 탁구공으로 주렁주렁 만든 목걸이를 목에 씌웠다. 몇 년 전 류샤오치 주석의 인도네시아 국빈방문에 동반한 그녀가 한 진주목걸이를 트집 잡은 것이다.

당시 만찬 사진이 보도되자. 마오와 함께 해외 순방에 나가지 못한 장칭江青이 질투를 한 탓이다.

'감히 나를 두고 퍼스트레이디 행세를 하다니!'

광기가 넘실대는 질시의 시대였다.

"시 동지, 가슴이 뛰지 않습니까? 习同志, 你心情怎么样?"
'문화대혁명'이란 단어는 누구도 꺼내서는 안되는 껄끄러운 '금기어'
였다. 놀라지 않을 수 없었다. 설마 이 정도로까지 그 시절의 향수를
자극할 정도로 문혁시대를 재현해놓았을 줄은 상상도 하지 못했다.

충칭은 붉디붉은 홍색도시红色城市로 완벽하게 변신해 있었다. 붉
은 훠궈火锅속의 뜨겁고 매운 충칭이 아니라 마오의 홍위병红伟兵들
이 장악한 거리 곳곳, 온 세상이 '조반유리' 구호로 술렁거리는 뜨거운
혁명의 도시로 탈바꿈했다.

시진핑은 얼핏 마오의 초상에서 보시라이의 얼굴이 겹쳐지는 듯한
환영幻影을 봤다. 불안한 기운은 종종 현실화되기도 한다지만, 이미
후진타오에 이어 차기 후계자로 확정됐지만 지금 느껴지는 이 불안감
은 늘 주변을 맴돌던 그런 위협과는 실체가 달랐다. 정체를 알 수 없
는 불온한 공기가 엄습할 때마다 그는 아버지 시중쉰의 역정을 떠올
렸다.

16년 동안 마오의 '반역자'라는 누명을 썼지만 쉬중쉰은 절망하지
않고 운명을 묵묵히 받아들였다. 혁명가로서 단 한 번도 사적인 권력
을 추구하지 않았던 쉬중쉰은 결국 진정한 애국자라는 평판을 받는
다. 대장정을 끝낸 홍군이 은거할 홍색소비에트를 확보하고 있던 그
는 옌안의 군사지도자 류즈단과 함께 협력해서 홍색혁명을 실천하고
죽음을 함께 한 동지애를 바탕으로 무한한 신뢰를 보냈다.

"대장관입니다. 혁명의 붉은 열정으로 라오바이싱의 가슴이 끓어

오르도록 해야 합니다. 충칭의 신화를 중화민족의 보배로 발전시켜 나가도록 합시다."

덩샤오핑이 제창한 '개혁개방' 34년.

신중국은 세계의 중심으로 우뚝 섰고 더 이상 '도광양회'(韜光养晦, 자신을 드러내지 않고 때를 기다리며 실력을 기른다)를 고수하지 않아도 된다.

날마다 벼락부자들이 쏟아져 나오고 배곯던 라오바이싱은 '원빠오' 温饱(의식수를 해결하고)를 넘어, 헤외명품 쇼핑에 나서는 '샤오캉'小康(쁘띠 부르조아)사회로 진입했다. '빛의 속도'는 베이징과 상하이, 선전과 광저우의 마천루가 쑥쑥 올라오는 속도다. 글로벌 다국적기업들은 중국에 공장을 짓지 못해 안달이 났다. 외자기업들의 이전기술을 바탕으로 중국국유기업央企들은 덩치를 키워 세계적인 기업으로 성장했다. 국내부동산개발회사와 식음료기업들도 중국시장을 바탕으로 세계 100대 기업에 속속 진입하기 시작했다.

2008년 베이징 올림픽을 치르면서 중화문명에 대한 자부심을 높이려 했지만 돈에 대한 끊임없는 탐욕과 시장경제의 단맛을 맛 본 라오바이싱의 도덕성은 갈수록 통제 불능 상태로 빠질 듯 위태로웠다.

세계최고의 빈부격차는 밑바닥 극빈층과 도시빈민에서 벗어날 수 없는 농민공의 사회범죄폭증으로 이어지면서 사회불안 요소로 등장하기 시작했다.

향락산업의 폭발과 공산당 간부 및 고위관료들의 부패는 부정적 시너지효과를 발휘하면서 사회주의 도덕관 오염을 부추겼다.

개혁개방의 부작용에 대한 시 부주석의 우려를 '보시라이의 충칭'

은 창홍따헤이 캠페인으로 단 번에 해결한 듯이 보였다. 문혁시대 홍위병의 순수한 열정이 도시를 새롭게 하는 듯이 보였고 홍위병의 무차별적인 기득권 파괴가 초래한 억울한 희생과 피의 숙청의 결과가 어떤 것인지는 그 다음 문제였다.

시 부주석은 '충칭에 부는 붉은 바람'을 신중국을 쇄신할 변화의 계기로 활용할 수 있을 것이라는 생각이 들었다.

보시라이의 야심 따위를 충족시켜주더라도 그다지 위협이 될 것으로 여겨지지는 않았다. 상하이방의 지원과 혁명원로들의 피가 흐르는 태자당은 같은 울타리에 있지 않은가라는 믿음이 있었다. 보시라이는 함께 가야 할 동지였다. 충칭에서 어렵게 일으킨 혁명의 불길을 중앙으로 확산시켜야 할 책무가 느껴졌다.

***

보시라이는 타고난 선동가였다.

문화대혁명이 발발한 1966년.

그는 베이징 중학을 다니던 17세의 소년이었지만 누구보다 앞장서서 스스로 홍위병 완장을 찼다. '조반파'의 행동대장으로 베이징시내를 헤집고 다니던 그에게 문혁은 권력의 속성을 이해시킨 호기였다. 공부하는 것보다는 불량배들과 어울려 다니기 좋아했던 건달생활이 익숙했던 터라 홍위병의 무차별적인 파괴와 약탈행위는 그 나이 또래의 소년에게는 재미있는 놀이이상으로 좋았다.

'홍위병' 완장은 보시라이에게 권력의 단 맛을 느끼게 해 준 최초의 기회였다.

완장은 알 수 없는 힘을 준다. 그는 만신창이가 돼서 끌려 온 아버지를 군중 앞에 세워 심문을 직접 했다. '네 죄를 네가 알렸다'는 식의 막무가내 추궁과 인민재판이었다. 수많은 당 간부들이 인민재판에 오르기 전에 집단구타당하고 죽음에 이르게 됐지만, 자신보다도 더 어린 홍위병들이 아버지의 수염을 뽑는 모습에 화가 났다. 그는 무대로 뛰어올라갔다.

"나는 여기 있는 이 자의 아들이다. 이 자는 반당분자다. 이미 우리는 아버지와 아들의 부사관계를 완전하게 단절했다."

보시라이는 아버지의 뺨을 호되게 후려쳤다. 어린 홍위병들이 환호했다. 그는 발로 아버지를 한 번 더 걷어차고는 무대를 내려왔다.

아버지를 때린 것에 대해 미안한 마음도, 불효했다는 생각도 전혀 들지 않았다. 아버지는 반동분자로 분류됐고, 그는 홍위병일 뿐이라는 생각만이 가득했다.

그는 홍위병으로서 승승장구했다. 한 번의 실수가 그를 감옥으로 이끌었다. 그의 경력에서 감추고 싶은 '흑역사'중 하나다.

문혁의 기억은 권력의 단 맛을 알려준 마약이었다. 그가 꿈꾸는 충칭은 붉은 열기에 휩싸인 그 시절을 기억하는 도시로 변신시키는 것이었다.

***

시진핑은 어렸다. 문혁이 발발하기 4년 전 시진핑의 부친 시중쉰은 '반역도당의 수괴'라는 누명을 쓴 채 중앙당교에 연금된 채로 개조교육을 받고 있었다. 집에는 양식이 떨어졌지만 도와주는 친지도, 손 벌릴 이웃도 없어 그의 모친은 쉬중쉰과 막역했던 저우언라이 부총리에게 직접 편지를 보내 도와달라고 요청했다. 구금된 부친의 행방을 알려주지도 않았을 때였다.

12살 시진핑은 홍위병으로 나서기에는 너무 어렸다. 홍위병 완장을 차기보다는 생계를 걱정하는 모친과 누나들과 형을 도왔다.

그러나 전중국을 뒤덮은 광기의 문혁 열기는 어린 그의 가슴을 들뜨게 했다. 홍위병들이 연일 집결한 톈안먼天安门 광장에 갔다. 전국에서 모인 수백만 명의 홍위병들이 '마오 어록'을 왼손 높이 처들고 '마오주시완쉐이!'毛主席万世!를 외쳤다. 그도 따라했다. 홍위병이었다. 홍위병의 물결은 반동파의 반격으로 더욱 거세져갔다. 밤새 마오 어록을 읽었다.

류샤오치와 추종세력들을 제거하는 데 성공한 마오 주석은 안하무인의 홍위병 폐해가 잇따르자 해방군을 동원, 홍위병을 강제해산시켰다. 이어 지식청년知青들의 농촌 하방이 시작됐다. 베이징에서만 2백여만에 이르는 홍위병과 대학생들이 농촌으로 강제로 내려가야 했다. 이른바 '지청하방'이 시작된 것이다.

어린 시진핑도 지청이었다. 베이징 서역에 가서 기차를 탔다. 공교롭게도 그가 배치된 곳이 부친이 혁명공작을 했던 시베이西北지구의 옌안 량자허촌이었다.

7

량자허촌

하방下方된 농촌마을에서 탈출에 성공, 마침내 국가주석에 오른 14억의 사나이, 시진핑习近平.

'오늘의 최고지도자 시진핑의 절반은 옌안 량자허촌梁家河村이 만들었다.'

2015년 2월 춘제春节 황금연휴기간이었다.

시진핑이 량자허촌을 방문했다. 40년만의 금의환향이었다.

중국공산당 총서기와 국가주석, 중앙군사위 주석직을 모두 거머쥔 최고지도자가 산시성陝西省 옌안延安시 옌촨延川현 산하의 량자허 촌을 공식방문했다.

40년전 '반당분자'로 낙인찍힌 부친 시중쉰으로 인해 '사상개조'를 명분으로 농촌으로 하방된 베이징의 한 '지식청년'知青이었다.

물이 부족해 농사짓기가 어려웠던 량자허의 농업용수를 해결하기 위해 수년간 저수지 건설에 전력을 다하면서 보낸 7년의 시간이 그를 단련시켰다. 그는 절망하지 않았고 그 시간을 배우고 단련하는 지도 자수업으로 여겼다. 중국공산당에 입당하게 된 것도 량자허시절이었 다. 입당후 그는 량저허촌지부 서기를 맡았고 어린 나이임에도 당 간 부로서 역할을 철저하게 수행했다.

"이곳에 처음 내려온 15살 때 나는 갈팡질팡했고 방황했다. 이곳을 떠나던 22살, 이미 굳건한 인생목표를 설정했고 자신감으로 충만했다."

"산시는 (나의)뿌리며 옌안은 혼이자, 옌촨은 제2의 고향이다. 이곳 의 동네 어르신들과 고향 마을 사람들을 늘 걱정한다. 내가 얼마나 사 무치게 량자허를 그리워했는지 아무도 모른다. 나는 인생의 첫발을 량자허에서 내디뎠고 7년을 살았다. 당시 몸은 떠났지만 마음만은 여 기에 남겼다."

마오 주석 사망 1년 전인 1975년, 당의 추천을 받은 시진핑은 '공농 병工农兵으로 칭화대清华大 입학을 위해 량자허를 떠나 베이징으로 상경했다. 1년 후 문혁이 끝나자 허난성 뤄양洛阳 공장에 유배돼있던 부친 시중쉰은 복권돼서 바로 당 중앙위원에 선출됐다. 문혁은 그에겐 악몽도 좋은 기억도 아니었지만 지도자로서의 '단련'의 기회를 준 유익한 시간으로 전화위복이 되었다.

아마도 '개혁개방'의 전위대로 나선 부친 시중쉰과 달리 아들 시진핑이 보수적인 성향을 갖게 된 것은 하방시절에 대한 기억 등 문혁에 대한 긍정적인 경력이 그렇게 이끈 것일 것이다. 혁명동지였던 저우언라이 등의 시중쉰 가족에 대한 배려는 그가 칭화대에 입학할 수 있도록 작용했다.

문혁발동 당시에는 나이가 어려 홍위병으로 직접 활동하지도 못한 채, 텐안먼 광장에 나가 '마오주석 만세'나 부르던 시진핑은 하방의 경험을 통해 오히려 문혁시대에 대한 향수를 갖게 된 것인지도 모른다.

제2의 고향이라고 밝힌 량자허촌 방문은 1975년 칭화대清华大 입학을 위해 떠난 지 40년 만이었지만 그가 이곳을 찾은 것은 떠난 지 두 번째였다.

첫 번째 찾아온 것은 1992년 가을, 푸젠성福建 상무위원 겸 푸저우福州시 당서기로 폭풍승진했을 때였다. 대학을 졸업하고 본격적인 지도자 경력을 쌓은 지 16년 만이었다.

량자허 마을사람들은 하방된 '지청'들이 먹던 '옥수수 국수와 콩, 깨' 등을 다시 찾아 온 시진핑에게 한 보따리 선물했다.

감회가 새로웠다.

"(량자허 시절) 나는 마오 주석의 어록을 읽으며 매일 뜬눈으로 밤을 지새웠다. 매일 밤 네 가지 관문을 통과하기 위해 사투를 벌였다.

첫째 관문은 지독한 벼룩과의 사투였다. 온몸이 벼룩에게 물려서 잠을 잘 수 없을 정도였으나 한 2년쯤 지나자 어디에서든 잠을 잘 수 있을 정도가 됐다.

두 번째는 음식이었다. 식량이 변변치 않았던 당시 '베이징 도련님'들이 거친 잡곡만 먹어야 하는 건 견디기 어려웠다.

막노동을 해보지 않은 얼굴 하얀 도시청년들에게 농촌의 고된 노동 또한 견디기 어려웠다.

사상개조를 위해 내려온 우리에게 사상관문 역시 난관이었다."

문혁은 어린 소년들에게 사상개조뿐 아니라 생존의 문제로 다가왔다. '반당 수괴'로 찍힌 아버지. 사상개조라는 명분으로 하방된 15세 소년을 바라보는 시선은 매서웠다. 시진핑의 이복 누나는 홍위병에게 구타를 당한 끝에 자살로 생을 마감했다. 그의 가족이 문혁으로 받은 고통은 끔찍했다.

그러나 문혁이 시작되기 훨씬 전에 부친이 반당 분자로 몰려 온가족이 고초를 겪은 탓에. 문혁에 대한 거부감보다는 문혁을 통해 사상적으로 성장할 수 있었다는 자부심이 그를 강경한 '마오毛주의자'로 만들었다는 게 역설적이다.

#8 킹메이커 太上王 쩡칭훙曾庆红

장쩌민 시대 10년과 후진타오 주석 10년, 그 20년간 권력은 사실상 쩡칭훙曾庆에게 있었다고 해도 과언이 아닐 정도로 쩡 부주석의 정치적 영향력은 상상 이상이었다.

장쩌민이 상하이 서기시절 상하이 부서기로 장쩌민을 보좌한 쩡 부주석은 장 전주석의 '책사'로서 장의 대권장악전략을 설계하고 진두지휘한 막후사령관이었다.

장 전 주석이 베이징에 입성, 당 최고지도자가 되자 그를 보좌하는 비서실, '중앙판공청' 주임으로 자리 잡은 쩡칭훙은 중앙서기처 서기와 중앙조직부장를 겸하면서 인사를 통해 공산당과 국무원을 상하이방 세력으로 재편하는 데 성공했다.

시진핑 집권 10년이 다 돼가는 지금도 숙청인사가 끊임없이 이뤄지고 있다는 것은 쩡 전 부주석이 구축한 상하이방 세력이 얼마나 단단하게 당내에 구축된 것인가를 반증한다.

　20년간의 막후실세. 후진타오 시대의 상왕정치를 펼친 이가 장쩌민이라고 알려져 있지만 '태상왕'太上王은 쩡 부주석이었다.

　공청단파의 대표주자 리커창李克强으로 기울던 차기후계자 판세를 단번에 시진핑으로 반전시킨 것도 쩡 부주석의 '작품'이었다.

　쩡 부주석은 시진핑의 '정치 멘토'이자 '따거'大哥, 형님이었고 킹메이커였다. 정치국 위원으로 중앙무대에 진입하기 전 시진핑의 정치적 교두보가 된 저장성浙江省 서기직도 사실 쩡 부주석의 심모원려에 따른 인사였다. 혁명원로 자제들로 구성된 '태자당' 큰 형님인 쩡 부주석은 장 전 주석과의 교감 하에 후진타오胡锦涛에게 권력을 이양하기 전에 이미 차기후계구도를 염두에 둔 포석을 생각한 것이다.

　푸젠福建성장 시진핑을 당 서기로 승진시키면서, 상하이방의 본거지인 상하이와 인접한 저장성 서기로 데려다 놓는 것이었다.

　2002년 말이었다.

'촌티 풀풀 나는' 푸젠성장 시진핑을 개혁개방의 견인차이자 민영기업의 천국, 저장성 서기로 승진 배치한 것은 엄청난 정치적 배려다.

그로부터 5년 후인 2007년 3월. 천량위陳良宇 상하이 서기가 비리혐의로 전격 실각하자 상하이방은 후 주석이 염두에 둔 리커창 대신 시진핑을 밀었다. 당시 리커창은 다양한 분야에서 실적을 쌓았다. 그래서 저장성 서기가 지방 당 서기로 첫 경력인 시진핑보다 다양한 경력을 쌓았고 당 서열에서도 앞섰다. 상무부장(장관) 보시라이도 상하이를 향해 분주하게 움직였다.

사실 천량위 서기는 당초 장 전 주석이 염두에 둔 '상하이방'의 후계자였다. 2007년 열리는 17차 중국공산당 대회에서 상무위에 진입시킨 후, 후 주석의 후계자로 키운다는 것이 상하이방의 당초 구상이었다. 천 서기가 장 전 주석의 배경을 믿고 지나치게 후 주석을 도발하는 등 나대자 후 주석측이 상하이시의 사회보장기금 비리문제를 터뜨려서 몰락시켰다.

장쑤성江苏 서기로 있던 리위안차오와 류옌동 당 통일전선공작부장 등도 후임 '상하이서기 경쟁구도'에 뛰어들었다. 보시라이와 리 서기 그리고 류 부장 등에 대해서는 후 주석측이 난색을 표했다. 그 사이 쩡 부주석은 기민하게 움직이며 후 주석 측을 압박했다. 저장성 서기 경력 외에는 내세울 것이 없던 '시골뜨기'가 일약 정치국 상무위원 진입 0순위의 상하이 서기에 오르는 대반전의 주역이 된 것이다.

상하이서기는 정치국 상무위원에 진입하는 보증수표다. 장 전 주석이 그랬고, 후임 서기들도 그런 코스를 밟아 승승장구했다.

장쩌민의 후계로 후진타오 주석이 낙점된 것은 덩샤오핑이 건재할 때였다. 덩이 사망한 후 장 전 주석은 이를 되돌릴 수가 없었다. 이때 확정된 차기구도도 쩡 부주석이 관여한 설계도에 따른 것이었다. 백주대낮의 황제는 장쩌민이었지만 밤의 황제는 쩡 부주석이었다고 할 정도로 쩡의 영향력은 대단했다.

후 주석은 리커창을 후계로 여겼고 그런 포석하에 상하이 서기에는 리커창을 임명한다는 구상이었다. 상황은 그리 녹록치 않았다.

후계구도 역시 리커창, 시진핑을 함께 정치국에 진입시키는 것으로 합의됐지만 호각지세였다. 리커창이 총서기, 시진핑이 총리를 맡는 것으로 정리되는 듯 했다. 시진핑으로서는 총리를 맡더라도 만족할 만한 카드였다.

반전은 17차 당 대회에서 벌어졌다.

후진타오 2기를 함께 할 9명의 정치국 상무위원이 입장했다. 깜짝 놀랄만한 일이 벌어졌다. 9명의 정치국 상무위원이 후진타오에 이어 서열에 따라 들어오는 데 시진핑이 6번째, 리커창이 7번째로 입장했다. 차기후계자로 시진핑이 확정된 것이다. 킹 메이커 쩡칭홍이 만든 반전신화였다.

반전의 시진핑 후계확정 드라마는 쩡 부주석이 수년간 주도해 온 치밀한 공작의 산물이었다.

2005년 홍콩의 한 잡지에 1989년 '톈안먼天安门사태'를 주도한 후 구속됐던 경제저널리스트 왕쥔타오王军涛의 인터뷰가 실렸다.

> "...리커창은 대학시절 꽤 자유로운 사상의 소유자로, 생각하는 바
> 를 서슴없이 말하는 학생이었다. 정치계에 몸담고 있는 지금과는
> 상당히 다른 모습이었다. 1989년 5월 학생들이 단식투쟁을 시작했
> 을 때 나는 리커창과 만나 의견을 나누었다. 베이징대 시절과 마찬
> 가지로 그의 사고방식은 냉철했고 예리했으며 또한 관대했다...."
>
> -〈13억분의 1의 남자〉

베이다이허 회의에는 예년과 같이 원로들과 후진타오 주석이 모두 참석했다. 2007년 당 대회를 2개월 여 앞둔 늦여름이었다.

공직에서 완전하게 물러났지만 모처럼 예정에 없이 나타난 장 전 주석은 기세등등했다. 후 주석의 지도력을 칭찬하는 듯 하면서도 교묘하게 오류를 동시에 지적했다. 그리고는 한 외신기사 발췌본을 내놓았다.

리커창이 톈안먼 사태를 주도한 베이징대 동창과 사태 당시에 접촉했다는 인터뷰 내용이었다. 회의 잠석자들은 큰 충격을 받았다. 상하이방이 공식적으로 리커창에 대한 사상 의혹을 제기하면서 비토에 나선 것이다.

리커창과 시진핑이냐의 대결은 싱겁게 단 한방에 끝났다.

감옥에서 풀려나 미국으로 망명한 '왕쥔타오'의 인터뷰는 쩡 전 부주석이 야심차게 추진한 공작의 산물이다.

"믿을 수 있는 홍얼다이红二代(혁명2세대, 태자당)가 후계자가 되는 것이 좋겠습니다. 톈안먼사태는 당의 노선을 위반한 것입니다. 당의 노선에 누가 되는 일이 있어서는 안됩니다."

후진타오의 얼굴이 크게 일그러졌다.

우위에 서 있다고 여기던 구도에서 어이없게 상하이방에 판정패한 것이다. 후계구도는 리커창에서 시진핑으로 넘어갔다.

쩡칭홍 스토리

쩡칭홍의 정치적 뿌리는 부친 쩡산曾山이다. 마오 보다 나이가 6살 어린 쩡산은 일찌감치 중국공산당에 입당한, 마오의 혁명 동지였다. 문혁 직전 내무부장(장관)을 맡았으나 문혁 때 '주자파'로 몰려 엄청 난 정치적 고초를 겪었다.

쩡산의 장남인 '쩡칭홍'은 부친의 정치적 풍파를 누구보다 가까이 에서 지켜봤기에 '절대권력'의 속성을 잘 알았다. 황제가 되지 못할 바 에는 '타이상왕'太上王이 되어 킹메이커 역할을 하는 것이 낫다는 것 이 그의 철학이었다.

상하이방幇의 방주幇主는 자타공인 장쩌민 전 주석이다. 그러나 좌장은 누가뭐래도 쩡 부주석이다. 그는 태자당내의 '따거'였다.

상하이와 장시, 저장 등 화동지방을 기반으로 정치적 경력을 쌓은 쩡 부주석은 상하이에서 장 전 주석을 만나 그를 최고지도자로 만드 는데 일등공신 노릇을 했다.

장쩌민 시대 최고의 전략가로 이름을 날린 그는 '상하이방'과 '태자당' 그리고 '석유방' 이라는 세 정치집단의 연대를 통해 최대정치파벌을 구축했고 이를 통해 말년에 이른 덩샤오핑의 반격을 무력화시키면서 장쩌민 체제에 힘을 실었다. 장쩌민 시대의 실세였던 그의 정치적 영향력과 진면목이 대중에 서서히 드러나고 각인된 시기는 장쩌민이 퇴임한 이후인 후진타오 체제였다. 장쩌민 10년이 끝난 후 쩡 전 부주석은 장 전 주석의 대리인으로 '수렴청정'에 나섰고 이를 위해 정치국 상무위에 진입해서 국가부주석과 중앙당교 교장으로서 막후실세로서의 정치적 영향력을 유감없이 발휘했다.

그래서 후 주석은 집권 내내 변변한 지도력을 발휘하지 못하고 상하이방의 영향력에서 벗어나고자 골몰할 수밖에 없었다.

시진핑 체제 역시 처음에는 상하이방의 장악력을 잘 드러냈다.

2012년 구성된 18대 정치국 상무위원회의 면면을 보면 상하이방과 태자당 연대라는 구도가 '빛좋은 개살구'에 불과했다는 것을 알 수 있다. 시진핑에게 '전권'을 모두 넘겨주는 구도는 짜지 않았다.

시진핑과 리커창 총리, 장더장 전인대 상무위원장, 위정성 정협 주석, 류윈산 그리고 왕치산, 장가오리 등 모두 7명으로, 17대 9명에 비해 2명이 줄어든 18대 정치국 상무위는 겉으로 보기에는 시 주석이 속한 태자당과 상하이방이 공청단을 압박하는 구도다. 장더장은 태자당과 상하이방에 양다리를 걸치고 있었고, 위정성 역시 태자당이자 범상하이방이었다.

류윈산은 고위관료 출신이지만 장쩌민계로 분류된다. 왕치산 중앙기율검사위 서기는 태자당이자 시 주석의 최측근이다. 서열 7위 장가

오리 부총리는 '석유방'이다. 리커창 총리를 제외한 나머지가 전원 상하이방과 태자당 혹은 석유방 세력인 셈이다. 시 주석 측근이라고는 왕치산 정법위 서기밖에 없다.

후진타오→시진핑 체제로 이양하면서 구성된 정치국 상무위 는 시 주석을 옭아맨 탄탄한 그물망이라고 해도 과언이 아닌 구도였다.

***

개혁개방이 성과가 본격적으로 ㅣ나오기 시작한 2000년대 들어서면서 상하이방에 속한 일부 인사들이 다른 정파로 분류되기 시작했다. 이른바 '석유방'이다. 베이징을 비롯 중국 전역에 설립된 석유학원(석유대학)출신이거나 국유기업 중국석유 근무경력 등을 기반으로 정치적으로 성장한 인사들이 대거 중앙무대로 약진했다.

사실은 하나의 정치세력으로서 '석유방'幇이라는 이름까지 얻게 된 것은 베이징석유학원(대학)을 졸업하고 젊은 시절 석유회사와 유전 지대에서 일해 온 '저우융캉'周永康이 중앙무대인 정치국에 진입하면서 부터라고 보는 것이 맞겠다.

따칭大庆 등 중국의 전통 유전에서 청춘을 바친 저우융캉은 1996년 국무원 석유부를 해체하고 설립한 중국석유총공사 사장으로 임명됐다. 이어 1998년에는 국무원 국토자원부장(장관)을 맡았다가 1999년 쓰촨성 서기로 갔다. 저우 서기는 칭화대 수리공정과를 나온 후 전 주석과 더불어 개혁개방시대를 이끌어간 이공계출신 테크노크라트 정치인이다.

쩡 전 부주석 역시 석유방의 원조대부다. 그는 1980년대에 석유부에서 근무한 적이 있기 때문이다. 쩡 부주석의 직계심복이 저우 서기다. 2007년 17기 당 대회를 앞두고 은퇴하게 된 쩡 전 부주석은 당시 중앙서기처 서기로 있던 저우융캉을 상무위원으로 밀어 넣었고 저우 서기는 후 주석 2기에 공안 분야를 총괄하는 정법위 서기로 무소불위 의 권력을 휘둘렀다.

쩡칭훙-저우융캉 연대가 바로 '석유방'이라는 소小정파의 탄생을 이끌었다.

중국경제의 생명줄이라고 할 수 있는 전략 에너지인 석유와 전력 생산 부문은 엄청난 이권을 창출한다. 중국공산당 최고 지도부가 주 시하고 관리하는 부문이다. 역으로 에너지 분야의 실력자들은 언제 든지 권력상층부로 진입할 수 있는 기회의 문이 열려있다는 의미다.

이처럼 중국의 에너지 부문은 정치와 불가분의 관계로 엮여있어 '페트로폴리틱스'petropolitics(석유정치학)라 부른다. 에너지는 정치 와 경제 그리고 민생이 서로 상호 보완되기도 하고 충돌하기도 하는 분야다. 에너지 분야는 '페트로차이나'(중국석유)와 '시노펙'(중국석 화), 중국해양석유 등의 국유기업 독점체제인데 모두 중국정부의 통 제하에 있다.

국영기업이든, 국유기업이든 간에 '독점'은 늘 부패로 이어질 수밖 에 없다. 특히 유전개발 프로젝트는 부패구조에서도 황금알을 낳는 거위로 불렸다. 석유방 출신의 부패와 비리는 이 독점적 에너지 수급 구조로부터 파생된 구조적인 문제다.

장쩌민-쩡칭훙-저우융캉으로 이어진 상하이방-태자당-석유방의 결 합은 연대 자체가 정치적이자 경제적 이익을 결합한 구조로 중국공산 당이 추구하는 이념의 문제와도 직결될 수밖에 없다.

#10 정경유착

'정경유착'正経勾结이 아니다. 정경일체다. 정경일체는 중국경제의 전통이다.

개혁개방과 얼나이二奶(정부)문화, 축첩蓄妾문화는 뗄 수 없는 한 묶음인 것처럼 말이다.

중국의 '상방商帮'에는, 저장浙江상인, 원저우溫州상인, 산시山西 상인 , 후이저우徽州상인, 상하이上海상인 등이 대략 명함을 올릴 정 도다. 베이징北京사람들은 상인기질이 없다. 그래서 상방축에도 끼 지 못한다. 자주 오는 단골에게 오히려 바가지를 씌우는 게 베이징상 인의 대표적인 상술이다.

저장상인의 한 분파인 원저우상인은 공부는 아무 짝에도 쓸모없다 며 아이들이 태어나면 걸음마를 뗄 때부터 장사의 기술을 가르친다. 세계 곳곳을 누비는 중국 상인의 대표가 '원저우상인'인 것은 그런 기 질에서 비롯된 것이다. 가히 장사의 신답다. 상하이와 저장, 광저우

상인의 기질은 대동소이하다. 홍콩과 싱가포르를 비롯한 동남아 화상華商 대부분은 저장상인의 후손들이다.

명함도 내밀지 못하는 베이징 상인은 한 가지, 정경유착을 통한 돈벌이에 독보적일 정도로 뛰어난 솜씨를 보인다, 그들의 뒤에는 정치의 중심 베이징과 황제가 있기 때문이다.

베이징상인이 가져야 할 최고의 덕목은 '꽌시'关系다.

'가난한 홍얼다이(红二代, 혁명2세대)는 이 세상에 없다.'

신중국 건국의 주역인 혁명1세대들은 나름 대접받을 만 했다. 청춘을 혁명에 바친 그들이지만 그들의 자식들이 별다른 능력이나 검증과정도 없이 고위 공직을 맡아 국유기업을 자기 소유인양 경영하고 승승장구하는 것은 중국공산당이 처한 딜레마다.

1989년 톈안먼사태의 배경도 홍얼다이와 관얼다이官二代의 특혜와 전횡에 대한 대학생과 라오바이싱의 불만이 있었다. 혁명원로의 자식들은 당의 추천을 받아 좋은 대학을 갔고, 대학을 나온 후에는 좋은 직장, 좋은 '단웨이'单位에 배치됐다. 1990년대 초까지 중국은 대학졸업생들의 가문과 당성과 성적에 따라 당이 직접 직장을 배치했다.

혁명가 집안여부에 따라 사회에 나서는 출발선이 달랐다.

'중난하이'中南海에서 어린 시절을 함께 보내고 '베이징 35중中'을 함께 다닌 그들 사이의 유대감은 상상을 초월할 정도로 끈끈했다. 어린 시절 '공산주의청년단'(공청단)에 가입, 소년 당원으로 활동을 하면서 이력을 쌓고 공산당 초급간부로서 공직을 시작한 '공청단'출신 당료들과도 차원이 달랐다.

'석유방'帮과 '전력방'帮 같은 파워엘리트집단의 형성은 개혁개방의 성과에 따른 급속한 경제성장을 뒷받침할 에너지 분야 국유·국영기업의 성장덕분이다. 중국 경제는 석유와 천연가스 개발과 공급 및 전력생산과 공급 통신 및 금융 등 사회간접자본과 같은 인프라는 거대한 국유기업이 독점하는 체제다. '시노펙'과 '페트로차이나' '중국통신' 등의 국영기업은 권력을 장악한 정치파벌이 대를 이어 장악한다. 사회간접자본의 국가독점과 정치 파벌과의 연계는 필연적으로 부패사슬로 엮이게 된다.

이런 국유기업을 활용한 정치파벌로는 '석유방'이 가장 파워풀하다. 중국석유와 중국석유화학, 중국해양석유 등 석유관련 국영기업이 낸 법인세가 전체 국영기업이 낸 법인세의 절반을 차지할 정도로 비중이 높기 때문이다. 석유방의 재정적 파워는 중국공산당 지도부(정치국)를 먹여 살릴(?) 정도로 막강하다.

석유방의 방장과 좌장이 쩡칭홍曾庆红 과 저우융캉周永康이다.

그들은 홍얼다이, 태자당과도 얽힌다. 당 고위직에 오른 태자당은 권력최상층부인 정치국 상무위원회에 진입하기까지는 동지적 유대감으로 서로를 이끌어준다. 그들 사이에 지켜져 온 최소한의 불문율이다. 부패혐의가 아무리 무거워도 정치국 상무위원을 지낸 당 원로는 지금껏 처벌하지도, 제대로 조사하지도 않았다.

가장 주목해야 하는 대목은 후진타오 체제 2기가 시작되는 2007년 17차 당 대회에서 '석유방' 좌장 저우융캉 전 쓰촨성 서기가 상무위원에 진입하면서 공안公安분야를 총괄하는 정법위 서기를 맡았다는 점이다.

시진핑 체제가 시작된 18차 당 대회에서 상무위로 진입한 왕치산에게 기율검사위 서기를 맡겨 '부패와의 전쟁'의 칼을 쥐어준 것도 마찬가지의 사정이다. 왕치산 역시 지금까지 공안 분야와 인연을 맺지 않은 금융전문가였다.

***

시진핑习近平은 오랫동안 '다크호스'黑马로도 취급받지 못할 정도로 태자당내 존재감이 미미했다.

그저 중국이라는 거대한 공룡을 부위별로 서로 나눠먹는 동업자의식으로 똘똘 뭉쳐진 것이 '태자당'의식이었다. 관료엘리트로 권력주변부에 진입한 '관얼다이(官二代, 고위관료의 2세)들이 나머지 반을 갈라먹는 구조였다. 그것이 사실상의 중국 공산당 최고지도부였다.

후 주석 측 공청단에 맞설 상하이방의 후계는 당초 천량위陳良宇 상하이 서기였다.

변수는 천 서기가 지나치게 오만한 데 있었다. 천 서기의 오만방자

함이 지나쳐서 '종이호랑이'라고 여기던 후 주석의 심기를 건드렸다.

아무리 '장쩌민-쩡칭훙' 상하이방의 두 쌍두마차가 자신의 배경이라고 하더라도 최고지도자는 후 주석이었다. 수렴청정체제는 늘 불안을 머금고 있었다. 칼을 갈던 후 주석의 칼에 찔린 것이라기 보다 천량위는 자멸했다.

17차 당 대회를 불과 1년여 앞둔 2006년, 천 서기가 무덤을 파고 사라졌다.

상하이방은 대안을 찾아야 했다. 장-쩡은 내사당과의 연대를 통해 난국을 돌파하려고 했다. 쩡은 스스로 최고지도자가 되지 못한다는 것을 알고 '칠상팔하' 라는 원칙을 지키겠다며 은퇴로 선제카드를 날렸다. 리커창-천량위의 본격적인 대결을 시작하기도 전에 유력주자를 잃어버린 상하이방은 공청단의 경계를 누그러뜨리면서도 야심이 보이지 않는 새로운 카드를 찾아 나섰다.

쩡의 눈에 저장성 서기로 자리를 옮긴 시진핑이 들어왔다.

보시라이는 동물적인 감각으로 권력투쟁에 머리를 들이민다. 불도 저처럼 밀어붙이는 추진력 하나는 최고인 보시라이는 누구나 알 수 있듯이 '불타오르는 권력의지'가 결격사유였다.

낙마한 천량위 후임 지명에 상하이방의 재가가 필요했다.

후 주석은 리커창을 염두에 뒀지만 상하이방이 고민이었다.

쩡 부주석이 면담을 요청했다.

후-쩡 회동에서 합의안이 마련됐다. 쩡 부주석 본인의 퇴진을 전제로 한 방안이었다. 눈에 가시 같던 그가 드디어 정치국 상무위에서 퇴임하는 것이 후 주석이 받아들인 조건이었다.

11

상하이를 장악하라.

"쩡 동지. 조금 시간을 두고 처리하도록 합시다. 당장은 상하이에 대한 철저한 조사와 비리 혐의에 대한 진상파악이 필요한 시기입니다. 나한테 맡겨주시오."

후 주석의 목소리는 단호했다.

상하이 서기 후임자를 귀책사유가 있는 상하이방에 다시 맡겨달라는 요구는 절대로 받아들일 수 없다는 거부의 메시지였다.

천하의 쩡 부주석이었지만 물러설 수밖에 없었다. 자칫 잘못 대응했다가는 긁어 부스럼이 될 수 있다. 천 서기의 전임인 황쥐(정치국 상무위원)는 물론이고 상하이방 전체가 부패집단으로 몰려 모조리 털릴 수 있을 정도로 '상하이 사회보장기금 비리'는 폭발력이 컸다. 상하이방으로서는 천 서기의 개인비리로 처리하는 선에서 꼬리를 자르고 수습하는 것이 최선이었다.

"총서기 동지의 뜻대로 하십시오. 이번 사건은 (중국공산)당의 명예가 달려있는 중대한 사안입니다. 철저하게 조사해서 엄중조치해야 합니다. 다만 이번 일에 대한 라오바이싱老百姓의 비난이나 유언비어 확산에 대해서는 조치가 필요한 사안입니다."

이미 시중에는 상하이 고위간부의 성관계 동영상이 돌아다니고 있었다. 그 영상의 주인공이 천 서기와 그의 정부情婦인 간호장교라느니 하는 등의 자극적인 소문들이 꼬리를 물면서 시중에 퍼져나갔다.

장 전 주석은 쩡 부주석과 상의한 끝에 이 시점에서 후 주석과의 전면전은 불리하다고 결론을 내렸다. 상하이방에 대한 진면적인 조사에는 반대한다는 입장을 명확하게 전했다. 상하이는 개혁개방의 최전선이었다. 푸둥浦東개발과 황포강변의 '상전벽해'는 전 세계의 이목을 집중시켰고 찬사를 받았다. '상하이에서는 개도 3년만 지나면 부자가 될 수 있다는 신화가 생겼다.'

천 서기의 사회보장기금 횡령액은 천문학적인 규모였다. 실제로는 당국의 공식적인 조사발표보다 10배~20배 더 많을 지도 모른다. 30억 위안(5,000억원)이나 되는 기금을 횡령한 것으로 드러났고 그보다 더 많은 비자금은 상납받은 것으로 조사됐다.

상하이방의 위세에 위축돼있던 후 주석은 기울어진 권력구도를 반전시킬 수 있는 절호의 기회를 잡은 셈이다. 당 중앙에서는 청년정치 세력 등 공산주의청년단 등 우호세력을 통해 당 간부들의 도덕재무장을 촉구하는 정풍운동을 벌이도록 했다.

차기 후계자 선정 문제를 둘러싸고 세력간 각축전이 벌어지면서 정국은 살얼음판이었다. 리커창이 선두주자처럼 앞서가고 있었지만 상하이방의 공세는 언제 판세를 뒤집을지 모를 정도로 거셌고 조직적이었다.

후 주석은 리 에게 신중한 처신을 당부했다. 후계자를 확정하기까
지 딱 1년이 남았다. 운좋게도 상하이방의 선두주자 천량위 상하이
서기가 잡혔다.

2006년 9월이었다.

"중국공산당 중앙정치국은 9월 24일 회의를 열어 중앙기율검사위
원회의 〈천량위 동지 관련 문제에 대한 일차 심사상황 관련 보고〉를
심의했다.

현 조사상황에 따르면 천량위 동지는 상하이시 노동·사회보장국
의 사회보험기금 위법사용 및 일부 기업가와의 불법이익 취득 연루,
중대규정위반사건 연루, 측근인사 보호 및 직무상 편의를 이용한 친
족의 부당한 이익 취득 등 엄중한 규율위반문제에 관련됐다.

당 중앙은 〈중국공산당장정〉 및 〈중국공산당 기율검사기관 사건

검사공작조례〉 관련 규정에 따라 기검위가 천량위 동지 문제에 대한 검사를 진행할 것을 결정했으며 천량위 동지를 상하이시당 서기와 상무위원 직무에서 면직하고 천 동지의 중앙정치국 위원 및 중앙위원 직무 정지를 결정했다.

당 중앙은 한정韓正 상하이시장을 상하이시당 서기대리에 임명한다.

당 중앙은 천 동지의 엄중한 기율위반 문제에 대한 조사를 통해, 청렴한 당기풍 건설과 반反부패에 대한 강도높은 결심과 분명한 태도를 충실하게 표명했다. 누구든지, 지위가 높든 낮든간에 당기율과 법에 저촉하는 행위를 하게 된다면 모두 엄중한 책임추궁과 처벌을 받게 될 것이다.”

상하이시 서기는 경제수도의 최고지도자로 명실상부하게 최고지도부로 진입하는 관문이었다.

상하이는 마오 사후 새로운 정치파벌 ‘상하이방’을 형성한 장쩌민 전 주석의 정치적 근거지였다.

1989년 톈안먼 사태가 터지자 장 전 서기는 상하이 서기에서 곧바로 베이징으로 상경, 중국 공산당 총서기에 발탁됐고 장 전 서기 후임 상하이 서기는 주룽지朱鎔基가 이어받았다. 주 서기 다음에 우방궈吳邦国 전인대 상무위원장, 이어 황쥐黃菊순이었다 이들은 모두 상하이 서기직을 이어 받으면서 중앙정치국 상무위에 차례로 진입했다. 장쩌민의 후계는 덩샤오핑이 낙점한 후진타오였지만, 후 주석의 후계자는 상하이방에 돌아갈 차례였다.

정치국 상무위원으로 영전한 황쥐에 이어 상하이서기에 오른 천량위는 상하이 서기가 되면서 자동적으로 정치국 위원에 올랐다. 정치국은 9명의 상무위원(19대 당 대회에서 2명이 준 7명)을 포함해서 총 25명의 위원으로 구성된 중국공산당 최고의결기구다.

시진핑 역시 저장성 서기에서 2007년 3월 상하이 서기로 전보되면서 정치국 위원으로 자동 승진했고, 그 해 여름 '베이다이허회의'를 거쳐 차기 후계자로 공식 확정됐다. 정치국 상무위에 들어가, 경제를 총괄하는 총리가 된 주룽지와 더불어 시진핑은 부임 7개월 만에 상하이 서기에서 벼락출세했다.

2006년 9월 사회보장기금 유용 및 횡령 혐의 등으로 전격 실각한 천 서기 후임은 이같이 엄청난 '각축전' 끝에 한정 상하이 시장을 대행시키다가 시진핑에게 돌아갔다.

후 주석은 천량위 구속에 이어 대대적인 상하이시지부와 시정부에 대한 감사에 착수했다. 상하이 인민법원과 사회보장기금 대출부정사건에 가담한 혐의가 있는 푸동개발은행 및 여타 국책은행 등에 대한 강도 높은 조사도 병행됐다. 상하이시는 쑥대밭이 됐다.

'공청단'이 결정적 승기를 잡았다.

상하이방의 방어선이 무너졌다. 이대로 계속 밀어부친다면 차기 후계자 문제까지도 자연스럽게 정리될 수 있었다. 그러나 후 주석은 주저했다. 지나치게 신중하고 소심한 그의 정치 스타일이 문제였다.

상하이는 베이징과 달랐다.

천량위에 이어 전임서기 황쥐 정치국 상무위원의 비리혐의도 터져 나왔다. 암투병중이던 황쥐는 천량위 사건이 터지자 베이징에서 짐을 정리, 아예 상하이로 가서 두문불출했다. 상하이방의 입장을 대변하거나 후 주석에 반대하지 않겠다는 백기투항이었다. 이미 시한부

선고를 받았다. 암투병중인 그가 후 주석측에 대항할 수 있는 수단은 아무 것도 없었다. 공세를 계속해야 할 절호의 시점에 후 주석은 머뭇거렸다. '당의 명예'를 지켜야 한다는 상하이방의 읍소를 받아들이는 방식을 취했다.

정리情利에 따라 공세를 늦추면 역공을 받게 마련이다.

'상하이방幇'은 두 가지 요구사항을 제시했다.

첫째, 천량위 서기에 대한 철저한 조사와 엄정한 처벌을 하되 둘째, 후임 상하이서기는 조사처리가 끝난 후 시간을 두고 보임하는 것. 그 뿐이었다.

천량위는 정치국 위원이었다. 상하이사건을 스캔들 수준으로 확대시킬 경우, 자칫 당 최고지도부에 대한 인민의 분노를 촉발시킬 수 있는 인화성 강한 민감한 사안이었다. 내부적으로는 철저하게 조사하는 척 하되, 대외적으로는 가볍지 않게 처벌하는 것처럼 해달라는 요청이었다.

그것은 또한 천 서기를 숙청하는 선에서 비리조사를 마치고 그 이

상 조사를 확대시키지 말라는 무언의 압박이기도 했다. 그 뿌리에는 상하이방 모두의 이해관계가 걸려있을 것이다.

양 세력간의 전면전은 피하자는 타협안이었다.

중앙 기율검사위 서기는 '우관정'吳官正.

상하이방과는 직접적 정치적 인연이 없었지만 그렇다고 후 주석의 공청단과 밀접한 관계는 아니었다. 어느 파벌에도 속하지 않는다는 점 때문에 기율검사위를 맡기게 된 것인지 모르겠지만 특정파벌의 지원을 받을 수 없다는 것은 무소신이었다.

쩡칭훙 부주석은 이런 상황을 즐겼다. 현란한 기공으로 상대의 허를 찌르는 상하이방 좌장의 방어와 공세는 천량위 꼬리자르기 작업과 동시에 진행됐다.

후 주석은 시간을 지체하다가 칼자루를 놓쳤다. 밀어부쳐야 할 때 주저하는 바람에 벌어진 실수였다. 상하이방과의 전면전을 벌이기에는 역부족인 상황이 전개됐다. 공청단은 중앙정치국내 세력은 약했다. 그래서 상하이방의 취약점을 더 파헤친 후 대응해도 늦지 않을 것이라는 결론을 내렸다.

일종의 휴전이었다.

공청단과 상하이의 '휴전모드'는 반격의 빌미를 제공했다. 당장 후임 상하이 서기를 임명해야 한다면 명분으로나, 실제로나 상하이방 인사가 상하이 서기를 이어받기 어려웠다. 내부수습과 대응카드 물색이 동시에 이뤄졌다.

쩡 부주석의 인재풀에 몇 사람의 대안이 떠올랐다.

후 주석의 공청단을 견제할 수 있는 대응카드는 리커창의 상대였다.

당에 대한 충성심과 애국심을 담보하되 자신의 야심을 감추고 묵묵하게 일을 추진할 수 있는 추진력을 갖춘 집단은 '태자당'밖에 없었다.

태자당 맏형 노릇을 자임하고 있는 터였다. 위정성俞正声, 시진핑, 보시라이 등 태자당 출신 대항마들의 장단점을 누구보다 잘 알고 있었다.

상하이방의 후임 인선을 늦춰달라는 요청에 후 주석은 리커창을 상하이에 내려 보내려던 계획을 보류했다. 상하이 사정이 정리된 뒤에 보내는 것이 차기 후계자 후보인 리 부총리의 이미지유지에도 좋겠다는 의견도 있었다.

상하이방이 후임자 조기 인선에 반대하는 상황을 무시하고 랴오닝성에 있던 리커창을 밀어붙이는 것은 부담스러웠다.

그 때는 리커창을 상하이 서기로 보내지 않은 것이 패착이었다는 것을 알 리가 없었다.

상하이서기로 가면 차기구도에 접근하게 된다는 것은 주지의 사실이다. 수렴청정의 시간을 보내던 후 주석으로서는 '장쩌민-쩡칭훙'으로 이어진, 굴욕의 시간을 끝장낼 수 있는 절호의 기회였다.

상하이방의 근거지 상하이 서기를 리커창이 맡게 된다면 상하이방의 뿌리까지 뒤흔들면서 차기구도를 다지는 이중 포석이었다.

쩡 부주석인들 후 주석 측의 정치적 의도를 모를 리 없었다.

양측 간에 피를 말리는 줄다리기가 이어졌다.

쩡 부주석은 공작工作의 대가답게 리커창에 대한 음해공작에 착수했다. 다방면에서 리커창 공작이 전개됐다. 톈안먼사태 주역중 한 사람인 베이징대 동창의 홍콩언론 인터뷰도 그 중 하나로 아주 치밀하게 기획됐다.

집단매혈에 따른 에이즈 감염 확산 사태에 대한 인민들의 정부 책임론에도 슬그머니 불을 붙였다. 허난 에이즈문제는 리커창의 아킬레스건이었다.

랴오닝 성장을 하다가 2004년 국무원 상무부장(장관)으로 자리를 옮겨 중국의 대외무역을 진두지휘하고 있던 보시라이에게 상하이 서기는 반드시 정치국으로 직행할 수 있는 사다리였다.

보시라이도 움직였다.

장쩌민 시대가 개막되기 직전 '중국공산당의 8대 원로'로서 막후 정치적 영향력을 십분 발휘해 오던, 부친 보이보가 아들을 위한 마지막 로비에 나섰다. 노환으로 '301 인민해방군병원'에 장기 입원중이던 보이보는 장 전 주석에게 한 통의 서신을 보냈다.

'경애하는 총서기 동지.

301 해방군병원은 중국의 자랑입니다. 당과 총서기 동지의 배려로 중국 최고의 의료진의 평온한 의술과 처치로 곧 완쾌돼 퇴원할 수 있게 될 것으로 기대합니다.

……

총서기 동지에게 제 자식에 대한 마지막 배려를 간곡하게 요청드립니다. 3남 보시라이는 능력과 인품이 다소 부족하나 국무원에 들어가 개혁개방의 최전선에서 적잖은 성과를 내서 당과 정부에 공훈을 세웠습니다. 상무부장을 맡은 지 어느덧 2년이 지났습니다. 다양한 경륜을 쌓아 당과 인민을 위해 더 큰 역할을 할 수 있도록 해야 합니다. 총서기 동지의 믿음에 보답할 수 있도록 아들에게 채찍질을 하겠습니다.

총서기 동지의 오랜 정치적 기반이자 고향인 상하이 서기로 간다면 더 이상 여한이 없습니다.

총서기 동지가 베이징에 상경하고자 큰 뜻을 품었을 때 저와 한 군은 약속을 잊지 않으셨겠지요.

천자의 하해와 같은 은혜를 저는 늘 잊지 않고 있습니다....'

보이보는 아들의 영전을 보지 못한 채, 다음 해인 2007년 1월 타계했다.

보이보의 서신은 별다른 영향력을 발휘하지 못했다. 상하이방의 방주는 장쩌민이었지만 좌장인 쩡 부주석의 의도대로 움직였다. 쩡 부주석이 찾는 후보는 야심이 드러나지 않아야 했다. 지나치게 독선적이고 강한 추진력에 조직과도 수시로 갈등을 마다하고, 지나칠 정도로 정치적 야심을 표출하는 보시라이는 부적격이었다.

문혁이 끝난 후, 당정의 실권을 장악한 덩샤오핑은 아무런 공식직함을 맡지 않았다. 그래서 정치국 상무위원회에 참석하는 것 대신 '8대 원로회의'를 수시로 열어 당의 중요한 사항을 결정해서 하달했다.

덩의 이런 이중적인 국정운영시스템에 대해 개혁개방의 야전사령관으로 전면에 나선 후야오방胡耀邦은 사사건건 충돌하면서 갈등을 빚었다.

덩샤오핑은 당 정치국상무위와 전국인민대표회의 및 국무원 등의 공식의결집행기관들을 들러리처럼 만들고 '8대 원로회의'를 통해 중요한 현안을 결정하고 후야오방 총서기에게 통보하는 식으로 국정을 농단한 것이다. 공식적인 최고지도자인 후 총서기가 아니라 막후의 덩샤오핑이 모든 것을 결정했다. 후야오방은 허수아비와 같은 자신의 위상에 절망했다.

8대 원로元老회의는 덩이 급조한 수렴청정의 도구였다.

중국혁명에 가담, 혁혁한 공로와 투쟁경력을 쌓아 온, 이름만 대면 알만한 혁명투사들이 8대 원로들이다. 덩샤오핑을 위시해서 천윈陳云, 리셴녠李先念, 펑전彭真, 양상쿤杨尚昆, 덩잉차오邓颖超, 보이보薄一波, 왕쩐王震이 8대 원로다. 리셴녠과 덩잉차오, 왕쩐이 1992~3년에 연이어 사망하자, 시중쉰习仲勋 시진핑의 부친과 완리万里, 송런치옹宋任穷이 8대 원로회의에 합류했다.

'국가원로자문회의'격인 8대 원로회의는 단순 자문기구가 아니라 국정을 결정하는 핵심도구였다. 8대 원로와 그들의 가족은 특히 '베이다이허회의'에도 참석 당면한 핵심현안에 대해 허심탄회한 비판과 토론을 할 뿐만 아니라 각급 인사도 관여하고 사업청탁도 한다.

***

8개월간의 혹독한 조사 끝에 천량위는 당직과 공직을 모두 박탈당하는 쌍개처분을 받고 재산도 몰수당하는 한편, 징역 18년형을 선고받았다.

후 주석은 후임 상하이서기는 한정韓正 상하이시장이 서기직까지 대리하는 것으로 수습했다. 후임을 곧바로 임명하지 말자는 상하이방의 요청을 받아들였다.

한정 대리서기 역시 사회보장기금 비리사건이 터지기 훨씬 전인 2003년부터 상하이시장을 맡고있던 상하이방의 핵심이었다. 그는 비리연루의혹에 대한 별도 조사도 받지 않고 상하이를 안정시키는 역할을 맡았다.

보시라이의 상하이 입성도 좌절됐다. 상무부장 외에는 성 단위 서기를 맡지 않은 정치적 경력으로는 상하이 서기에 갈 수도 없었다.

상하이방은 천량위 외의 누구도 정치적 상처를 입지 않았다. 선방한 것이다. 후 주석의 공격은 솜방망이로 전락했다.

판세는 뒤집어지지 않았다.

반격이 시작될 조짐이 농후했다.

리커창

#12

'대재앙의 스타'

리커창에게 늘 붙어다니는 조롱조의 별명이다. '일처리가 딱 부러지고 명석하다'는 평가를 받는 리커창에게는 어울리지 않는 약점이 있다.

그의 정치경력 중에서 가장 오랜 기간을 함께 한 '허난河南'은 공청단 출신으로 지방당 지도자인 당 서기로 승진한 기회의 땅이자, 당서기 시절 벌어진 허난의 에이즈 창궐사태에 대한 책임론 등 허난은 리커창에게 애증의 땅이다.

44세라는 최연소 허난 성장으로 부임, 4년 만에 당 서기로 승진하는 등 6년 동안 그는 지역차별의 희생자이기도 한 허난성 발전에 총력을 기울였다. 지역 GDP 28위의 가난한 허난성을 18위로 끌어올리며 괄목할만한 성과를 냈다.

다른 지역사람들에게 '요괴'처럼 취급받는 허난 출신에 대한 지역

222

차별의식은 아주 오래 전부터 중국인들의 잠재의식에 존재하고 있었다. 개혁개방이후 짝퉁제품의 집산지로 악명을 날리면서 허난인에 대한 평판은 최악이었다.

오죽했으면 선전과 광저우는 물론, 상하이와 베이징 등지에서 직원모집을 할 때 공공연하게 '허난 출신은 지원사절'이라는 조건까지 내걸어 허난차별을 공론화했을까.

리커창 이후 국가방송영화총국장 출신의 쉬광춘徐春이 부임하면시 허닌 이미지개선 캠페인을 대대적으로 벌였다. 그러나 중국인의 '허난차별' 의식은 하루아침에 사라지는 일시적인 것이 아니었다.

사설 매혈소를 통한 '집단매혈'이 허난에서 성행한 것은 허난 인구가 1억 명에 육박할 정도로 인구대성이기 때문이기도 하지만 전 중국에서 꼴찌를 다툴 정도로 가난한 것도 일조했다. 우후죽순처럼 생겨난 사설 매혈소를 통한 집단 매혈은 1980년대 후반에서 1990년대에 걸쳐 상시적으로 이뤄졌고 287개소의 사설매혈소가 생겨났다.

'위화'의 소설 〈허삼관매혈기〉는 허난의 실제 상황이었다.

매혈이 문제가 된 것은 채혈을 할 위생시설이 전혀 없는 사설매혈소의 운영을 당국이 조장하거나 방관했다는 점이다. 그 결과는 에이즈의 창궐이었다. 1996년 당국의 첫 에이즈 조사에서 800여명의 에이즈감염자가 확인됐지만 허난성 정부는 은폐에 급급했다. 사스사태와 우한코로나 사태 때 보여지듯이 감염정보의 은폐는 중국 지방정부의 관행인 모양이다.

에이즈집단감염 사태는 급기야 2002년 허난의 에이즈감염자들이 사설매혈소를 운영한 톈진의 한 병원에 몰려가서 시위를 하고, 에이즈 감염 혈액이 든 주사기를 들고 돌아다니면서 톈진天津시내를 공포로 몰아넣은 '에이즈테러사건'으로 비화됐다.

당시 그 사태의 한가운데에 허난성장과 부서기, 서기로 승승장구한 리커창이 있었다.

당 중앙이 톈진에이즈테러사건에 대한 엄중한 문책을 지시했지만 사건을 묻어버리는 것이 인민의 공포를 없애는 가장 즉각적인 해법이었다.

리커창은 이와 관련 아무런 책임을 지지 않았고 어떠한 처벌도 받지 않았다.

전염병이나 질병 감염 정보은폐는 중국공산당이 늘 해오던 방식이었다.

그러니 리커창에게 책임을 물을 수는 없다.

그러나 인민은 그를 용서하지 않았다.

'동방이 밝아오자 태양이 떠오른다. /중국에는 리커창이 출현했다. /그는 인민을 만신창이가 되게 만든다. /아아아~ 아아아~. /그는 인민의 '대재앙의 스타'이다.

/리커창은 에이즈의 상징이다. /그는 매혈을 유발한 인물이다. 아아아~ 아아아~. /신중국을 건설하기 위해 / 그는 우리들을 이끌고 전진한다. /리커창이 없다면 /아아아~ 아아아~ /그곳은 재앙으로부터 해방이 된다'

(东方一亮, 太阳就升起。

中国出现了李克强。

他使人民满目疮痍。啊啊啊~ 啊啊啊~

他是人民的"大灾难明星"。

李克强是艾滋病的典型代表。

他是诱发卖血的人物。啊啊啊~ 啊啊啊~

为了建设新中国, 他带领我们前进。

如果没有李克强, 啊啊啊~ 啊啊啊~

那个地方从灾难中解放出来)

웨이보微博 등의 SNS에서는 리커창을 패러디한 이런 노래가 순식간에 퍼져나갔다.

랴오닝 서기로 가자 랴오닝에서 200여명의 광부가 한꺼번에 매몰된 탄광사고가 터져 희생자가 속출했다.

사실 허난 에이즈 창궐사태와 랴오닝 탄광사고에 책임있는 지도자는 리커창이 아니다. 집단매혈소를 통해서라도 가난한 허난 농민들을 살리겠다고 판단한 1990년대의 허난 지도자들과 탄광 안전관리에 실패한 랴오닝성의 지도자다.

리커창에 대한 이와 같은 공공연한 비난은 후 주석과 함께 중앙정치권에서 급성장한 그들을 견제해 온 상하이방 등의 공작의 결과였다.

따지고 보면 리커창은 중국공산당 최고지도부의 어느 누구보다 부패의 구설수를 타지 않았고 가는 곳마다 새로운 정책으로 성과를 도출했다.

'현장에 답이 있다.'

사회보장기금 유용이라는 부패사건에 연루된 천량위 낙마는 후 주석의 회심의 '일격'이었다. 그러나 상하이방에 대한 공세를 이어갈만한 뱃심이 부족했다. 후 주석은 싸움꾼이 아니었다.

리커창은 낙담하지 않았다. 후계구도가 확정되기까지 아직 시간이 남아 있었다.

후 주석도 칼을 거둔 채 '각개격파'할 생각이었다. 상하이방의 부패에 대해 향후에라도 전방위 공세가 가능하다고 착각했다.

천 상하이 서기와 더불어 상하이시장을 맡아온 한정韓正 역시 상하이방의 일원이었다. 당연히 사회보장기금 사건도 그가 연루될 수 밖에 없었다.

그런데 그는 조사를 받는 대신 상하이 대리서기로 승진했다.

우유부단한 후 주석의 해법에 상하이방과 태자당은 다시 움직이기 시작했다.

17대 정치국 상무위 구도는 그렇게 요동치면서 반전을 거듭했다.

#13 _____ 政变의 도구, 무장경찰

2018년 1월 1일 0시부터 무장경찰武裝警察부대의 지휘체계는 중국 공산당 중앙군사위원회가 직접 지휘하는 단일 지휘체계로 바뀌었다.

1월 10일 오전 베이징 톈안먼 광장 혁명군사박물관 바로 옆에 있는 '81빌딩'. 81광장에서 중앙군사위 주석 시진핑习近平이 무장경찰부대의 사열을 받았다. 시 주석은 왕닝王宁 사령관과 정치위원 주성링朱生岭에게 특별제작한 무경부대 '군기'를 수여했다.

무장경찰부대가 이제 중앙정법위 서기나 지방당의 지휘는 일체 받지 않고 인민해방군과 마찬가지로 중앙군사위의 직접적인 지휘 통제를 받게 된 것이다.

81빌딩은 중앙군사위 주석 집무실이 있어 중국의 '국방부 청사'라고도 불린다.

집권한 지 5년 만에 드디어 시진핑의 무장경찰 장악이 마무리된 셈이다.

무경이 전임 저우융캉의 영향력에서 완전하게 벗어나 마침내 習家
軍쉬자쿈의 일원이 됐다는 사실을 대내외에 공표한 것이다.

2017년 10월 24일 폐막한 제19차 당 대회는 시진핑 1기(2012-2017)
를 마무리하고 2기(2017-2022)를 출발하는 의미의 여러 정치적 결정
을 내놓았다.

그런데 당초 예상과 달리 시진핑의 후계구도는 오리무중에 빠졌다.

2기 정치국 상무위원회 구성은 '7상8하' 원칙을 지키느냐 여부에 촉
각이 곤두섰다. 최측근으로 꼽히는 왕치산 중앙기율검사위 서기를
연임시킨다면 시 주석의 '장기집권' 시나리오도 가시화된다는 관측이
나돌았다.

그러나 69세가 된 왕치산은 관례에 따라 상무위원회에서 퇴장했다.

7명의 상무위원 중 시 주석과 리커창 총리를 제외한 5명이 모두 교

체됐다. 위정성, 장더장, 왕치산, 류윈산, 장가오리가 물러났고 그 자
리에 리잔수 전인대 상무위원장, 왕양 정치협상회의 주석, 왕후닝 중
앙서기처 서기, 자오러지 당 중앙기율검사위 서기, 한정 부총리 등이
대신했다.

덩샤오핑 시대에 등장한 바 있는 '당핵심'이라는 호칭이 시 주석에
게 부여됐고 당장黨章에 '시진핑 신시대 중국 특색의 사회주의 사상'
이라는 명칭으로 '시진핑 사상'이 부기됐다, 마르크스-엥겔스사상과
마오쩌둥-덩샤오핑 사상이라는 양대 축에 더해 '시진핑 사상'이 어깨
를 나란히 한 것이다.

이와 더불어 관심을 끌지 않았지만 조용하게 처리된 핵심적인 사
안이 무장경찰제도 개혁방안이었다.

'무장경찰'은 국내치안을 담당하는 공안公安과 다른 독특한 중국식
치안조직이라고 할 수 있다. 무장경찰부대는 전 중국 주요 도시에 주
둔하고 있는 군대다. 그래서 '경찰'이라는 호칭을 쓰지만 '무장한' 경
찰이라기 보다는 국내 소요사태와 요인경호와 국경수비 등을 담당하
는 특수군의 하나라고 보는 것이 보다 정확하다. 무경의 신분은 (경
찰)공무원이 아니라 군인이다. '공안'은 공무원에 속한다. 우리의 경
찰특공대와도 다르다. 중국 공안제도의 핵심이 바로 이 무경이라고
해도 과언이 아니다.

무경부대는 탱크와 미사일, 항공기를 제외한 대부분의 현대화된
최신 무기들을 다 갖추고 있고, 평소 훈련강도가 높아 인민해방군보
다 더 강한 군대로 평가된다.

19차 당 대회에서 통과된 무경 개혁안의 핵심은 무경지휘권을 관

행적으로 독점적으로 행사해 온 중앙정법위의 개입을 원천 차단하고 중앙군사위의 단일지휘체제로 개편한 것이다. 무경부대를 이용한 군사쿠데타, 정변政變 가능성 차단을 위한 것이다. 무경의 특성상 베이징과 상하이 등 대도시에 주둔하고 있는 무경을 동원할 경우, 쿠데타가 가능할 수 있었다.

후진타오에서 시진핑으로 권력이 이양되던 2012년까지 정법위서기를 맡아 실질적으로 무경부대를 사조직처럼 운영해 온 저우융캉周永康과 상하이방을 겨냥한 회심의 반격이었다.

1982년 6월 창설된 무경부대는 관행적으로 '일통이분一統二分'이라는 지휘체계로 운용돼왔다. 군부대라는 특성상 중앙군사위원회의 지휘를 받도록 되어있지만 부대운용상 중앙정법위와 각 지방 공안기관장들이 각각 지휘하기도 하는 등 지휘계통이 이중적이라 모호했다.

중앙군사위원회와 국무원(공안부)의 이중지휘를 받으면서 종종 지휘권을 둘러싼 충돌사태가 빚어졌다. '일통이분'이란 당 중앙군사위와 국무원(공안부)의 이중 지휘를 가리키는데 현실적으로는 중앙군사위는 허수아비로 전락하고 중앙 정법위가 공안부 및 하위 공안국 지휘를 통해 무경부대를 통해 각 지방의 공안수요에 대처해왔다. 중앙군사위는 무경부대 모집과 교육 훈련 등의 관리기능만 맡고 실제 부대 운용은 정법위가 행사해 온 셈이다.

예전에는 국무원 공안부장(장관급)이 무장경찰부대 제1정치위원과 제1서기를 겸직했다. 각 성과 특별시 등에 배치된 지방 무경부대는 각 성 공안청장이 제1 정치위원, 제1 서기를 겸직하는 구조로 운용되면서 무경은 중앙군사위가 아니라 정법위 직할부대로 인식됐다.

무경부대 지휘권을 적극 활용하면서 영향력을 확대한 것은 공안부 장을 거쳐 중앙정법위 서기에 오른 저우융캉이다. 그래서 무경은 저 우융캉의 '사병'私兵이라는 소문까지 나돌았다.

무경을 확대하고 키운 것은 장 전 주석이다. 집권초기 덩샤오핑의 견제로 군부와의 접목이 쉽지 않았던 장 전 주석으로서는 인민해방군 에 대응하는 군사조직으로 무장경찰부대를 키웠다. 덩의 측근인 양 상쿤楊尚昆- 양바이빙楊白氷 형제가 인민해방군 수뇌부를 장악하고 있어서 장 전 주석은 중앙 군사위 주석이었음에도 군 지휘권을 정상 적으로 행사하지 못했다.

장 전 주석은 창설된 지 얼마 되지 않은 무장경찰부대 전력을 집중 적으로 지원하면서 군부를 견제했다. 이 시기 장 전 주석의 후원으로 급성장한 '무경'은 '장쟈쥔江家軍 장 전주석의 군대'로 불렸다. 장 전 주석은 무경을 지원하면서, 무경의 부대편제를 인민해방군 7대군구와 동등하게 조정하기도 했다. 또한 무경부대 사령관을 인민해방군 부대사령관과 같은 '상장'上將으로 승격시켰다.

장쩌민 시대 무경은 육·해·공 3군과 포병 등 4대 군과 같은 급으로 위상이 올랐다. 무경은 국경수비대까지 포함해서 150여만 명이나 됐고 그 중에서 국내소요 등의 공안 수요에 대응할 국내보위병력이 80만 명이다. 인민해방군 병력이 250만에 그친다는 것을 감안하면 150만의 무경과 200만에 이르는 공안(경찰)을 총괄 지휘하는 중앙정법위 서기의 영향력은 막강최강이었다.

政变(쿠데타)의 도구2 - '38집단군'

'권력은 총구에서 나온다'枪杆子裏面出政权

마오쩌둥毛泽东이 1927년 제시한 이 말은 권력의 속성을 정확하게 표현했다.

직역하자면 '총대 안에서 정권이 나온다'는 말이지만 무력기반(군대) 없이 권력을 잡을 수는 없다는 뜻으로 해석된다.

1927년 8월7일 후베이성 한커우汉口-지금의 우한에서 열린 중국공산당 중앙긴급회의석상이었다. 이보다 일주일 전인 8월1일을 기해 허룽贺龙과 저우언라이周恩来가 주도한 난창봉기가 실패했다. 이에 코민테른이 소집해서 연 긴급회의였다.

저우언라이 등이 주동이 된 중국공산당은 난창南昌을 기습공격, 도심을 일시 점령했으나 사흘 만에 국민당정부군의 공격을 받았고 닷새 만에 난창을 빼앗겨 패주했다.

주더朱德가 당시 국민당군에 침투해서 난창시의 공안부문을 책임지고 있어서 어느 도시보다 난창을 공략하기가 좋았다. 그러나 준비부족과 실제 군사력의 열세로 무장봉기는 실패했다.

한커우 중앙긴급회의는 중국공산당이 주도해 온 무장투쟁의 실패에 대한 성과를 평가하는 성격이었다.

마오의 권력은 총구에서 나온다는 비판은 군사적 기반을 제대로 갖춰서 봉기를 해야 국민당군에 맞서서 권력을 잡을 수 있다는 뜻이었다.

결국 이날 회의에서 다음 무장봉기계획과 소비에트지역에서의 토지개혁방침을 의결했다. 다음 봉기는 추수秋收에 맞춘 농민봉기였다. 후난성 창사長沙로 돌아온 마오는 그로부터 한 달 후인 9월7일 후난과 장시 경계지역에서 '추수봉기'秋收起义를 일으킨다.

한커우 회의석상에서 마오는 특유의 허풍기 가득한 호언으로 봉기계획을 밝히고 코민테른의 승인을 받았다. 자신이 봉기를 일으키면 남쪽으로 도망친 난창봉기 패잔부대들을 지원군으로 보내 줄 것을 요청했다. 당시 마오 휘하에는 무장병력이 없었다.

난창에서 패한 부대는 급조된 농민들이 주력인 농민군이었기 때문에 도주하는 과정에서 1/3이 이탈한데다 소총 등의 개인화기도 제대로 갖지 못하는 등 무장수준이 형편없었다. 마오는 급히 계획을 수정, 창사長沙 공략을 제안하고 지원군의 창사지원을 요청, 승인받았다. 마오는 이 창사공세 전선위원회 책임자 임명장을 받았다. 급조된 창사공격 부대는 인근 안위안安源 탄광파업에 참여한 광부부대와 함께 창사공격을 위해 창사로 이동하던 중 추수봉기가 먼저 돌발했다.

마오가 추수봉기를 직접 지휘하지 않았는데도 말이다. 추수봉기는 추수철에 산발적인 농민폭동이 일어났고 그것이 자발적인 무장봉기 형태로 발전된 것이다. 농민군은 지리멸렬했다. 마오는 뒤늦게 합류해서 패퇴하고 있던 농민군을 규합, 광부부대와 난창패잔병들을 한데 끌어 모았다. 드디어 마오 휘하에 직접 1,500명에 이르는 병력이 생겼다.

이것이 마오가 주도했다는 추수봉기 신화다. 추수봉기를 마오가 주도했다는 중국공산당의 역사는 희대의 사기극이다.

마오는 이들 패잔병들을 데리고 당시 화적떼 소굴로 유명한 '징강산'井剛山으로 진입해서, 산채를 접수했다.

'권력은 총구로부터 나온다.'는 말을 직접 실천한 것이다.

징강산은 말 그대로 소설 〈수호지〉의 '양산박'같은 도적떼의 산채山寨였다. 1,500명의 무장병력이 밀고 들어간 그곳에서 마오는 도적떼의 두목이자 산채수령으로 추대됐다. 징강산은 그 때부터 말하자면, 최초의 '홍색紅色 소비에트'가 됐다.

총을 가진 군대의 힘을 확인한 마오는 그 후 절대로 지휘권을 가진 총사령관, 중앙군사위 주석을 단 하루도 내려놓지 않았다.

대약진운동의 실패로 2선으로 물러나 국가 주석직을 후계자 류샤오치刘少奇에게 이양한 마오는 중국공산당 최고지도자인 '주석'(지금의 총서기)과 당 중앙군사위 주석은 내놓지 않았다. '권력은 총구에서 나온다'는 것을 누구보다 실감하는 그가 군권을 류 주석에게 넘길 리가 없었다. 린뱌오林彪를 다음 후계자로 지명한 후에도 끊임없이 감시하고 권력의지를 떠보는 것도 마찬가지.

덩샤오핑은 마오의 불행했던 전철을 따르지 않겠다며 실권을 장악하고서도 당 주석과 국가주석 등의 공식직함을 맡지 않았다. 그가 그러나 유일하게 취임한 것은 중앙군사위 주석이었다. 그 역시 군부가 가진 권력의 속성을 누구보다 잘 꿰뚫었다.

장쩌민 역시 후진타오에게 당 총서기를 넘겨준 후에도 2년이나 더 중앙군사위 주석을 움켜쥐고 있었다. 이후 후 주석에게 군사위 주석을 넘겨주면서는 군사위 수석 부주석에 자신의 측근들을 배치시켜 놓고 후 주석을 압박했다. 마치 그가 덩샤오핑으로부터 군사위 주석을 넘겨받고도 양상쿤 군사위 부주석 등 덩샤오핑의 측근 군 실세들에 둘러싸여 꼼짝달싹할 수 없었던 기억을 되살리듯 말이다.

무장경찰제도 개혁은 시진핑의 숙원이었다. 비상사태시 도심 외곽에서 즉시 동원이 어려운 인민해방군보다 베이징과 상하이 등 거점도시에 주둔하면서 국내소요와 폭동은 물론 요인 경호 등을 담당하고 있는 무장경찰부대는 정변政变의 도구가 될 개연성이 높다.

집권 후 꾸준하게 무경 개혁에 나섰던 시진핑의 끈질긴 노력이 2017년 당 대회에서 매듭지은 군 지휘체계 일원화였다.

사실 정변政变을 일으킬 수 있는 도구는 무경부대가 아니라 인민해방군이었다. 특히 수도 베이징을 관할하는 베이징군구의 '신속집단군'을 장악하느냐 여부기 핵심 중의 핵심이다.

인민해방군은 대략 200만 명에 이른다. 물론 150여만 명의 무경은 따로다. 여기에 상비군 50여만 명을 더하면 어마어마한 병력이다. 인민해방군은 중국 전역을 '7대 군구'로 나눠서 '24개 집단군' 편제로 운용하고 있다. 이중에 즉시 전투에 투입가능한 '신속반응집단군'은 7개다. 이 중 2개가 베이징군구에 속해 있는데 약 40만 명이다.

눈여겨봐야 할 집단군이 베이징군구에 속한 38집단군인데, 인민해방군 중에서 가장 현대화된 장비와 혹독한 훈련 등으로 '최강부대'라는 평가를 받는다.

이 '38집단군'은 유사시 언제든지 투입될 수 있는데 1989년 6.4 톈안먼사태 때 탱크를 몰고 톈안먼광장에 직접 출동, 시위진압에 나선 부대가 이 38집단군이다.

이 38부대의 모태는 6.25 전쟁에 참전한 팔로군을 주축으로 한, 펑더화이彭德怀가 1928년 창설한 부대다. 창설 당시에는 후난군湘军독립 제5사단 제1단이었는데 이후 중국공농홍군紅军제5군으로 바뀌었다. 38집단군 휘장에는 '八.一'(8.1)이 들어가 있는데 이 8월1일이 인민해방군 창군일이다. 난창봉기 거사일이 1927년 8월1일이다.

베이징 톈안먼 광장 서쪽에 자리잡은 혁명군사박물관 바로 옆에 지어진 '81빌딩'이 바로 이 8.1봉기를 기념하는 중앙군사위원회 건물이자 중국 국방부다.

베이징군구에 속해있으면서도 '38집단군'과 달리 당 중앙군사위의 직할부대는 별도로 있다. 베이징 위수구(수도사령부) 직속부대인 경위17단과 위수1사, 위수3사다.

38집단군이 베이징의 소요 등 돌발사태에 대비하는 신속대응군이라면 경위17단 등의 위수구 소속 부대는 최고지도부의 집무실과 숙소가 있는 중난하이中南海 경비와 요인 경호 등 특수임무를 담당한다.

이런 중국 최정예부대와 무장경찰부대가 혹시라도 맞붙게 된다면 어떨까?

무장경찰부대를 동원해서 쿠데타를 일으킨다면 38집단군이나 경위17단 등으로 맞불을 놓는 것이 베이징에서의 무력 충돌 시나리오다.

#15 _____ 전략적 동거

9인의 정치국 상무위원 중에서 후진타오 총서기와 리커창 부총리 등 단 2인을 제외한 7인이 충칭을 찾았다.

서열 2위 우방궈 전인대상무위원장, 3위 원자바오 총리, 4위 자칭 린 정협주석, 7위 리장춘 중앙선전부장, 5위 시진핑 부주석, 8위 허궈 창 중앙기율위 서기, 9위 저우융캉 정법위 서기 등 17기(2007-2012) 정치국 상무위원 7명이 '창홍따헤이唱红打黑' 캠페인의 성과를 내세 운 충칭을 찾아 보시라이 서기를 격려했다.

정치국 상무위원회를 향한 차기 경쟁에서 보시라이는 분명 확실한 선두권에 올라섰다.

보 서기는 '굳히기 전략'을 구사하면 됐다. 경쟁자인 왕양汪洋 광둥 성 서기와의 대결에서도 우위에 섰다는 자신감을 가진 것 같다.

'그 일'이 터지기 전까지의 상황이었다. 2011년 12월. 베이징에서 '중앙경제공작회의'가 열렸다. 이 회의에 앞서 중앙정치국 정례회의가 개최됐다. 이 자리에서 조우하게 된 두 서기는 다정하게 두 사람만 옆방에 들어가 한참을 만났다.

반갑게 인사하는 보시라이가 즉흥적으로 손을 이끌면서 회의실 옆 작은 방에 들어간 두 사람사이에는 잠시 어색한 침묵이 흘렀다.

정치국 회의나 당중앙위원회 참석차 상경한 베이징에서 두 서기가 종종 마주치지만 따로 만난 것은 2009년 경제사절단을 이끈 왕 서기가 충칭을 방문한 이후 2년만이다.

보시라이가 손을 내밀면서 너스레를 떨었다.

"왕 동지, 전임 서기의 덕으로 충칭의 발전국면이 한단계 진화하고 있습니다. 충칭인민을 대표하여 감사드립니다."

"천만에요. 다 보서기의 탁월한 지도력에 따른 당연한 성과입니다. 남방의 광둥과는 다른 어려운 환경 속에서도 충칭은 서부내륙의 선두 기지로 우뚝서게 된 것을 축하드립니다."

"무엇보다 충칭과 광둥의 전략적 협력관계를 가시화하는 것이 중요합니다. 지난 번 합의한 관광과 경제분야 협력관계를 전방위적이자 전략적 동반자 관계로 승격시키는 것이 좋겠습니다. 보 동지!"

왕양은 한 단계 더 성숙한 협력을 요청하고 나섰다.

평소 충칭의 '창홍따헤이' 캠페인에 대해 '무모하고 좌파적인 선동정책일 뿐'이라고 혹평하던 그가 충칭과의 전략적 협력을 제의하고 나선 것은 이례적이었다. 왕 서기는 여러 경로를 통해 충칭의 '야단법석'이 충칭의 전 부문에서 문제를 일으키고 있다는 사실을 알고 이를 당 중앙 요로에 전하기도 했다.

리커창 등 공청단 출신을 통해 후 주석에게 충칭의 창홍따헤이가 일정한 성과를 내고는 있지만 그 이면의 흑사회와의 위험한 거래 등 부작용을 파악해서 보고하기도 했다.

왕양은 개혁개방 모델이자 경제개혁의 전진기지로서의 광둥성의 우위를 강조한 광둥식 발전모델을 만들었다. 충칭의 '창훙따헤이'에 대응하는 '행복광둥'幸福广东 캐치프레이즈를 내건 이른바 '광둥식 발전모델'이다. 당내에서도 두 모델을 둘러싸고 갑론을박이 전개되고 있었다. 차기 후계자가 된 시진핑은 충칭에 다소 기울었다. 차기 총리로 유력한 리커창은 당연히 왕 시기의 광둥모델 편이었다.

충칭모델은 한마디로 마오쩌둥 시대의 재현을 내세우는 것이 특징이다. '모두가 함께 잘 살자'는 공동부유共同富裕로 인민을 유혹했고, 국유기업을 민영화하지 않고 국유기업을 통해 민생경제를 발전시킨다는 전략을 견지하면서 계층간, 도농간 소득격차를 좁히며 공동부유 전략을 발전시킨다는 것이다.

경제규모를 키우기보다 정부의 정책을 통해 '분배'에 중점을 뒀다. 특히 이를 구현하기 위해 사회의 부패구조를 혁파하는 따헤이打黑 캠

페인을 지속적으로 전개하고 마오 시대의 혁명정신을 고취시키는 창
홍唱红캠페인을 동시에 펼쳤다.

반면 왕양은 충칭에서 광둥성으로 이동한 경력을 바탕으로 사회주
의 시장경제의 다음 단계를 모델화하는 전략을 추진했다. 자유분방한
성격과 친시장주의자로 알려진 왕양은 개혁개방을 선도해 온, 선전深
圳과 주하이珠海 등 광둥성이 개혁개방 정책의 발상지라는 점에서 시
장경제의 특성과 문제점을 함께 보완하려는 방식으로 접근했다.

확연히 다른 두 개의 발전모델은 덩샤오핑을 이어받아 개혁개방의
조타수 역할을 맡았지만 결국 '보수회귀'하면서 적잖은 노선갈등을
빚어 온 장쩌민의 과거를 연상시켰다. 덩과 후야오방 등 마오 사후 개
혁개방을 통한 경제발전 모델을 만들어서 이끌던 개혁파들이, 톈안먼
사태 수습을 위한 소방수로 투입된 장쩌민으로 인해 마오 시대를 그
리워하는 반동세력과 충돌했다가 가까스로 정면충돌을 피한 과거가
있었다.

보시라이와 왕양은 이날 두 지역의 관계를 전략적 협력관계로 격
상하기로 하고 서명했다. 1년 앞으로 다가온 차기권력 이양을 앞두고
두 사람이 과도하게 경쟁하지 않고 서로 속도조절을 하고 협력하자고
합의한 것이다.

이면에는 두 사람 모두 상무위 진입을 보장받았다는 관측이 흘러
나왔다.

그러지 않고서야 사생결단의 자세로, 상대를 공격하던 저돌적인
보시라이의 생리상 공개적으로 왕양과 손을 잡는다는 것은 상상할 수
없기 때문이다.

상하이방과 태자당 그리고 공청단 등 이른바 3두마차간의 내부조율이 끝난 셈이다.

시진핑으로서도, 전략적 동반자관계인 상하이방과 장 전 주석의 영향력을 견제하기 위해서라도 태자당 카드 한 장이 더 필요했다.

내년 베이다이허 여름회의에서 상무위 구도는 확정될 것이다. 그런 후 가을 열리는 18차 당 대회에서 화려하게 주인공으로 등장하는 일만 남았다.

차기 권력지도는 이렇게 완성되고 있었다.

시진핑과 리커창이 국가주석과 총리로 확정됐고 남은 7석의 상무위원에 보시라이와 왕양이 각각 태자당과 공청단 몫으로 내정된 듯했다. 나머지 다섯 자리는 태자당이면서 상하이방의 측면지원을 받고 있는 위정성과 왕치산이 입도선매했다.

'책사' 쩡칭훙 전 부주석의 막후 행보가 빨라지기 시작했다.

#16 _____ 홍색전화기红机

중국 최고지도자 시진핑习近平 총서기 겸 주석의 집무실 책상 오른쪽에는 세 대의 전화기가 놓여있다. 하나는 흰색, 또 다른 두 대의 전화기는 붉은 색이다.

'붉은 기계' 红机 혹은 红色机器, 红机电话 등으로 불리는 붉은 전화기의 존재가 대중에 알려지게 된 것은 시 주석이 집무실에서 촬영한 2020년 신년사 영상을 통해서다.

두 대의 붉은 전화기 중의 하나는 당정전용회선으로 부부장급(차관급) 이상 중국공산당과 국무원 및 인민해방군 수뇌부와 50대 국영기업 사장 등에게만 지급된다.

이 붉은 전화기는 일반전화와는 완전히 다른 시스템으로 연결되는 내부전화로 중앙판공청이 직접 관리한다. 당연히 모든 통신은 암호화되기 때문에 외부에서는 절대로 도청할 수 없다.

다른 한 대의 붉은 전화기는 군사용이다. 수화기를 들면 교환원이

244

즉각 나오는 붉은 전화기와 달리 이 전화기에는 버튼이 달려있고 전화번호도 저장할 수 있는 등 일반전화기 처럼 쓸 수 있지만 암호화된 보안은 완벽하다. 시 주석은 이 전화기로 인민해방군 모든 군구 사령관과 직접 통화해 명령한다.

우리가 주목하는 붉은 전화기는 1호로 불리는 소위 '홍기红机'다.

이 홍색전화기를 사용할 수 있는 자격은 부부장급(차관급)이지만 요즘은 간혹 국무원이나 지방 당의 국장급 간부들에게도 종종 이 전화를 통해 전화하기도 한다.

각 전화기마다 암호시스템에 의한 4자리의 고유번호가 부여된다. 버튼이 없기 때문에 수화기를 들면 교환원이 나와서 원하는 상대방과 직접 연결해준다.

붉은 전화기는 울리는 즉시 받아야 한다. 최고지도자가 전화한 것일 수 있기 때문이다.

붉은 전화기는 마오쩌둥이 중화인민공화국을 건국하면서 중난하이로 입성하면서 설치했다. 그 때 암호화된 4자리 번호를 전화기마다 부여했고 지금도 4자리 번호를 고수하면서 최대 1만여 개의 전화번호를 부여할 수 있다.

이 홍색전화기를 보유하게 된다면 '시크릿리그'에 속하는 최고지도부와의 '꽌시'关系를 맺는 일이 어렵지 않다. 개혁개방 초기 사업이 잘 풀리지 않으면 외자사업가들은 고위층과 연결된 홍색전화를 통해 민원을 해결했다. 물론 공식적으로는 전화사용을 허가받은 고위급 인사 외의 홍색전화 사용은 엄격하게 제한된다.

이 붉은 전화기는 당을 움직이는 막후 동맥과도 같은 존재다. 붉은 전화기는 중국공산당의 상징이 '홍색'이라는 사실을 연상시킨다.

평소에는 붉은 전화기를 사용하지 않는다. 극도의 보안을 요구하는 은밀한 지시나 보고를 할 때 주로 이용한다. 물론 그 대부분이 청탁성 보고일 경우가 적지 않다는 게 문제다.

외부에서는 절대로 도청할 수 없는 완벽한 보안을 갖춘 붉은 전화기가 도청된 적이 있다. 후진타오 주석 등 최고지도자는 물론, 정치국 상무위원급 최고위급 인사들의 통화가 무방비상태로 도청된 것이다.

범인은 붉은 전화기 관리를 책임진 중앙판공청 주임 링지화令计划였다.

링지화는 2007년부터 2012년까지 후 주석의 당 중앙판공청 주임(비서실장)으로 재직한 최측근이다. 그런데 심야 페라리 교통사고로 숨진 아들 링구 사건이후 중앙서기처 서기로 전보되면서 문책 당했다. 링 주임도 2012년 제17차 당 대회에서 정치국 진입을 목표로 총력전을 펼쳤다. 판공청 주임으로서 일한 마지막 3년간(2009~2012), 그는 후 주석의 사무실 홍색전화는 물론이고 시진핑, 왕치산, 멍젠주, 왕후닝 등의 사무실에 설치된 붉은 전화기를 상시 도청했다.

도청을 통해 그들의 은밀한 속사정을 파악하는 것이 주목적이었다.

최고의 보안시스템을 적용한 후 주석의 붉은 전화를 비서실장인 중앙판공청 주임이 직접 도청하도록 했다는 사실이 뒤늦게 알려지자 중난하이는 발칵 뒤집혔다. 링 주임은 그렇게 수집한 민감한 정보를 상하이방 좌장인 쩡칭훙에게 전달했다. 공청단 몫의 정치국 위원으로 정치국에 진입할 수 있는 가능성도 있었지만 링 주임은 상하이방과 밀접한 협력관계를 갖는 등 양다리를 걸쳤다.

상하이방과 공청단이 후계구도를 둘러싸고 치열한 물밑경쟁을 하고 있는 국면에서 링 주임은 아주 민감한 정보를 상하이방에 흘려주기도 했다.

그러자 쩡칭훙과 연계된 링지화가 저우융캉 정법위 서기가 아니라 보시라이와 연계했을 가능성도 제기됐다.

당 중앙 진입을 오매불망 고대하고 공작을 벌이고 있던 보시라이에게 중앙판공청 주임 링지화는 꽤 유용한 표적이었다. 사실 제대로 된 도청 기술자는 보시라이의 오른팔격인 왕리쥔 국장이었다.

보시라이와 함께 랴오닝성 톄링시 공안국에 근무할 때부터 그는 도청에 일가견이 있었다.

이처럼 공청단 핵심인 링지화의 '양다리전략'으로 인해 후진타오측은 결정적 국면에서 힘도 제대로 쓰지 못한 채. 당초 유력했던 리커창을 후계자로 고수하지 못하고 시진핑으로의 권력이양에 동의할 수 밖에 없는 병약한 존재로 내몰렸다.

#17 _____

왕리쥔王立軍 충칭시 전 공안국장에 대한 당 기율검사위의 조사결과보고서가 긴급하게 올라왔다. 보고서는 왕리쥔이 직접 제출한 증거자료 외 요약본으로 100여 쪽에 달했다.

후진타오 주석은 보고서를 일별하다가 화가 치솟았다.

충칭重庆의 '창홍따헤이' 캠페인이 단 하나의 목적을 위해 이뤄진 거대한 사기극이었다는 것이다. 보시라이 서기의 베이징 진입을 위한 쑈에 지나지 않았고, 충칭개발과 서부대개발 프로젝트는 기업들과 결탁한 비리로 점철돼왔다는 내용이었다.

충격적인 것은 구체적인 '쿠데타'政變 실행계획을 수립했다는 자백이다. 세부 실행계획은 왕 전국장도 파악하지는 못했지만 쿠데타를 계획했다는 것은 절대로 용납할 수 없는 일이다. 왕리쥔은 도청한 녹취파일을 통해 베이징 최고지도부 일각과 연계된 정변프로젝트를 구체적으로 제시했다. 아마도 왕 전 국장 스스로 살아남기 위한 협상카드였을 것이다.

왕 전국장이 미국영사관을 찾아 나선 것은 보시라이로부터 직접적인 살해 위협에 직면했기 때문이었다. 보시라이는 공안국장직을 해임하면서 직접 주먹을 날리면서 구타했고, 왕리쥔은 쥐도 새도 모르게 세상에서 사라질 수 있다는 극심한 공포를 느꼈을 것이다.

구체적으로는 보시라이 부인, '구카이라이'谷开来가 주도한 살인죄와 관련돼 있었다. 그녀가 외국인 살해사건의 주범이라는 것이다. 정치국 상무위에 근접한 충칭의 최고지도자의 부인이 외국인을 살해했다면 중국공산당의 대외적 명성에도 적잖은 타격이 불가피한 중대한 사안이 아닐 수 없었다.

"…."

후 주석은 링지화 주임을 불러 즉시 상무위 개최를 통보했다.

"링 주임. 긴급 상무위를 소집하도록 하시오. 상무위원들의 소재를 파악해서 오후 4시 중난하이로 들어오도록 하고 긴급한 중대현안에 관한 문제라고 하세요."

링 주임은 후 주석에게 올라오는 보고서를 미리 개봉했다. 그래서 '왕리쥔 조사 보고서'의 내용을 알았다. 후 주석의 노기怒氣를 통해 회의 결과도 짐작할 수 있었다. 왕리쥔 사건이후 중난하이는 비상이었다. 저우 서기가 직접 미국총영사관이 있는 청두와 충칭을 잇따라 방문, 현장을 진두지휘하면서 수습했다. 베이징으로 압송해 온 왕 전 국장에 대한 조사는 '기율검사위'가 맡았다.

이틀간의 긴급조사에서 왕 전국장은 최우선적으로 자신에 대한 신변보호 등 안전을 조건으로 내세울 정도로 불안해했다.

상황이 급박했다. 당 중앙의 최종승인을 받았다.

왕 전국장이 이틀간 자백한 진술서와 자료만으로도 보시라이의 범죄혐의는 입증됐다.

링 주임은 후 주석의 지시를 받아 '붉은 전화기'를 돌렸다. 8명의 상무위원들에게 각각 긴급상무위 개최사실을 통보한 후 다시 두 군데 더 전화를 걸었다.

"왕리쥔이 조사과정에서 모든 것을 다 자백한 모양입니다. 그에 따라 보시라이 시기에 대한 책임문제가 강하게 제기될 것 같습니다. 상무위 전에 미리 여러 동지들에게 사전 입장을 다독거릴 필요가 있습니다. 상무위 개최까지 시간이 없습니다."

"알겠네..."

상대는 짧게 대꾸하고는 전화를 끊었다.

링지화는 다시 전화기를 들었다.

"...동지. 큰일났습니다. 왕리쥔 조사보고서상으로는 책임을 면하기 어려워졌습니다. 단단히 각오하셔야 합니다. 행운을 빌겠습니다."

그러나 이 통화는 낱낱이 도청되고 있었다. 링 주임이 했던 방식 그대로 누군가가 듣고 있었다. 베이징에서도 안전한 곳은 어디에도 없었다. 누군가 중앙판공청을 제 손바닥처럼 들여다보고 있었다.

인민일보사

인민일보 사장은 공산당 중앙선전부장의 호출을 받았다.

부장은 짧은 메모 한 장을 내밀고는 사설을 쓰도록 지시했다.

메모를 받아든 사장은 그 길로 바로 돌아왔다.

2월 16일.

인민일보는 '이미지 정치'를 정면으로 비판하는 사설을 실었다. 보시라이의 이름를 직접 거론하지 않았지만 누가 보더라도 사설이 보시라이를 겨냥했다는 것을 알 정도로 강한 비판조였다.

'일부 간부'라고 지적했지만 보시라이와 그를 지지한 상하이방 세력을 동시에 겨냥했다. 인민일보가 최근 강한 논조로 특정 세력을 비판한 적이 없었다.

"일부간부들이 거품을 만들어 이를 정치적 자산으로 삼으려 한다."

"일부 지방은 이미지 구축에만 골몰하고 나머지는 내팽개친다. 실질적 공적이 아닌 가짜 공적을 쌓으려는 것이 최근 지도자들의 태도에서 크게 나타나는 문제이다. 또한 일부 간부는 자기가 심은 나무의 그늘에서 더위를 피하려는 것처럼 임기 내에 효과를 보려고 한다. 이는 연못을 말려 물고기를 잡으려는 것과 같다.

일부 지방 간부들은 승진에 활용할 목적으로 '거품'을 만들어내고 있다. 이들은 '거품'이 터지고 나서 생기는 큰 후유증에도 책임을 지지 않는다. 간부 교체기를 맞아 새로 선출될 지도자는 훌륭한 당성과, 품성을 지니고 진실과 실사구시를 추구하는 인물이어야 한다."

긴급정치국 상무위원회가 열렸다.

중난하이 후 총서기 집무실 중회의실이었다.

외부에서는 정치국 상무위원회가 열린 사실을 절대로 알 수 없다. 상무위 개최 여부와 논의된 사안은 당의 판단에 따라 신화사와 인민일보 등의 관영매체를 통해 발표한다.

긴급하게 소집한 상무위임에도 후 주석을 비롯한 8명의 상무위원
이 다 참석했다. 방미訪美중인 시진핑 부주석은 참석할 수 없었다. 후
부주석에게도 상무위 개최사실이 통보됐다.

회의 시작과 동시에 공안부장이 10여일 전 왕리쥔의 청두주재 미
국 총영사관 진입사건을 보고했다.

이어 기검위가 작성한 왕리쥔 사건에 대한 조사보고서(요약본)를
살펴보기 시작했다.

회의장 분위기는 숨소리조차 들리지 않을 정도로 팽팽한 긴장감이
감돌았다.

보고서는 왕리쥔의 범죄혐의가 아니라 보시라이 서기의 주요 범죄
와 부패혐의 및 충칭시의 창홍타헤이 캠페인의 내부문제가 주였다.

왕 국장이 영사관에 진입하면서 미국에 제시한 문서목록도 첨부되
어 있었다.

문서에는 보시라이 일가의 해외자산목록과 영국인 사업가 헤이우
드 살해사건에 대한 충칭 공안부서의 내부종결보고서도 있었다.

상무위원 중 다수가 상하이방에 속한다는 점을 감안, 요약본에는
보시라이의 쿠데타실행계획과 쿠데타 관련 혐의는 적시하지 않았다.

민감한 내용이기 때문이었다. 상무위원 중 누군가 보시라이의 쿠
데타계획에 연루될 수 있었기 때문이기도 했다.

전국인민대표대회와 정치협상회의의 '양회'가 2월 말 예정돼 있었다.

사건의 파장을 고려할 때 양회 전에 서둘러 마무리하는 게 좋았다.
그러기에는 시간이 촉박했고 실체를 파악하기에도 삐듯했다.

후 주석은 왕리쥔 사건과 관련, 보시라이 서기의 책임을 강하게 추

궁하는 안건에 대한 참석자들의 입장을 물었다.

4대4의 팽팽한 구도였다.

후 주석과 원자바오 총리 리커창 부총리 허궈창 상무위원은 찬성이었다.

반면 우방궈, 자칭린, 리장춘, 저우융캉 등 상하이방측은 반대입장에 섰다.

후 주석은 방미중인 시 부주석의 입장을 반영하겠다며 링 주임에게 시 부주석의 찬반입장을 확인하라고 지시했다. 위성전화로 시 부주석과 연결한 링 주임은 왕리쥔 사건에 대한 보시라이 서기의 책임문제에 대한 입장을 즉시 밝혀줄 것을 요청했다.

한동안 긴 침묵이 흘렀다.

"동의합니다."

시 부주석은 단호했다. 보시라이가 태자당에 속하는 같은 편이더라도 후계승계를 앞둔 자신의 위상을 넘어서려는 자는 누구든 용서할 수 없었다.

하늘아래 두 개의 태양이 동시에 존재할 수 없다. 마오쩌둥처럼 그도 냉정했고 단호했다.

시진핑의 방미

애당초 시 부주석의 이번 방미는 조 바이든 미국 부통령 초청으로 성사됐다.

미국은 바이든 부통령을 2011년 8월 중국에 보내 영접파트너로 나온 시 부주석의 융숭한 접대를 받으면서 차기 후계자로서의 시 부주석의 면모를 면밀하게 파악한 바 있다.

그 답례로 바이든은 시 부주석의 방미를 초청했고 시진핑은 최고 지도자 취임 이전인 2012년 2월 방미에 나섰다. 후계자로서 미국 조야에 첫 데뷔하면서 위안화절상과 미중간 무역역조 등 갈등을 빚고 있던 미중관계 조율에 나선 셈이다.

물론 시 부주석의 방미기간 미국 측 파트너는 당연히 조 바이든 부통령이었다.

시 부주석은 비락 오바마 미국 대통·령을 접견했고 힐러리 클린턴 국무장관과 리언 패네타 국방장관까지 만나 양국 현안에 대한협의에 나서는 등 차기지도자의 면모를 확실하게 각인시켰다. 미 의회도 방문해서 상하원 의회지도자를 만났다.

중국의 차기지도자가 최고지도자 취임에 앞서 미국의 정재계 인사들을 직접 만난 것은 시 부주석이 처음이었다.

시 부주석은 또한 아이오와주와 LA를 방문, 지역 정재계인사들과 만나는 한편, 중국교민들(화교)도 격려했다.

조 바이든 부통령은 방미초청에 응한 시 부주석에게 깜짝 선물을 선사했다.

청뚜 미 총영사관이 입수한 왕리쥔 전 충칭시 공안국장이 제공한, 1급을 요하는 보안문서 중에서 시 부주석에게 가장 요긴할 듯한 것으로 바로 '쿠데타실행계획'이었다.

반反시진핑 세력들이 시 부주석이 국가최고지도자에 취임한 직후 다방면에서 공격, 지도력을 무력화시킨 후 끌어내린다는 상세한 계획이었다. 그 쿠데타 세력의 배후에 저우융캉 상무위원과 보시라이가 있었다.

바이든 부통령은 시 부주석과의 만찬 자리가 파할 즈음에 수행원들을 모두 물리치도록 한 뒤 왕리쥔의 쿠데타계획 문서 요약본을 전달했다.

붉은 글씨로 '特級文件' 표시가 붙은 표지를 본 순간, 시 부주석의 낯빛은 회색으로 변했다.

당 내부에서 만드는 문건과 같은 형식이었다.

태연하게 만찬을 마무리한 시 부주석은 문건을 확인했다. 자신의 자리를 넘보는 자들의 실행계획이 일목요연하게 정리돼 있었다. 홍콩과 미국 언론을 통해 시 부주석 일가의 뇌물과 부정축재 의혹 및 해외부동산 리스트를 폭로하면서 동시다발적으로 여론을 흔들어 놓은 뒤 스스로 권좌에서 내려오게 하겠다는 것이 플랜A였다.

그 이후에는 정치국 상무위원회에서 후계구도를 재편하겠다는 수순이었다.

플랜B는 플랜A에도 불구하고 총서기직을 고수하거나 거부할 경우에는 베이징의 무장병력을 동원, 정변政変을 통해 거세하겠다는 강경책이었다.

베이징 공세의 주요한 수단으로는 무장경찰부대와 38집단군, 그리고 후난에 주둔하고 있는 120공군부대 등이 열거돼있었다.

피가 거꾸로 솟구쳤다.

시 부주석은 노련했다. 어차피 저우융캉과 보시라이의 배후에는 상하이방의 주력이 있을 것이다.

그렇다면 쩡칭홍 전 부주석과 태상왕 장쩌민 전 주석이 자신을 버리거나 배신한 것이나 다름없다.

당장 이들을 한꺼번에 잡아낼 수 없다면, 야심만만한 보시라이와 실행계획의 주체인 저우 서기부터 잡아야 했다.

주미대사관의 수석공사를 불러 즉시 문건을 밀봉해서 후 주석이 '친전'親展 하도록 보낼 것을 지시했다.

긴급 상무위가 소집된 것은 후 주석이 문건을 받은 직후였다.

후 주석이 방미중인 시 부주석의 의사까지 확인한 전후의 과정이 있었다.

#18 _____ 플랜B는 없다.

저우융캉의 미간이 잔뜩 찌뿌려졌다.

'시진핑이 후 주석의 입장에 동조해서 찬성표를 던지다니!'

믿을 수 없는 일이 벌어졌다. 그는 애써 불편한 표정을 감추지 않았
다. 그러나 이 상황에서는 할 수 있는 것이라곤 아무 것도 없었다.

결국 보시라이에 대해서는 피할 수 없는 강력한 처분이 결정됐다.
보시라이는 당의 위신을 떨어뜨리는 정도가 아니라 당을 위험에 빠뜨
리는 해당행위를 저질렀다. 정치국 상무위 진입이 물건너간 것이 아
니라 당적을 박탈당할 수도 있는 중대한 처분이 예고됐다.

충칭서기 해임은 불을 보듯 뻔했다. 기검위 조사를 받을 수밖에 없
어 조사결과에 따라 '쌍개'双开라는 최고수준의 처벌도 예상됐다.

'플랜B'를 가동해야 한다.

저우융캉의 머릿속에서는 온통 그 생각뿐이었다. 이 상황에서 보
시라이를 감싸면서 정면승부를 한다는 것은 승산도 명분도 없다. 그

냥 유야무야 넘어갈 수 있는 국면이 아니었다. 2006년 천량위의 사회보장기금 비리 사건으로 상하이에서 당한 쓰라린 패배이후 닥친 두 번째 중대한 위기국면이었다. 후 주석에게 정국주도권을 다시 빼앗긴 것이다. 보시라이를 자르는 선에서 수습이 될 것인가의 1차적 판단이 요구됐다. 희생양으로 끝날 수 있을까?

무엇보다 상하이방의 지지로 후계자가 된 시진핑이 상하이방과 거리를 둔 정치적 행보를 했다는 믿을 수 없는 상황이 전개됐다. 시진핑의 입상을 당장 후 주석과의 연대로 연결지을 수는 없더라도 독자행보의 시작으로 간주할 수 있다. 상무위의 역학구도가 바뀌었다는 것을 확인한 순간이었다.

보시라이는 이대로 죽어야 하는가 아니면 다른 제물, 희생양을 단시간에 찾아질 수 있을까. 공안과 사법을 총괄하는 저우 서기의 머릿속에서 대응할 수 있는 다양한 카드가 모색되고 있었다.

비리에는 비리로 대응하는 것이 가장 좋은 방법이다. 대응할 시간을 벌 수 있을까가 관건이다.

우리가 갖고 있는 자료로 원자바오 총리 비리는 바로 오픈할 수 있다. 다만 이제 은퇴하는 원 총리를 공격해봤자 정치적 의미가 약하다. 정면공격을 해야 하는데, 지금 시점에서 정면대결은 불리하다.

저우 서기는 최근 보고받은 비밀보고서 하나를 기억해냈다. 고민되는 대목이었다.

'후하이펑'胡海峰. 1970년생 70허우70后, 70년대 출생세대의 선두주자로 '최고지도자 2세'国二代다.

칭화대가 투자한 벤처기업 '둥팡웨이스' 同方威視技術股份有限公司의 회장總裁으로 일하다가 얼마 전에 저장성 칭화장삼각연구원장 清华长三角研究院으로 부임했다. 기업경영자에서 다시 연구소로 간 것이다. 무슨 문제가 있었다. 보고서를 더 훑어봤다.

베이징교통대 컴퓨터공학과를 졸업, 칭화대 경제관리학원MBA과 정을 마친 후, 중국 최대식품회사인 중량집단中粮集团有限公司에 입사했다.

민영기업의 발상지인 저장성浙江의 싱크탱크인 〈장삼각연구원장〉으로 간 시점이 묘했다. 저장성은 시진핑이 정치국으로 승승장구하게 된 정치적 입지를 마련한 기반이었다. 시 부주석이 저장성을 떠난 지 6년이 지났지만 그가 저장성 서기를 맡아 정치적 파벌을 형성했다는 소문이 나돌 정도로 기반이 단단하다는 점을 감안하면, 후진타오-시진핑간 모종의 정치적 거래가 의심되는 대목이다.

후 주석의 성격을 닮아 매사 신중하고 모나지 않은 처신으로 소문났지만 그가 운영하던 '둥팡웨이스'의 아프리카 진출사업과 관련, 스캔들이 터졌다. 나미비아 진출을 위해 현지 고위관료들에게 뇌물을 제공했다는 의혹이 제기된 것이다. 후하이펑이 경영하던 시절의 사건으로 국내가 아닌 해외진출사업 관련이어서 후하이펑 등 경영진에 대한 책임 추궁없이 조용히 넘어갔다. 그 문제는 후하이펑이 후 주석의 아들이라는 점 때문에 조사가 제대로 이뤄지지 않았다는 정보도 있다.

저우 서기는 정법위 사무실로 돌아오자마자 측근들에게 둥팡웨이스 사건과 후하이펑의 관련여부에 대한 긴급조사를 지시했다.

국영기업을 담당하는 부서기가 재빨리 파일을 찾아 1차 보고서를 보냈다.

보고서는 의외로 간단하게 처리된 정황을 보여줬다.

"아프리카에 대한 국가차원의 진출사업이었다. 공항과 항만, 지하철 등의 안전검사 장비를 만들어 수출하는 둥팡웨이스의 영업 전략상 필요한 뇌물이었다. 그 정도의 뇌물은 중국내에서도 문제로 삼을 정도가 되지 않는 작은 액수였다. 후하이펑의 경영상의 잘못이나 개인비리로 엮을 수 있는 여지가 없는 것은 아니었지만 덮었다."

미국과 캐나다에 있는 해외비밀계좌를 털 수는 없는 노릇이었다. 잘못 건드렸다가는 벌집을 건드리는 '역풍'이 불 수 있는 위험천만한 도박이 될 수 있었다.

큰 도둑이 작은 도둑을 나무라는 격이었다. 괜히 한 쪽의 계좌를 털었다가는 인민들로부터 너희들 모두가 '뤄관'裸官(탐관오리)이라는 조롱을 받을 것이 뻔했다. 청탁과 대가성 뇌물을 수수해서 재산을 불리고, 그 재산을 쌓아두고 해외 유학을 명분으로 자녀들을 해외로 보내서 부정한 재산을 빼돌리는 것이 전형적인 뤄관의 수법이었다.

후 주석이나 상무위원들 누구하나 털면 예외는 없을 것이다.

상하이방이 공세를 준비하는 동안 후 주석은 장쩌민계에 대한 대공세를 시작했다. 그 첫 타깃이 자칭린賈庆林 정치협상회의 주석이었다. 그 다음은 저우융캉이 될 가능성이 높다.

후 주석은 한 차례 장쩌민계와의 대결에서 결정적인 호기를 날려버린 적이 있다. 상하이 사건을 처리하면서 상하이방의 기반을 일거에 무너뜨릴 수 있는 대대적인 상하이방 척결에 나서지 않고 주저주저하다가 때를 놓친 것이다. 이번에는 그런 실수를 되풀이해서는 안 된다는 것을 누구보다 잘 알았다.

캐나다 정부와 협상을 벌이던 '라이창싱'賴昌星 송환여부가 막바지에 이르렀다는 소식이 전해졌다. 라이창싱은 신중국 건국 이래 최대의 부패 스캔들인 '샤먼廈門 밀수사건'의 주범이다.

그는 1994년 위안화그룹遠華集團을 설립한 후, 5년 동안 530억 위안(한화 약 9조5천400억원) 어치를 밀수했고 300억위안(5조4천억 원)의 세금을 포탈한 범죄혐의로 조사를 받다가 1999년 8월 캐나다로 도피해서 난민신청을 한 후 국내로 돌아오지 않았다.

당시의 주룽지朱鎔基 총리는 라이창싱을 '중국 최대의 경제사범'으로 규정, 지위고하를 가리지 않는 철저한 조사를 지시했다. 1천여 명에 이르는 고위 당 간부와 비리기업인들이 사법 처리됐다.

여기에 연루된 고위층이 자칭린 정협 주석이었다. 자 주석은 1986년 푸젠성 부서기를 시작으로 1990년 푸젠성장, 1993년~1996년 푸젠성 서기 등으로 일하다가 베이징 서기로 영전했다. 샤먼 밀수사건이 일파만파로 확산되고 자 주석 연루설이 터지자 그는 부인과 이혼하면서 부인이 비리의 책임을 지는 것으로 사건을 무마하고 자신의 연루 의혹에 대해서는 모르쇠로 일관했다.

중국정부는 라이창싱 송환을 강하게 요구했으나 캐나다 정부는 송환될 경우, 사형당할 가능성이 높다는 변호인의 호소에 따라 즉각적인 중국송환을 거부했다.

라이창싱 송환은 그 이후 집권한 후 주석의 오랜 외교적 노력 끝에 이뤄졌다는 점을 주목해야 한다. 장 전 주석의 정적인 천시퉁 전 베이징시장의 낙마에 결정적인 기여를 한 사람이 자칭린이었다. 그런 공로에 대한 보상으로 자칭린은 베이징 시장과 베이징서기를 맡았고 후-

주석체제로 넘어오자 장쩌민계 몫 상무위원으로 입성했다.

후 주석에게는 이런 자칭린이 '눈엣가시'같은 존재였다. 후 주석은 2010년 첫 캐나다순방에 나섰을 때, 캐나다 정부와 '범죄인인도협약'을 체결하는 데 성공했다. 후 주석이 이 협략을 맺은 것은 결국 라이창싱 송환을 염두에 둔 것이었다.

캐나다 정부는 협약에 따라 그의 송환을 마침내 승인했다.

후진타오의 외교적 승리였다.

이제 라이창싱이 돌아오면 자칭린의 목줄은 언제든지 끊을 수 있게 된다.

한달 여 전에 라이창싱은 비밀리에 중국으로 송환돼서 당 기율검사위의 강도 높은 조사를 받고 있었다. 그는 '살아남기 위해서' 푸젠성 고위관료와 당 간부 64명에게 뇌물을 상납했다고 자백했다. 라이창싱 조사는 자칭린의 정치적 행보를 꽁꽁 묶을 수 있는 카드였다.

평소 신중하고 우유부단하고 소심한 후 주석이었지만, 사생결단의 자세로 달려들 때는 끝을 보기도 하는 성격이었다.

톈안먼사태 직전인 1987년 10월 산발적으로 발생하던 티벳西藏자치구에서의 장족들의 분리독립 요구 시위가 격화되자, 구이저우贵州 서기에서 긴급하게 시짱자치구 서기로 전보된 후진타오는 시위진압용 철모를 쓰고 직접 말을 탄 채, 폭동진압에 나서 덩샤오핑을 비롯한 당시 최고지도부에게 책임있는 지도자라는 인상을 강하게 각인시킨 바 있다. 계엄령은 그 후 13개월 동안 지속되었고 후진타오는 티벳인의 독립의지를 꺾는 데에 성공했다.

그 장면이 결국 장쩌민을 잇는 차기후계자로 지목되는 결정적인 계기로 작용했다.

권력이양기에 접어든 후 주석의 강공 드라이브는 이례적이었다. 또한 상하이방의 손아귀에서 벗어나지 못하는 것처럼 보이던 시진핑이 결정적인 순간에 후 주석과 연대한 듯한 모습은 상하이방에게는 불안한 미래처럼 다가왔다.

보시라이 처분 문제에서 밀렸을 뿐 아니라 자칭린의 불안처럼 자칫 자신들의 정치적 안위를 걱정해야 할 처지였다.

자 주석이야 상무위에서 은퇴하는 것으로 끝나지만 저우융캉과 쩡칭훙, 링지화 등이 여러갈래로 엮인 상하이방 주도의 보시라이 활용 계획'은 미완성 실패로 끝났다.

보시라이 카드가 무산되면서 政变의 전면적 수정이 불가피했다.

'서민총리' 원자바오

원자바오溫家宝총리.

모범생 같은 후 주석에 비해 특유의 온화한 미소를 잃지 않으면서 지진 등의 천재지변을 당한 라오바이싱에게 가장 먼저 달려간 인자한 총리.

퇴임하자 '라오바이싱老百姓의 친구'이자 '영원한 서민총리'라고 존경을 받기도 했다.

태자당과 상하이방도 아니고, 그렇다고 공청단도 아닌 어느 계파에도 속하지 않았지만 톈안먼 사태 등이 벌어지는 엄중한 격동기에 중국공산당 최고지도자를 보좌하는 중앙판공청 주임으로 재임하면서 위기극복에 탁월한 능력을 발휘했다.

사태 당시 톈안먼 광장에 가서 학생들을 직접 만난 자오쯔양 총서기 곁을 지킨 것도 원자바오 주임이었다.

후야오방 총서기 시절, 일약 중앙판공청 부주임에 발탁되면서 판공청에 들어온 그는 장쩌민으로 권력이 넘어오자 주임직을 쩡칭훙 부주임에게 물려줬다. 이어 주룽지 총리를 보좌해서 경제부문을 총괄하다가 국무원 부총리를 맡았다. 후진타오가 새로운 지도자로 등극하자 정치국 상무위원으로 승진, 당 서열 3위의 총리가 된지 10년이 지나 후 주석과 더불어 동반 퇴임할 예정이었다.

고위 당간부들이라면 피할 수 없는 부정부패나 비리와는 담을 쌓은 듯이 보이는 청렴한 이미지의 서민총리였다. 10년 전부터 똑같은 낡은 외투를 입고 다녔고 쓰촨 대지진이 터지자 가장 민지 현장에 달려가서 인민들을 위로한 것도 후진타오가 아니라 그였다. 그 때도 원 총리는 검은 색 세단을 타지 않고 소형버스를 타고 나타났다. 철저하게 소박한 원자바오의 서민행보는 중국인민의 존경을 한 몸에 받았다. '원 할아버지'라는 애칭이 친숙한 그였다.

상하이방은 후 주석의 뒤에 숨어 상하이방과 보수파를 공격하는 원자바오 뒷조사에 착수했다.

후하이펑을 직접 공격하는 것이 가장 효과적이라는 판단이었지만 정치적 파장이 너무 크다는 점 때문에 보류했다. 대신 원자바오 총리를 선택했다. 원 총리의 가족 비리에 대해서는 예전부터 소문이 무성했다.

원자바오의 부인 장페이리張培莉여사는 '중국보석협회' 회장으로 시중에서는 '다이아몬드의 여왕'이라는 호칭을 얻을 정도로 보석업계의 큰손이었다. 서민 총리 원자바오의 이미지는 사실상 조작된 것이었다.

대어를 낚았다.

저우 서기는 긴급상무위원회의가 보시라이 처벌로 일단락된 후 원 총리 주변을 파헤치기 시작했다. 공안부를 동원, 중국보석협회 관련 비리의혹에 대한 조사에 착수했다. 이미 여러 제보를 통해 확보된 장 페이리 여사의 밀수 등 부패비리는 사실이었다.

1999년 파산위기에 처했던 핑안보험平安이 장 여사 등 원자바오 일가에게 집중적으로 로비를 시도했다는 혐의도 재조사대상이었다. 핑안보험은 국책은행으로부터 자금지원을 받고 회생했는데 원 총리가족이 운영하는 한 기업이 핑안보험 주식을 헐값에 대량매입한 사실이 확인됐다. 로비의 대가로 저가로 주식을 매입했다.

당시 원자바오는 금융담당 부총리 겸 중앙금융공작위원회 위원장이었다. 핑안보험 마밍저马明哲 회장은 원자바오 부총리와 인민은행 총재 등에게 구명로비를 했고, 핑안보험은 결국 파산위기를 벗어나 업계 2위의 대형보험사로 반전 성장했다. 위기 당시 중국 정부가 추진하던 핑안보험의 신탁과 증권 부문을 분리하고 생명보험이나 재산보험 중 하나로 조정한다는 구조조정계획도 폐기됐다.

장 여사의 친척이 운영하는 한 보석가게가 핑안보험 본사 빌딩에 입주했다. 원 총리의 아들 원윈송溫云松이 공동창업자인 기업도 핑안보험과 기술자문계약을 맺었다.

게다가 원 총리 가족과 친분이 두터운 것으로 알려진 한 여성기업인이 투자자문회사를 통해 핑안보험의 지분 3.2%를 헐값에 사들이기도 했다. 매입가는 시중가의 1/4 수준인 특혜였다. 이 주식지분은 원 총리 가족이 관련된 기업이 다시 확보했다.

저우 서기는 원자바오 일가의 부패와 부정축재 의혹에 관련된 내용을 정리하고서는 입을 쫙 벌렸다. 천문학적인 규모였다. 고심을 거듭했다. 원자바오의 개인비리로 고발하기보다는 원 총리를 공격하면서 18대 상무위 구도를 구성하는 데 주도권을 잡는데 활용할 수 있어야 했다.

원자바오를 무너뜨리는 것보다 그를 우리 편으로 끌어들이는 것이 더 나았다.

그런 전략에서 저우 서기는 보시라이 사건을 처리한 후 나서기로 했다. 어느 쪽이 먼저 공격하느냐가 중요했다. 선방을 날려야 했다. 시간이 없었다.

그러나 상대의 공격이 더 빨랐다.

전국인민대표자대회 개최를 일주일 앞둔 저우 서기에게 청천벽력과 같은 통지가 도착했다.

보시라이 사건에 대해서는 중앙정법위의 관할을 해제한다는 후 주석의 통지였다.

이제 후 주석 측 공세는 저우 서기 본인에게로 직접 향하고 있었다. 발등에 불이 떨어졌다. 상대도 상하이방 측의 전략을 파악하고 정면 공격으로 방향을 틀었다.

링지화의 처신이 문제였다. 링 주임의 이중삼중의 애매한 처신이 양측의 대결구도를 꼬이게 만들었다. 후 주석의 의중을 누구보다 정확히 알고 있는 측근심복이었다. 후 주석은 상하이방에 대한 전면 공세를 통해 기선을 잡아 시진핑 체제를 조기 정착시킨 후 상하이방에 대한 각개격파에 나선다는 구상이었다.

이미 상무위에는 시진핑에 이어 리커창이 포진해있다. 이대로라면 왕양 서기가 후 주석 몫의 나머지 상무위원이 될 가능성이 높다. 보시라이의 상무위 진입이 저지됨에 따라 왕양의 승리는 기정사실이었다.

링 주임은 초조하고 급했다. 정치국(25명)으로 진입하는 것이 급선무였다. 10년을 정성껏 후 주석을 수발했지만, 자신을 챙겨줄 것 같지 않았기 때문에 후 주석에게 서운한 마음이 들었다.

링 주임은 중앙판공청 주임을 지낸 비서방 좌장, 쩡칭홍을 만났다. 쩡을 통해 상하이방의 다음 행보를 파악한 후 그에 맞춰 후 주석의 대응과 시진핑의 행보 등을 다각적으로 분석하고자 했다.

전체 구도를 파악해야 자신의 안위를 도모할 수 있다는 것을 본능적으로 느꼈다. 중앙판공청 주임은 그런 자리였다.

정법위서기 저우 상무위원에 대한 조치는 정법위 업무 전반이 아니라 보시라이 서기 처리와 관련된 업무에 관한 것이었다. 그러나 이 조치로 인해 저우 서기의 상무위내 정치적 위상은 급전직하했다.

후 주석은 보시라이와 저우융캉 두 명의 정적을 동시에 처리했다.

상무위 의결 직전에 저우 위원을 내보냈다. 연루 의혹이 있는 보시라이 사안이어서 당사자회피의 원칙을 적용한 것이다.

저우 위원을 내보내고 보시라이에 대한 결정을 의결했다.

'중앙정치국 상무위원회' 업무규칙에 따른 것이다.

보시라이 사건에 대한 긴급한 조사를 위해서는 비호 및 연루 의혹이 제기된 저우융캉에 대한 조사도 불가피하다는 점에서. 정법위 관할에 대한 조치가 함께 내려진 것이다.

후 주석과 원 총리, 리커창, 허궈창이 찬성, 반대는 우방궈, 자칭린, 리장춘 등. 4대3으로 가결됐다. 저우융캉과 시진핑은 의결에 불참했다.

중국 공산당 최고지도부인 정치국 상무위원회는 총서기 주재 하에 주1회 여는 정례회의 외에 긴급한 현안이 발생하면 총서기가 회의를 소집한다.

상무위원들은 총서기와 상무위가 제기한 문제를 변경할 권한은 없으며 정치국 상무위의 의결을 변경할 수 없다. 상무위원은 누구라도 상무위의 의결을 따라 집행해야 한다. 다른 의견이 있다면 상무위 회의에 제기, 토론할 수 있으나 번복되지 않는다면 상무위의 의결에 반하는 어떠한 활동도 할 수 없다.

만일 당의 중대한 문제에 영향을 미칠 수 있는 연설이나 문건을 (상무위원)개인이 상무위에 제기할 때는 반드시 일정한 비준 절차를 밟아야 한다.

중요 안건의 경우, 총서기나 일부 원로가 결정하는 것이 아니라 반드시 상무위 전체회의에 상정, 토론과 표결을 통해 결정한다.

중국공산당 중앙정치국 상무위원회는 다음과 같은 여섯 가지 직권을 가진다.

첫째 정치국에 정책의견을 제시한다. 구체적으로는 공산당 전국대표회의(전인대)와 중앙위원회가 확정한 노선과 방침, 정책에 근거하여 전체 업무와 관련된 방침 및 정책성 문제에 대해 연구하고 의견을 제출, 중앙정치국이 심의하도록 제안한다.

둘째 정치국이 제정한 방침 및 정책을 조직적으로 실시하는 책임을 진다.

셋새 일상적으로 중앙기구가 제기한 문제를 결정히고 제시한다. 중국공산당 중앙기율검사위원회와 중앙군사위원회, 전국인민대표대회, 국무원 등이 제출한 정책에 대해 결정하고 제시할 책임을 진다.

넷째 국무원 장관급 인사에 대한 추천권, 차관급 인사에 대한 임면권을 행사한다.

다섯째 중대한 돌발사건에 대해 상응한 결정을 내리고 당 중앙 명의로 문건을 발표할 권한을 가지는 등의 권한을 가진다.

실로 막강한 권한이다.

이런 권한과 책임에 따라 보시라이문제와 관련된 저우 위원의 정법위 관할에 대해 후 주석은 긴급하게 상무위에 회부, 승인을 받았다.

이 안건에 대해서는 방미중인 시진핑의 동의를 받지 않았지만 회피원칙에 따라 저우 위원의 정법위 지휘를 제한할 수 있었다.

#중앙기율검사위원회

베이징북역北京北站인근에 위치한 시청구 핑안리 시따제 41번지 西区城平安里西大街41号.

드넓은 아동센터 옆 100여m 떨어진 귀퉁이에 별로 눈에 띄지 않는 높은 흰색의 빌딩이 있다. 건물 입구에는 휘갈겨 쓴 간판이 붙어있다.

'중국공산당 중앙기율검사위원회'

중국공산당원에게는 무시무시한 저승사자와도 같은 서슬퍼런 최고의 감찰기관이다.

2018년 중국국가감찰법이 제정되면서 '국가감찰위원회'가 중앙기검위가 있는 이 건물에 입주했다.

기검위가 공산당원의 각종 부정부패와 비리혐의를 조사하던 사정기관이었다면 국가감찰위원회는 감찰대상을 공산당원에서 공산당원이 아닌 모든 공직자로 확대한 국가최고감찰기관이다.

한국이 도입한 '공직비리수사처'(공수처)의 원조라고 할 수 있는 중국의 감찰 및 사정기관이다.

모든 공산당원은 부정부패혐의가 제기되면 소위 공안이나 검찰조사 등을 통한 사법처리절차에 앞서 반드시 당 기율검사위의 조사를 받는다. 기검위는 고위 당 간부의 비리를 조사하는 첫 번째 절차로서 모든 처분이 결정되는 사실상의 최종사정기관이다.

이 중앙기검위에 상주하는 요원은 1,000여명에 불과하지만 각 성·시자치구별로도 산하 '기검위'가 있다. 또한 군부에도 인민해방군에도 있고 신화사와 중앙방송국 등의 관영언론매체, 대형국유기업 등에도 기검위원이 상주한다. 기검위는 이들이 종횡으로 연결돼 감찰업무를 수행하는 거미줄처럼 촘촘한 조직이다.

비리혐의를 받는 당 간부가 기검위 소환통보를 받는 것을 '쌍규'双規라 한다. 당 간부가 아니라 일반인이라면 과거에는 공안과 검찰원이 맡았다. 그러나 이제 모든 감찰업무는 국가감찰위 소관으로 바뀌었다.

'쌍규'는 내사단계를 지나 본격적인 수사착수를 가리킨다. 쌍규 처분을 받으면 내사에서 그 때부터 '피의자'로 전환되고 '특정한 시간에, 특정한 장소에서' 조사를 진행하겠다는 사실을 통보한다. 그런 의미에서 두 가지 규정, 즉 특정시간과 특정 장소를 지칭하는 '쌍규'가 발동된다.

기검위가 '쌍규' 처분을 내리는 그 순간, 피의자의 모든 공직 업무는 정지되고 인신의 자유도 제한된다. 피의자는 피의자가 원하는 공간에서 구금된 채 조사를 받게 되는데 48시간 등의 구금시간제한이 없다. 사실상 무제한적인 조사다. 구금 장소를 피의자가 특정할 수 있다고 되어있지만 실제로는 기검위가 체포해서 조사하는 게 상례화 돼있다.

다만 조사장소가 고층 건물이라고 하더라도 고층은 불가하고 1층으로 제한된다. 기검위의 혹독한 조사로 인해 스스로 목숨을 끊는 경우가 비일비재했기 때문이다.

쌍규 처분과 동시에 피의자에 대한 압수와 압류 및 계좌추적, 피의

자의 재산 동결도 이뤄진다. 당연히 가족은 물론이고 변호사 접견도 제한된다.

중국형사소송법에 규정된 14일의 구속기간(특수사건 최장 37일)제한은 쌍규 사건에는 적용되지 않는다. 중대한 사건일 경우에는 2년까지 구금할 수 있도록 돼있다.

그래서 기검위 쌍규 처분을 받으면 죄를 자백하고 '양형협상'에 나서는 게 낫다. 피의자 입장에서는 다 털어놓고 선처를 요청하는 것이 차라리 이익이라는 것이다. 쌍규 처분은 고위급 당 간부들의 정치인생에 대한 사망선고와 다름없다.

오죽했으면 '쌍규'双规라는 제목을 단 소설까지 출간됐을까.

허궈창贺国强

중앙기율검사위(기검위)를 관장하는 상무위원은 허궈창이다.

허 서기는 장쩌민계로 분류된다.

왕양과 보시라이 이전인 1999년부터 2002년까지 충칭 서기를 역임했고 이후 중앙서기처 서기로 옮겨갔다가, 정치국 위원으로 진입했다.

후진타오 체제가 출범하면서는 당과 국무원 인사를 좌우하는 요직 중 요직으로 꼽히는 '중앙조직부장'을 맡았다.

상하이방을 대리한 보직인 셈이다. 후진타오 2기가 시작된 17대 상무위에서는 정치국 상무위로 진입, 상하이방의 일원으로 활동해왔다.

후 주석은 집권기반을 다져야 할 집권 2기 감찰을 맡은 기검위를 장쩌민계 허궈창에게 내주면서 공안과 사법 분야를 총괄하는 중앙정법위를 장악하지 못했다.

그런데 허 서기는 결정적인 순간에 상하이방의 이익과 배치되는 결정에 손을 들었다. 2월 16일 열린 긴급 상무위에서 보시라이 문제에 대해 후 주석 편에 선 것이다.

그 배경에는 보시라이와 엮인 개인적인 원한이 작용했다.

보시라이가 충칭에서 '창훙따헤이' 캠페인을 벌이면서 본보기로 잡아넣은 공직자가 충칭시 검찰국장 '원창'文强 이었다.

원창은 '흑사회의 제1호 보호우산'保护扇으로 비난을 받았다.

보시라이 부임이후 공안부국장에서 검찰국장으로 승진한 원창은 전임 왕양과 그 전임 허궈창 서기 시절, 충칭시 범죄조직 흑사회의 최대 보호우산 노릇을 했다. 허궈창 서기 때 비서였던, 링위에밍凌月明도 부패혐의로 체포됐다. 보시라이의 '창훙따헤이' 캠페인은 경쟁자 왕양의 치적을 무너뜨리는 차원에서 전개된 의혹도 제기된 바 있다.

허궈창은 보시라이와 협상에 나섰다. 심복이던 원창에 대한 사형 집행 유예와 보시라이 집안의 가신이었지만 부패혐의로 체포된 중국

증권감독관리위 왕이 전 부주석에 대한 사형집행유예를 맞바꾸기로
했다.

　2010년 4월 베이징 중급법원은 왕이에 대해 사협집행유예 판결을
내렸다. 허궈창은 약속을 지켰다. 그러나 원창 사형은 유예되지 않았
고 집행됐다.

　허궈창은 보시라이의 약속 불이행에 분노했다. 기검위의 승인을
거치지 않은 채 보시라이는 충칭의 전임 서기들의 측근 부패사건에
대해 직접 후진타오 주석에게 보고하기도 했다. 보시라이의 행태는
기검위를 무시한 월권이었였다.

‘군부를 장악하라.’

후 주석이 집권 10년이 다 되도록 제대로 힘을 쓰지 못했던 것은 군부를 장악하지 못했기 때문이었다.

장쩌민계가 수뇌부를 장악하고 있던 군부 개혁은 비리수뇌부를 단칼에 처리하는 것으로 방향을 잡았다.

후계자 시진핑에게는 그와 오랜 인연을 함께 해 온 류위안刘源 상장이 있었다. 마오쩌둥으로부터 후계자로 공식 지명됐지만 문화대혁명을 통해 숙청된 류샤오치刘少奇 주석의 아들이 류위안이다.

류샤오치는 ‘사령부를 포격하라’는 마오의 지시가 대자보로 나붙으면서 홍위병들에 의해 중난하이에서 끌려 나와 수모를 당한 끝에 숙청됐다.

2010년 상장上將. 대장으로 승진, 대중의 관심을 한 몸에 받은 류위안과 시진핑은 어린 시절 중난하이에서 함께 살았다. 두 사람은 그때

형제처럼 친하게 지냈다. 류 상장이 시진핑보다 2살이 더 많았다.

마오 사후, 류샤오치가 복권되면서 공직에 뒤늦게 진출하게 된 류 위안은 허난성河南 부성장을 시작으로 승승장구한 끝에 2004년 무경 부대에서 상장으로 진급했다.

곧이어 그는 인민해방군 총후근부 정치위원으로 갔다. '홍얼다이' 红二代, 혁명2세대이자 '궈얼다이'国二代(상무위원이상)국가지도자 2 세인 그는 남다른 주목을 받았다.

총후근부总后勤部는 200만 인민해방군의 군수업무를 총괄하는 군 수사령부다. 총참모부, 총정치부, 총장비부와 더불어 인민해방군 수 뇌부인 4대 사령부의 하나로, 이 4대 기구를 인민해방군의 '사총부'四 總部라고 한다.

사총부는 중앙군사위원회의 직할 지휘를 받는다. 국무원 산하 국 방부와는 종적 지휘관계에 있지 않다. 원래 3개 총부였는데 1998년 4 월 '총장비부'를 신설, 4개 총부체제가 됐다.

덩샤오핑이 총서기와 국가주석이라는 공식 최고지도자 지위를 갖지 않고서도 막후에서 정치적 영향력을 극대화할 수 있었던 배경에는, 유일하게 덩이 중앙군사위 주석직을 갖고 있었기 때문이었을 것이다.

덩은 장쩌민에게 총서기와 국가주석을 넘겨주면서도 군사위 주석은 한동안 넘겨주지 않았다.

군사위 주석을 물려준 후 군부에 대해 덩은 계속 영향력을 행사했다. 인민해방군을 실질적으로 지휘하는 중앙군사위 부 주석에 척측근인 양상쿤, 양바이빙 형제를 포진시키고 있었기에 가능한 일이었다.

장쩌민도 덩샤오핑을 따랐다. 후진타오에게 당총서기와 국가주석을 물려주면서도 군사위 주석직은 움켜쥐고 넘겨주지 않았다. 또 후 주석에게 군사위 주석을 넘겨 준 이후에도 군부를 실질적으로 장악한 것은 장 전 주석이었다. 장쩌민계인 쉬차이허우 군사위 수석 부주석을 통해 사실상 군부를 장악했다.

시진핑은 전임 지도자들 사이의 군부장악을 둘러싼 알력을 잘 알고 있었다. '동병상련'을 앓은 바 있는 후 주석은 장쩌민으로 부터 당한 '태상황정치'의 폐단을 없애야겠다고 결심했다.

전임자들과 달리 후 주석이 군사위 주석을 곧바로 시진핑에게 넘겨준 것은 그 때문이었다.

후 주석은 2010년 시 부주석을 군사위 부주석에 보임했다. 군부가 장쩌민계 수하들에 장악당해서 당의 영도에 잘 따르지 않고 장쩌민의 사병처럼 운영되고 있다는 것을 모르지않았다.

군부 장악을 둘러싼 양측간 사생결단이 전쟁처럼 시작된 것이다.

총후근부 정치위원으로 인민해방군 정치노선을 총지휘하는 류위안 상장은 군부의 부패가 어느 부문보다 심각하다는 것을 파악했다. 그래서 각 군의 부패구조를 파악해서 중앙기율검사위원회와 군사위원회 쉬차이허우 부주석에게 보고했다.

그러자 군부 부패세력이 공세를 취했다. 류위안 상장이 몇 차례 암살위협을 당할 정도였다. 그는 이런 상황을 중앙군사위 부주석까지 맡아 후계자 수업을 하고 있던 시진핑에게 낱낱이 전했다.

시진핑은 류 상장에게 총후근부 등 군부내 부정부패세력에 대한 광범위한 내사를 은밀하게 지시했다.

총후근부는 군수분야 업무를 관장하는 후근부장과, 정치업무를 관장하는 총후근부 정치위원 등 2인의 상장(우리나라 대장급)이 지휘하는 구조다. 총후근부 정치위원인 류위안은 후근부장을 패싱한 채, 후근부 내부 부패에 대한 전면적인 조사에 착수했다.

군부내 부패의 핵심인사는 구쥔산谷俊山 총후근부 부부장이었다. 구 부부장은 상하이방이 심어놓은 군부 핵심으로 쉬차이허우 군사위 부주석의 최측근이었다. 류 상장은 1년 여 조사 끝에 구쥔산을 비롯한 4명의 현역 장성을 부패혐의로 구속하도록 했다.

다음은 쉬차이허우와 궈보슝 차례였다. 군부 실세인 두 사람을 잡지 못하면 주석에 취임하더라도 '종이호랑이' 머물 수 밖에 없을 정도로 그들은 실세였다.

"전쟁을 준비하는 데 이런 물자들도 필요한가?"

시 부주석은 한마디로 기가 막혔다.

비리혐의로 구속된 구 부부장의 집에서 국빈주 마오타이茅台 1만여 병과 현금 다발을 압수했다.

마오타이는 중국 정부의 공식 연회에 이용되는 국빈주로 병당 가격이 1000 위안(약 17만 6000원)정도에 이르는 고급술이다.

시진핑은 총서기에 취임한 뒤 '구쥔산 사건'을 반면교사로 삼도록 했다. 인민해방군 군지휘부 전원에게 구쥔산의 부패혐의를 조목조목 통보하도록 조치했다. 수사를 통해 드러난 구쥔산의 뇌물액수는 200억 위안(3조 5200억원)으로 상상을 초월할 규모였고, 5명의 정부情婦를 둔 여성편력까지 밝혀졌다.

후계구도를 눈앞에 둔 민감한 시기에 군수뇌부 장악에서 후진타오-시진핑 연대는 승기를 잡았다.

상하이방의 대대적인 반격 조짐이 보였다. 쿠데타政變는 언제든지 가능한 상황이었다. 전운이 짙게 감돌기 시작했다.

#22 _____

인민해방군 기관지 '해방군보'解放軍報는 2012년 2월 "각종 유언비어에 흔들리지 않겠다"며 당에 대한 충성을 맹세하는 논평을 잇따라 내놓았다.

군부내 분위기가 뒤숭숭했다.

2011년 9월 중순 군부의 동향에서 수상한 기미가 포착됐다.

중앙군사위 주석 후진타오는 군사위 부주석과 인민해방군 총참모장을 비롯한 군부 지휘부전원에게 한통의 공지사항을 보냈다.

공지사항은 곧이어 '인민해방군보'에 실렸다.

"인민해방군내 회계 관리부대는 내부거래를 개선하고, 내부관리를 더 깨끗하게 해야 한다. 군 내부 당 조직이 선도적 역할을 해야 한다. 회계부대의 철저한 관리를 통해 군부 내에서 당의 절대적인 지도력을 확고히 할 수 있고 부정부패를 방지할 수 있다."

군내 부패행위에 대한 서면 경고였다.

총후근부 등 군부 내 잇따른 부정부패 적발로 인해 군에 대한 인민의 신뢰가 추락하는 등 비판이 거셌다. 후 주석은 군부의 자발적인 자정노력을 촉구했지만 실제 그런 자정을 기대하지 않았다.

그런 와중에 총후근부에서 '구쿼산사건'이 터졌다. 후 주석이 군사위 주석을 물려받은 후 인민해방군과 무경부대 최고통수권자인 후 주석을 지지한다는 공개적인 선언이 나왔다. 군 내부 분위기는 후 주석의 기대와 달리 냉담했다.

4총부와 육·해·공군, 전략 미사일부대인 제2포병 및 각 군구와 무경부대는 "군은 후 주석이 새로운 군 통수권자가 된 새로운 중앙군사위원회를 절대적으로 옹호한다."고 충성맹세를 했다.

각 군마다 "후 주석을 군사위 주석으로 임명한 당 제16기 중앙위원회 제4차 전체회의(16기 4중전회) 결정은 옳았다"며 후 주석에 대한 충성을 선언했다.

반면 실제 군부 현실은 충성맹세 릴레이와 같지 않았다. 장쩌민계 인사들이 포진한 수뇌부의 교체에도 불구하고 군부의 조직적인 반발로 후 주석의 군부 장악은 지지부진했다. 군부의 후 주석 충성맹세는 형식적이었다.

그러나 베이징군구를 비롯, 신속집단군 부대와 군내 핵심 직할부대는 장쩌민의 영향력에서 벗어나기 시작했다.

군부의 충성맹세가 다시 시작됐다.

왕리쿤의 청두 미영사관 망명 사건이 발생하자. 후 주석은 즉시 인민해방군에 부대이동금지 등 군부의 이상동향을 체크했다.

"군사위의 별도 명령없는 부대이동을 엄격하게 제한한다. 통상적인 훈련도 군사위의 별도의 허가를 받도록 하라!"

동조 정변政變을 방지하기 위한 긴급 명령이다.

후 주석과 군사위 부주석 시진핑은 군부 내 움직임을 실시간으로 감시했다.

류위안을 총후근부 정치위원에 투입한 것은 군부내 상하이방 세력의 반발을 제압하려는 초강수였다. 구쿼산비리가 터지자 장 전 주석의 대리인을 자임하던 쉬차이허우徐才厚 군사위 부주석의 공공연한 반발도 한풀 꺾였다.

***

비상상황이었다.

청두成都주재 미 총영사관에 진입한 수상한 노파의 정체가 드러난 것은 노파가 진입한 지 불과 한 시간 후였다.

국가안전부에서 가장 먼저 베이징 주재 미 대사관과 청두 총영사관사이의 핫라인 통화내용을 감청하면서 알아챘다.

미영사관에 근무하는 중국계 직원도 긴급하게 암호화된 메시지를 보냈다. 스파이는 어디에나 있게 마련이다.

'비상상황 발생: 충칭시 공안국장 청두 미총영사관에 망명 요청. 충칭서기 보시라이 관련 국가급 자료 지참'

국가안전부

'산은 높고 황제는 멀리 있다.'

과거는 물론 지금도 변함없이 통하는 중국속담이다.

황제가 거주하는 베이징으로부터 멀어지면 멀어질수록 지방 군주는 독립적인 권력을 누린다는 것이다.

보시라이 충칭서기가 '창훙따헤이'唱红打黑(공산당을 찬양하고 범죄조직을 때려잡는다) 캠페인을 독자적으로 전개할 수 있었던 것도 베이징과 멀리 떨어진 충칭에 있어서 가능했을 것이다.

사실 베이징과 산하나 너머에 있는 지방 당지부의 경우에도, 마음먹고 관할지역에서 일어나는 일을 당 중앙에 보고하지 않는다면 베이징에서는 전혀 모르게 될 것이다. 중국은 당이 모든 권한을 갖고 있다. 그래서 당 보고체계만 장악하면 베이징의 간섭없이 독립적인 권한을 행사할 수 있다.

물론 그런 독점상황을 오래가지 않을 수도 있다.

당 체제와 당 운영이 거미줄처럼 촘촘하게 연결돼있지만 당 조직은 일반대중과는 철저하게 유리돼있고 당내 감시망도 모르는 허술한 구석은 곳곳에 있다.

2008년 베이징 올림픽이 개최되기 직전 불거진 허베이성 스좌장에

소재한 산루유업三鹿의 멜라민분유사건이 그와 같은 사례다.

베이징 올림픽 개막을 앞두고 최악의 식품사건이 될 수도 있었다. 그러나 스좌좡 당지부는 그 지역 대기업 산루유업이 우유의 단백질 함량을 속이기 위해 인체에 유해한 멜라닌을 첨가한 추악한 사건이 드러날 경우, 중국의 이미지를 악화시킬 수 있다는 우려 때문에 관련 정보를 정확히 중앙에 보고하지 않았고 은폐했다.

목숨을 잃거나 기형아가 태어나는 등 수많은 피해자가 아우성을 치고 추가피해가 확산되는 상황이었는데도 말이다.

2008년 '쓰촨대지진'이 발생하자 중국공산당의 대응은 전광석화처럼 빨랐다. 원자바오 총리는 지진 발생 몇 시간 만에 재난현장에 도착, 피해주민들을 위로하고 재난복구현장을 진두지휘했다.

지방 당지부의 혹시 있을지 모르는 독단적인 보고 누락 등을 방지하기 위한 당국의 여러 조치 중 하나가 '국가안전부'다.

우리나라의 국가정보원에 해당하는 중국국가안전부 수장은 천원칭陈文清이지만 (2007년부터)2012년에는 경후이창耿惠昌이 맡고 있었다.

경 부장은 전해 연말 충칭에서 흘러나오는 이상한 소문에 대한 조사에 착수한 바 있다. 한 외국인 사업가의 변사사건이었다. 그와 관련한 보고서를 베이징으로 보낸 적이 있다. 국가안전부는 충칭시의 '창홍따헤이' 캠페인의 막후에서 벌어지고 있는 각종 폐해와 부작용도 파악했다.

보시라이의 요란한 행보가 베이징 정보당국의 특별한 주시대상이었다는 얘기다.

국가안전부장 경후이창은 후 주석이 집권2기를 맞아 2007년 새로 임명한 회심의 인사였다. 군 지도부에 대한 물갈이에 이어 후 주석은 국가안전부를 적극 활용했다

경 부장은 국가안전부에서 잔뼈가 굵은 내부인사 발탁 케이스였다. 후 주석은 은밀하게 특별지시를 하달했다.

껑후이창 국가안전부장

'충칭을 주목하라' '상하이를 주시하라!'

상하이방이 꾸미고 있는 권력장악 음모를 사전에 파악 제어하는 것이 국가안전부의 주요 역할 중의 하나였던 것이다.

국가안전부의 역할은 사실 다양하다. 해외공작에 더 주력하지만 국내문제에도 깊숙이 관여한다. '정치법률위원회'(정법위)가 공안과 사법과 검찰을 총괄하는 최고 사정기관이지만 감찰기관으로는 기율검사위원회가 더 강력한 것과 마찬가지로 정보기관으로는 국가안전부가 최고였다.

해외공작과 기업정보까지 국가안전부의 주요역할이지만 무엇보다

국가안전부는 "사회주의 체제를 파괴하거나 전복시키기 위한 반역자, 정탐꾼, 그리고 반혁명적 활동과 같은 집단에 대한 효과적인 선제조치를 통해 국가의 안보를 보장하는 것"이 주요 임무였다.

국가 안전부의 가장 중요한 임무는 '중국공민들이 당의 지시를 충실히 따르도록 통제하는 일인 셈이다.

국내외 일반적인 정보 수집은 물론, 정보 분석 작업을 통한 반탐활동, 반혁명분자에 대한 감시, 공안 분야에 대한 전반적인 관리까지 도맡았다.

국가안전부는 공안부내의 정치 보위국 등의 부서와 당의 내사 및 내부 안전을 담당한 중앙조사부 일부 기능, 중앙통전부 일부 단위, 인민해방군 총참모부 방첩기능 등을 통합, 1983년 확대 개편됐다.

국가안전부 본부는 베이징에 있지만 베이징시내 어디에 있는지조차 알려지지 않고 베일에 싸여있다. 심지어 요즘 흔한 홈페이지 조차 없다. 철저하게 비밀스럽게 활동하는 기구다.

산하에는 17개 공작국과 10여개 행정지원국이 있다.

국가안전부의 직원은 국내분야 5만여 명, 해외공작 및 정보수집활동에 5만여 명 등 10만여 명으로 알려져 있는데, 정보원 등을 감안하면 어마어마한 숫자일 것으로 추측된다. 상당수 정보원은 세계 각국에 파견된 외교관, 국영기업 임직원, 언론매체 기자와 기업인, 학자 등을 총망라한다.

23

보시라이의 '공작'은 상하이방의 계획과 달리 군사쿠데타 실행까지
포함하고 있었던 모양이다.

쩡칭훙과 저우융캉이 준비한 플랜B는 군사적 조치는 포함돼 있지
않았다. 쉬차이허우와 궈보슝이 중앙군사위에 포진하고 있었기 때문
에 특별히 군부의 움직임을 경계하지도 않았다.

그러나 보시라이는 독자적인 군사계획을 갖고 있었다. 평소 수시
로 충칭의 무경부대를 방문, 시찰하는가 하면, 창훙따헤이 캠페인이
한창 벌어질 때는 흉악한 범죄조직의 위협으로부터 스스로를 보호하
겠다는 명분으로 일주일 정도 충칭시내 한 군부대 병영에 들어가 일
정기간 틀어박혀있기도 했다.

무엇보다 충칭에서 600km 떨어진 윈난성 쿤밍의 14집단군 40사단
은 특별히 그가 공들여 온 지상군 부대였다. 그는 충칭과 가까운 란저
우쓰州군구에 속하는 공군예하부대에 대해서도 지대한 공을 들였다.

란저우군구 산하에는 국경을 둘러싸고 종종 충돌하는 인도와 중앙아시아를 관할하는 '제 3장거리 폭격기 편대'도 있었다. 안후이와 후난에 각각 주둔하고 있는 또 다른 공군부대는 남중국해를 권역으로 두고 있다. 충칭 교외 다쭈大足현에 있는 공군 제 33사단도 그의 관리 대상이다.

보시라이가 공군에 각별한 공을 들인 것은 충칭에서 원거리에 있는 베이징을 위협하는 데 공군이 가장 효율적인 군사력이라는 점 때문이 아니었을까.

암살실패로 미수에 그친 쿠데타로 황급하게 비행기를 타고 도망치다가 사망한 린뱌오林彪의 교훈을 그는 반면교사로 늘 가슴에 새기고 있었다.

린뱌오의 쿠데타계획의 핵심은 마오쩌둥 암살과 더불어 공군이 쿠데타의 주력군으로 나서는 것이었다. 병약한 린뱌오는 '군사천재' 소리를 듣던 아들 린리궈林立果를 공군에 보내 고속 승진시켜 정변政变의 핵심도구로 삼았다. 린리궈는 어린 나이에 공군최고사령관이 되었고 젊은 장교들을 휘하에 모았다.

린뱌오 부자는 마오를 잘못 봤다. 젊은 혈기에 폭격과 기차사고, 자동차 사고 등 다양한 방식으로 마오를 암살하겠다는 계획을 세웠으나 그들의 쿠데타계획 '571공정工程'은 실패했다.

보시라이는 린뱌오의 쿠데타 실패과정을 하나 하나 복기하면서 군사적 모험이 필요하다는 점을 염두에 뒀다. 지상군이 핵심이지만 공군부대의 지원 없이는 베이징 입성이 어려울 수 있다는 점을 감안, 핵심 공군부대 포섭에 나섰다.

보시라이는 운이 나빴다.

구카이라이와 왕리쥔 사이의 갈등에 서투르게 대응하는 바람에 일이 꼬였다.

보시라이는 쿤밍에 가지 않았어야 했다. 40사단과의 연계를 노출시키지 않았어야 후일을 도모할 수 있었을 텐데 조급증이 일을 그르쳤다.

2월9일 보시라이가 충칭으로 되돌아오자. 후 주석이 군부를 완전 장악했다.

같은 날 중앙군사위 쉬차이허우徐才厚 부주석과 궈보슝郭伯雄 부주석은 각각 광둥과 난징 군구 지상군 부대를 시찰에 나섰다.

"사상을 통일하고 위대한 영도자 후진타오 주석의 지휘에 따르라"고 지시했다. 보시라이 편에 서지 말라는 지시였다. 시도하지도 못한 보시라이 쿠데타는 끝났다는 것을 대내외에 공표했다.

중앙군사위 총정치부 주임 리지나李繼耐상장도 총정치부 및 산하 기관 군 간부 2천여 명을 소집, "(인민해방군은)정치를 중시하고, 큰 국면을 잘 살피고, 규율을 지켜야한다."고 지시했다.

보시라이의 혹시라도 추가적으로 돌발될 지도 모를 쿠데타음모에 대한 견제구였다.

#24 _____

"나는 고위 간부 입속의 껌에 불과하다는 것을 잘 알고 있다. 단맛
이 다 빠지면 나는 누군가의 신발 밑에 달라붙는 껌 딱지 신세가 될
것이다."

2월8일 웨이보微博에 올라온 이 글은 1시간도 채 되지 않아 삭제
됐다.

왕리쥔 국장의 미영사관 망명이 실패한 그 날이었다.

마치 왕리쥔의 심경을 대변하는 듯한 짧은 글이었다.

창훙따헤이唱红打黑의 '인민영웅' 왕리쥔王立军을 소재로 한 드라
마 〈철혈경혼鐵血警魂〉의 작가 저우리쥔의 드라마에서 주인공도 이
말을 했다.

작가는 그가 왕리쥔이라고 여겼다.

왕리쥔의 목숨을 건 망명은 실패로 끝났다.

목숨은 벌었지만 미국으로의 망명은 받아들여지지 않았다.

왕리쿤의 신병은, 미중간 막후 협상 끝에 망명요청을 받아들이지 않되, 그의 신변을 미국에 보장하면서 일단락됐다.

청두주재 미영사관에서의 군사적 대치와 긴장도 하루 반나절 만에 해소됐다.

국가안전부와 중앙기율검사위 요원들은 왕 국장의 신병을 인도받아 베이징으로 압송했다. 충칭에서 출동한 무장부대는 당 중앙군사위의 복귀명령에 따라 곧바로 돌아갔다. 공안부서 감찰요원들이 즉시 충칭으로 파견됐다.

당중앙의 지시에도 불구하고 청두까지 병력을 이동시킨 지휘권자가 누구인지는 오리무중이었다. 분명 보시라이일텐데 지휘선상 보시라이의 흔적은 없었다.

무경부대 이동은 '쿠데타'政变로 간주될 수 있는 심각한 사안이었다. 공안의 이동이었다고 해도 성시자치구를 넘어서는 이동은 혹독한 감찰을 피할 수 없는 비정상적인 지휘였다.

중앙군사위는 인민해방군 청두成都군구 사령부에 대한 즉각적인 보안점검에 착수했다.

청두군구는 해방군 7대군구 중 신속대응군이 있는 주요군구의 핵심이었다. 충칭과 쓰촨, 윈난, 시짱, 구이저우 등을 관할한다. 특히 티벳 분리독립운동이 숙지지 않고 있는 '시짱西藏자치구'와 베트남과 인접한 윈난 등의 국경지역을 관할하고 있어, 해방군 중에서도 최정예군으로 편성돼있는 전략 군구중 하나로 꼽힌다.

중앙군사위 주석인 후 주석은 시시각각 군부 내 동향을 청취하고 보고받았다. 이미 2년 전부터 청두군구내 보시라이의 수상한 군사적 행보를 정치위원과 방첩부서의 보고서를 통해 감시하고 있었다.

특히 청두군구 제14집단군은 보시라이 부친 보이보薄一波 전 국무원 부총리가 1930년대 항일투쟁을 벌이면서 창설한 유격대에 뿌리를 두고 있다는 점에서 보시라이와 밀접했다. 14집단군 사령부 청사 1층 로비에 보이보의 동상을 세워놓을 정도로 보이보와의 돈독한 관계를 과시하고 있다.

왕리쥔이 베이징으로 압송되자, 베이징에서 저우융캉 정법위 서기가 곧바로 군용기를 띄워 충칭으로 갔다.

저우 서기의 충칭 급파는 두 가지 목적에서 추진됐다. 미중간 외교문제가 될 정도로 민감한 공안국장의 망명시도는 충칭의 문제를 넘어서는 중국공산당의 핵심후계문제를 건드렸다는 점이고 다른 한편으로는 상하이방과 보시라이 사이에 추진하고 있던 모종의 문제가 난관에 봉착했기에 수습하려는 차원이었다.

저우 서기는 충칭에 가서 보시라이를 제치고 사태수습에 나섰다.

당 중앙과 중앙군사위의 이중 삼중의 감찰과 검열이 속보로 이어졌다. 시시각각 조여오는 감찰에 부담을 느낀 그는 황치판 충칭시장에게 충칭에 주둔하고 있는 무경부대의 지휘를 맡겼다.

그리고는 곧장 쿤밍으로 날아갔다.

쿤밍에 있는 공군부대와 미사일부대 그리고 기계화사단 지휘관들을 잇따라 접촉하면서 이틀간 부대순시활동을 했다.

모두 제14집단군 예하 부대였다.

윈난성 쿤밍에 주둔하고 있던 제14집단군 저우샤오촨周小川군단장(인민해방군소장)과 선양군구사령관으로 전보된 징요우사張又俠 전 사단장의 동조여부가 주목됐다.

보시라이는 쿤밍으로 떠나기 전에 여러 차례, 저우 소장에게 연락을 취했으나 외부에 나가있던 저우 소장과 연락이 닿지 않았다.

초조함을 이기지 못한 보시라이는 군단장 보좌관에게 욕설까지 섞어서 당장 연결하라고 요구했지만 리콜을 받지 못했다.

청두군구 정치위원이 관련 전말을 상세하게 중앙군사위로 급전을 보냈다.

충칭시에 도착해서 수습에 나선 저우 서기는 쿤밍으로 전화를 걸었다.

즉시 충칭으로 복귀하라고 지시했다.

보시라이는 빈손으로 돌아가야했다.

쿤밍의 사정이 보시라이의 곤혹스런 사정을 대변했다.

왕리쥔 제거 후에 진행하려던 쿠데타계획이 갑작스런 돌발사태로 엉망이 됐다.

진퇴양난이었다.

칼을 뽑기도 전에 손목이 잘린 것이다.

보시라이는 담배 한 개비를 꺼내 물었다.

'中華'라고 적힌 붉은 담배갑에는 베이징의 톈안먼이 그려져 있었다.

천자天子만이 살 수 있는 고궁, 자금성 .

담배 한 개비는 한참이나 그의 손가락에서

홀로 타들어가다가

제풀에 꺼져버렸다.

마치 보시라이의 처지처럼

#25 _____ 김정일 사망사건

충칭시 국가안전국은 난산南山 리징쟈두호텔에서 발생한 외국인 사망사건에 대해 즉시 베이징에 보고했다. 사망한 외국인의 국적과 신원, 가족관계 그리고 사건개요에 대해 공안국 자료를 받아 작성한 보고서를 보냈다.

국가안전부는 보고서를 받자마자 추가조사를 지시하고 국가안전 부장과 저우융캉周永康 정법위 서기에게 '친전'親展보고서를 보냈다. 사망한 헤이우드가 보시라이薄熙来 충칭시 서기와 밀접한 관계라는 것을 사전에 파악하고 있던 터라, 보시라이가족과의 갈등에 따른 사건이라는 것을 알고 있었던 것이다.

미국의 CIA와 영국의 MI6 그리고 이스라엘의 정보기관과 연계된 정보요원들이 며칠 사이 충칭에 집결하다시피했다. 이목이 집중될 수 밖에 없었다.

충칭시 공안국은 즉시 영국대사관에 외국인의 신원확인을 요청하면서 자칫 이 문제가 영국과 외교문제화 되지 않을까 노심초사했다.

홍콩에 거주하고 있는 많은 영국인들에 대한 홍콩 공안당국의 감시로 인해 영국은 자국민의 신변안전과 관련한 사건이 발생하면 상당히 엄격하게 조사를 요구하곤 했다.

특히 이 사건은 최고위급 지도자의 가족과 친분이 있는 외국인이라는 점에서 바짝 긴장했다. 국가안전부에서는 변사자의 '스파이'혐의에 대한 내사에도 착수했다. 헤이우드의 충칭행에 왜 그렇게 각국의 정보기관들이 나서게 되었는지에 대한 배후조사차원이었다.

베이징에 거주하고있는 헤이우드 가족과 따리엔 행적 등에 대한 조사가 광범위하게 이뤄졌다. 물론 구카이라이 변호사와의 비즈니스에 대한 조사 역시 병행됐다.

보름여에 걸친 조사결과는 국가안전부장을 통해 저우 서기에게만 보고됐다.

기가 막혔다.

보고서를 받아든 저우 서기는 치밀하지 못한 보시라이 서기의 자기관리에 대해 혀를 찼다.

스파이인지 정체를 알 수 없는 외국인 사업가의 접근을 정밀하게 검증하지 않고 사업파트너로 삼아 10여년 컨설턴트로 함께 일을 해왔고, 해외부동산 구입대행을 시키고 계좌로 송금한 내역 등도 뽑혀 나왔다.

보시라이의 아내와 그 외국인과의 불륜문제는 중국공산당 지도부에 대한 불명예가 될 수 있다는 점에서 경악했다.

본인은 '백계왕百鸡王' 이라고 불릴 정도로 왕성한 호색한好色漢이

면서 남의 불륜행위에 대해서는 참을 수 없을 정도로 손가락질을 할 수가 있는 모양이다.

'석유방'의 좌장으로 돈방석에 올라앉은 저우 서기는 국영 CCTV의 얼굴이 반반한 여성기자와 여성아나운서는 모두 한 번씩 불러서 심사를 했다. 인민해방군 가무단의 미녀가수는 물론이고 그는 지방을 순시하다가도 마음에 드는 여성을 보면 참지를 못할 정도로 정력가였다.

그의 손을 거친 여성이 무려 400여명이나 됐다. 가수, 아나운서, 여배우, 대학생 등 가리지 않는 그의 성적 탐욕으로 공식 내연녀만 28명에 이르렀다.

예잉춘叶迎春 션빙沈冰 등 이름만 대면 알만한 유명아나운서들도 그의 여자였다. 쓰촨성 서기로 재임할 때는 호텔에서 여성종업원을 성폭행했다는 소문도 있었다.

그런 그가 보기에도 보시라이 가족의 불륜보고서는 적나라했다.

그는 잠시 생각하다가 국가안전부장에게 전화를 걸었다.

"부장, 이 문제는 더 이상 거론하지 마시오. 보고서는 폐기하고 유출되지 않도록 하시오."

더 이상 이 문제를 확대시켜서는 자칫 보시라이를 넘어 공산당 지도부의 도덕성문제로 비화될 수도 있는 민감한 사안이었다. 아마도 스스로도 양심에 찔렸던 것이 아닐까. 외교적으로 문제가 되지 않도록 가족들에게 서약서를 받고 조용히 마무리하는 쪽으로 처리하도록 지시했다.

이 문제와 관련, 보시라이에게 엄중한 경고를 해야겠다는 생각을 했다. 재발할 경우, 당 정치국 내부에서는 신상처분이 불가피하다는 점을 직접 전달했다.

헤이우드 사건을 처리하는 와중에 모든 사람의 관심을 돌릴만한 돌발 뉴스가 터졌다.

2011년 12월 19일이었다.

긴급뉴스 예고에 이은 정오뉴스에 북한 중앙통신의 긴급 속보가 나왔다.

북한 최고지도자 김정일 국방위원장이 17일 오전 8시30분 열차에서 사망했다는 보도였다.

"우리의 전체 당원들과 인민군장병들과 인민들, 조선로동당 중앙위원회와 조선로동당 중앙군사위원회, 조선민주주의 인민공화국 국방위원회와 최고인민회의 상임위원회, 내각은 조선로동당 총비서이시며 조선민주주의인민공화국 국방위원회 위원장이시며 조선인민군 최고사령관이신 위대한 '령도자' 김정일 동지께서 주체100(2011)년 12월 17일 8시 30분에 현지지도의 길에서 급병으로 서거하시였다는 것을 가장 비통한 심정으로 알린다.

주체혁명위업의 계승완성을 위하여 한평생을 바쳐오시였으며 사회주의 조국의 강성번영과 인민의 행복을 위하여, 나라의 통일과 세계의 자주화를 위하여 불철주야 정력적으로 활동하시던 우리의 위대한 김정일동지께서 너무도 갑자기, 너무도 애석하게 우리 곁을 떠나시였다. 사회주의 강성국가 건설위업 수행에서 전환적국면이 열리고 있으며 우리 혁명이 중첩되는 난관과 시련을 뚫고 승승장구하고 있는 역사적인 시기에 우리 당과 우리 인민의 위대한 령도자이신 김정일동지께서 뜻밖에 서거하신 것은 우리 당과 혁명에 있어서 최대의 손실이며 우리 인민과 온 겨레의 가장 큰 슬픔이다. 혁명의 성산 백두산에서 빨찌산의 아들로 탄생하시여 위대한 혁명가로 성장하신 김정일동지께서는 장구한 기간 우리 당과 군대와 인민을 현명하게 령도하시여 조국과 인민, 시대와 력사 앞에 영구불멸할 혁명업적을 쌓아올리시였다. 위대한 령도자 김정일동지는 위인이 지닐수 있는 품격과 자질을 최상의 높이에서 완벽하게 체현하시고 심오한 사상리론과 비범한 령도로 혁명과 건설을 백전백승의 한길로 이끌어 오신 걸출한 사상리론가, 희세의 정치원로이시고 불세출의 선군령장이시며 조국과 인민에 대한 열렬한 사랑과 숭고한 헌신으로 혁명투쟁의 전로정을 수놓아 오신 절세의 애국자, 인민의 자애로운 어버이이시였다. 위대한 수령 김일성동지께서 개척하신 주체혁명위업을 대를 이어 계승완성하는것을 필생의 사명으로 내세우신 김정일동지께서는 어버이수령님의 가장 친근한 동지, 가장 충직한 전우가 되시여 혁명과 건설을 수령님의 사상과 의도대로 줄기차게 전진시켜오시였다....”

　김정일 사망이라는 돌발사건이 터지자 반짝하던 헤이우드 사건에 대한 대중의 관심은 급속도로 식었다. 헤이우드 사건은 추가조사없이 김정일 사망이라는 돌출사건에 묻혀 그렇게 뇌리에서 잊혀져갔다.

　김정일 사망이라는 돌발사건이 대중 뿐 아니라 공산당 최고지도부의 관심을 북한의 후계체제에 집중하게 했다. 중국포털에서는 김정은을 지칭하는 '진싼빵'金三胖이 금칙어로 등장했다.

　보시라이와 구카이라이 부부는 헤이우드사건의 배후로 의심받았다. 그러나 공안계통을 장악한 저우융캉 상무위원의 의도적 패싱과 김정일 사망이라는 대형 돌발사건으로 가까스로 넘어갈 수 있었다.

　그러나 뇌관을 완전히 제거하지 못했다. 불씨는 언제든 재점화할 수 있었다.

　헤이우드의 불투명한 신분과 행적 때문인지 영국정부도 중국정부의 조치에 이의를 제기하지 않았다.

　베이징 차오양구 젠궈먼와이 르탄베이루 11호建国门外 日坛北路 11号에 위치한 베이징주중북한대사관. 김정일 위원장의 빈소가 차려졌다.

12월 20일 후진타오 국가주석이 직접 북한대사관을 방문, 조문했다. 이어 21일 원자바오溫家寶 총리를 비롯한 상무위원 등 최고지도부가 대거 북한대사관을 방문해 조의를 표했다. 자칭린賈慶林 주석, 리커창李克强 부총리, 허궈창賀國强·저우융캉周永康 상무위원 등이 함께 갔다. 지재룡 주중 북한대사가 조문객을 맞았다.

후 주석이 조문할 때 우방궈 전인대 위원장, 리창춘 상무위원, 시진핑習近平 부주석이 함께 갔다. 중국공산당 최고지도부가 이틀에 걸쳐 전원 혈맹국 조문에 나섰다.

후 주석은 "중국 공산당과 중국 정부는 김정일 동지의 서거에 비통한 심정"이라며 "중국 인민은 조선의 위대한 영도자이자 중국 인민의 친밀한 벗인 그를 영원히 그리워할 것"이라고 조의를 표했다. 이어 "우리는 조선 인민이 김정일 동지의 유지를 받들어 조선노동당을 중심으로 단결해 김정은 동지의 영도 아래에 사회주의 강성대국 건설과 한반도의 장기적 평화와 안정 실현을 위해 노력할 것이라고 굳게 믿는다."고 덧붙였다.

제3부

음모와 배신

#1 _____ 구카이라이谷开来

베이징 중심지역인 CBD(중심상업지구) C座 808号에 자리잡은 '카이라이법률사무소'开来律师事务所.

사무실 입구에 걸린 간판은 여느 변호사사무소처럼 소박했지만 내부는 밖에서 보이는 것과는 달리 꽤나 넓고 화려하고 고급스러웠다. 10여명의 변호사와 사무직원 등 40여명이 북적거리는 바람에 IT기업 못지않은 활기가 넘쳤다.

곧 베이징 중앙무대로 입성할 보시라이 충칭 서기의 후광 덕에 법률사무소는 연일 문전성시를 이뤘다.

보시라이가 상무부장商务部, 장관으로 베이징에서 일할 때는 특히 국영기업들이 자문을 구하는 경우가 많았다.

카이라이 법률 사무소의 대표변호사인 구카이라이의 경우, 연간 자문료가 국영기업 회장급 정도로 상당했다. 석유와 석탄 등을 조달하는 에너지 국유기업은 '보험'정도로 여기고 너도나도 구카이라이를

고문변호사로 기용했다. 기껏해야 일 년에 한두 번 CEO나 CFO와 식사를 하는 일 외에는 별다른 경영자문을 구하지도 않았다. 사실상 대외무역을 총괄하는 '상무부장'에게 주는 뇌물이었다.

국무원 등 감독기관에서 문제를 제기할 때 구 변호사에게 SOS를 치면 문제는 쉽게 해결됐다. 그녀는 법률 자문을 해주는 변호사라기보다는 사실상 최고의 권력기관인 중국공산당 최고지도부를 상대로 한 로비스트였다.

카이라이 변호사사무소는 1995년 랴오닝성 따리엔大连에서 베이징北京으로 이전하면서 따리엔 사무소는 폐쇄됐다. 대신 미국 뉴욕과 싱가폴에 해외지점을 개설했다. 구 변호사는 미국시민권은 없었지만 홍콩과 싱가폴 시민권을 갖고 있었다. 수시로 싱가폴을 왕래하면서 중국 본토에 거액을 투자한 동남아 화교들의 자문창구역을 맡았다.

개혁개방이후 초기 외국인투자의 80%는 서방투자가 아니었다. 홍콩과 싱가폴, 타이완에 거주하던 화교들이 자신들의 고향에 투자하는 방식으로 중국에 들여온 자금이었다. 이들 화교들은 초기에는 자신들의 고향 등 연고와 꽌시关系를 통해 투자를 했다. 중국경제가 빛의 속도로 성장하고 중국이 '세계의 공장'에서 '세계의 엔진'으로 고속성장함에 따라 한 차원 높은 보호막이 필요해졌다. 구카이라이는 1990년대 후반, 그런 해외자본의 투자조건을 충족시켜주는 투자컨설팅 서비스에 집중했다.

화교 뿐 아니라 제대로 된 글로벌 자본의 투자를 이끌기 위해 구카이라이는 프랑스 출신 투자전문가를 고문으로 영입했고 중국에 연수 온 젊은 영국기업가 닐 헤이우드를 경제고문으로 채용했다.

또한 중국계 미국인 '청이쥔'程毅君을 지인으로부터 소개받은 구카이라이는 청이쥔과는 '후이라이스 투자회사'를 공동 설립, 부동산개발열풍이 불기 시작한 주요 대도시에 대한 부동산투자자문 등으로 사업영역을 확대했다. 부동산투자자문회사는 떠오르는 연해도시 외에 허난 쩡저우와 쓰촨 청두, 충칭 등 부동산수요와 투기열풍이 고조되고 있던 서부개발프로젝트 지역에 집중했다. 이 지역에 대한 개발정보를 미리 입수해서 프로젝트 투자를 진행하거나 이권사업을 직접 수주하는 방식으로 사업을 진행했다.

보시라이가 시장과 성장을 역임하면서 고속 성장중인 따리엔과 랴오닝성은 구카이라이 투자회사의 독무대와 마찬가지였다.

따리엔의 개발정책에 따른 민원은 모두 베이징의 카이라이 법률사무소로 집중됐다. 따리엔 사무소를 닫고 베이징 사무소로 이전한 것은 악성소문 때문이었다. 따리엔에서는 모든 민원은 구카이라이가 해결한다는 소문이 나돌 정도로 구설수가 분분했다. 구카이라이는 최고의 해결사로 통했다.

사실 카이라이 변호사는 악성민원을 아주 쉽게 해결했다. 다만 비용은 엄청 비쌌다. 따리엔 시장과 서기가 민원을 제기하고 베이징의 아내가 풀어주는 식이었다. 땅 짚고 헤엄치는 것보다 쉬웠다. 카이라이 변호사는 베이징 최고의 해결사로 이름을 날렸다.

따리엔이 보시라이 부부에게 '젖과 꿀이 흘러넘치는 에덴의 동산' 같은 곳이었다면, 충칭은 규모면에서 바다와도 같은 곳이었다. '금 나와라 뚝딱, 은 나와라 뚝딱'하고 주문하는 대로 황금알을 낳을 수도, 요술방망이를 부릴 수도 있는, 꿀단지 같은 곳이었다.

***

오늘은 모처럼 그녀가 출근하는 날이다.

특별한 일정이 없는 한 그녀는 매주 수요일 베이징 법률사무소로 출근했다. 그녀의 출근시각이 다가오면 직원들이 빌딩 1층 엘리베이터 입구에 도열, 그녀의 도착을 기다린다. 수행비서가 웨이신微信으로 그녀의 도착을 알린다. 그녀가 출근하는 날, 사무실은 활기가 넘치는 동시에 긴장감에 휩싸인다. 구 변호사와 사전 예약한 고객들이 그녀와의 면담을 위해 시각을 나눠 방문하는 일정이 빽빽해서 사무실은 북적거렸다.

중국 최고 명문대학 베이징대 법학과에 다닐 때부터 그녀는 베이징대 마스코트로 불릴 정도로 빼어난 미모를 자랑했다. 쉰이 넘은 나이였음에도 세월이 비켜간 듯 그녀의 피부는 팽팽했고 '동안'을 유지했다.

단정한 투피스 정장을 입고 커트머리를 한 그녀가 들어섰다.

"따쟈 하오! (다들 별일들 없지요!) 진티엔예찌아요우바!(오늘도 파이팅 합시다!)"

그녀는 가벼운 미소로 직원들을 격려하고는 자신의 집무실로 들어갔다. 그녀의 발걸음은 날아갈 듯 가벼웠고, 그녀가 지나간 자리에는 은은한 향기가 날렸다.

구 변호사의 남편 보시라이가 충칭시로 가고, 정치국에 입성한 뒤, 변호사 사무소는 더욱 분주해졌다. 단 25명이 포진한 중국 공산당 중앙정치국 위원이 된다는 것은 중국 최고지도부의 일원으로 신분상승이 된 것이다. 다음 목표는 별중의 별, 정치국 상무위원회였다.

투자컨설팅을 맡아 분석을 해주는 외국인 고문들의 일거리도 더욱 많아졌다.

닐 헤이우드와 청이쿼, 루이 필립 등 외국인 고문들을 한꺼번에 소집해서 자문을 구하거나 집단지성을 발휘하도록 하는 일도 잦았다.

구카이라이는 베이징대 법학과를 졸업한 후 곧바로 대학원에 진학, 국제정치학 석사학위를 딴 후 중국 최초로 여성변호사 자격증을 취득했다.

보시라이와 결혼하면서 그를 따라 따리엔에 가서 법률사무소를 개설, 본격적인 변호사 활동을 시작했다. 사무소를 베이징으로 이전한 것은 남편이 따리엔 부서기에서 시장으로 승진한 직후였다.

당시 일거리가 없어서 대부분의 변호사들은 수입이 형편없었지만 카이라이법률사무소는 예외였다.

따리엔에서 안되는 일은 카이라이사무소로 보내라는 소문이 날 정도였다. 또한 구 변호사 수임사건은 100% 승소했다. 구 변호사가 소송을 제기하면 따리엔시나 랴오닝성 초급법원 및 고급 법원은 원고 측에 조정안을 제시하는 등의 방식으로 재판을 끝까지 끌고가지 않았다.

배후에 있는 남편, 보시라이의 후광이 컸다.

"구카이라이 변호사는 중국에서 최초로 변호사자격증을 땄습니다. 법률지식 뿐 아니라 국제문화에 대한 지식도 풍부합니다. 그녀의 법률 지식이 저의 업무에 많은 도움을 주고 있습니다. 그녀는 나로 인해 많은 희생을 강요받고 있습니다. 10여 년 전 법률사무소가 한창 잘 나갈 때 그녀는 일 대신 학문에 정진한 바 있습니다. 저는 감동을 받았습니다."

상무부장 시절 보시라이가 한 매체와의 인터뷰에서 구카이라이를 극찬한 내용이다. '부창부수'夫唱婦隨다.

그녀는 예뻤다.

#2 _____

'그녀는 예뻤다.'

사무실에서 일하는 직원 중에서도 그녀는 눈에 띄는 외모였다. 한두 번 사무실을 방문할 때마다 그녀는 그를 도맡아 안내했다. 두 사람은 자연스럽게 친숙한 사이가 됐다.

따리엔大连은 '미녀와 야수'의 도시로 불리곤 했다.

북방도시답게 랴오둥辽东반도의 중심인 따리엔에는 팔등신 북방미녀들이 몰려들었다. 따리엔은 패션도시服裝도시로 이름을 날렸다. 〈따리엔 국제패션쇼〉는 중국 최고의 패션축제로 자리잡았다. 근대이후 상하이 등의 섬유산업을 기반으로 급성장한 저장성 닝보宁波와 더불어 중국의 양대 패션도시로 이름을 날렸다.

이런 화려하고 이국적인 도시 분위기는 따리엔 사람들을 자유분방한 이국적 정서에 젖어들게 만들었다.

***

일본은 청일전쟁을 통해 청 제국의 무적 '북양함대'를 궤멸시켰다.

청제국과 일본은 종전협상을 통해 따리엔을 포함한 랴오둥반도와 산둥반도 대부분을 일본에 조차하기로 했으나 러시아가 중간에 끼어들어 따리엔과 뤼순(여순)항은 러시아로 넘어갔다.

이 협정에 불만을 품은 일본은 러시아와의 전쟁에서 승리한 후 랴오둥반도를 포함한 만주 전체를 점령했다. 이후 제2차대전이 끝나고 신중국 건국 때까지 따리엔과 뤼순항은 일본땅이었다.

따리엔의 구 시가지에서는 러시아식은 물론 일본식 건물들을 쉽게 볼 수 있다. 요즘도 따리엔 시민들이 일본에 대해서는 반일反日감정보다는 정서적인 친밀감을 많이 느낀다.

일본인들도 따리엔을 일본의 교또京都처럼 느낄 정도로 따리엔을 좋아한다.

따리엔의 친일정서때문에 따리엔을 제외한 다른 지역의 중국인들은 따리엔시민들이 중화에 대한 자부심과 주체성이 부족하다고 지적하거나 '민족반역자들의 도시'라는 부정적인 시각을 보이기도 한다.

보시라이가 랴오둥반도에서 일한 10여 년 동안 따리엔시와 랴오닝성은 어쨌든 역동적인 변화를 겪었다.

***

그녀의 이름은 왕루루王露露.

카이라이법률사무소에서 일하는 그녀는 대부분의 중국여성처럼 외국인 특히 서양인에 대해 호감을 가지고 있었다. 중국인들이 갖는 외국인 호감도는 미국인보다는 유럽인이 더 낫다. 그중에서도 이탈리아와 영국이 가장 환영을 받는다.

축구를 잘하지 못하는 중국이 월드컵 축구 경기가 열리면 이탈리아 대표팀을 마치 중국대표팀처럼 열렬히 응원하는 모습이 낯설게 느껴진다. 중국 축구팬들이 이탈리아 다음으로 좋아하는 나라는 영국이다. 축구를 통한 이탈리아와 영국에 호감 탓인지 중국인들은 여느 나라보다 이들 유럽국가에 더 호의를 갖고 있다.

급속한 경제성장을 바탕으로 성장한 중국대기업이 한때 이탈리아 프로축구단을 직접 인수해서 운영하다가 파산한 적도 있다. 실제로 2016년 중국 상하이를 기반으로 한 '주샤오둥'朱曉冬이란 기업은 이탈리아의 〈AC파비아〉를 인수, 자회사로 편입해서 중국의 첫 해외축구팀으로 주목받은 바 있다. 〈AC파비아〉는 밀라노 남쪽에 있는 파비아를 연고로 하는 프로축구팀으로 이탈리아의 3부 리그에 소속돼 있었다.

대학을 졸업한 후 소학교 선생으로 일하던 왕루루는 따리엔시 중간간부인 친척의 소개로 카이라이법률사무소에 입사했다. 늘씬한 키, 전형적인 북방 미인형, 시원시원한 눈매의 그녀가 구카이라이 마음에 들었다. 대학에서 영어를 전공한데다 활동적인 성격이 대외업무가 많은 변호사 사무실에 적합했다.

변호사 사무소는 곧 베이징으로 이전할 예정이었다.

보시라이가 시장으로 영전하자 불편한 일들이 많이 생겼다. 그래서 법률사무소를 베이징으로 옮겨 투자자문을 겸하기로 했고, 왕루루 등 함께 일하던 직원 대부분도 베이징으로 함께 가기로 한 즈음이었다.

젊은 영국인 기업가가 따리엔에 투자자문사 〈닐 헤이우드 & 에소시에이츠〉를 설립하면서 구카이라이 변호사와 자주 업무협의를 하던 때이기도 했다.

어느 날 닐이 루루를 저녁식사에 초대했다. 영국인의 첫 데이트신청이었다.

루루 역시 영국인 '닐'에 대해 좋은 인상을 갖고 있었던 터라 들뜬 마음으로 첫 데이트를 기다렸다.

"왕샤오제王小姐, 따리엔은 정말 아름다운 도시입니다. 동양의 베니스라고 불리고 있지만 베니스보다도 더 아름다운 그림 같은 곳입니다. 여기에 그대와 같은 미인이 있다니..."

"어머... 감사해요. 여긴 미인들만 사는 도시인데 알고 계셨나요? 호호호"

영국남자와 중국여인의 데이트는 그날 이후 순풍을 탔다.

사실 닐 헤이우드의 목적은 중국 사업을 위한 현지 파트너를 확보

하는 것 이었다. 왕루루처럼 당 간부 집안의 중산층 현지인의 조력이
필요했고, 무엇보다 영어가 가능한 직원이면 금상첨화였다.

닐은 베이징의 한 외국어대학에서 중국어연수를 1년 하긴 했지만
아주 능통한 수준이 아니었기 때문에 통역을 해줄 수 있는 현지인이
절대적으로 필요했다.

특히 구카이라이 변호사와의 컨설팅사업을 진행하고 있던 터라 왕
루루는 최적의 파트너가 될 수 있었다.

청춘의 사랑도 불붙었다. 영국청년과 아리따운 중국처녀, 둘 다 직
진 하는 것 외의 다른 길로 우회할 필요가 없었다. 신사도의 제1원칙
은 저돌적인 직진이었다.

요즘 중국부자들이 가장 선호하는 해외유학지가 영국이다. 영국에
유학간 중국학생들은 아시아계 유학생들에게서 볼 수 있는 숫기없는
모습과 달리 현지인은 물론 타국 유학생들과도 잘 사귀고 개방적이다.

헤이우드는 이미 중국에 이주한 지 5~6년이 지나 중국인과의 꽌시
가 만만찮았다. 그는 목표에 대한 공략법을 누구보다 잘 아는 혈기왕
성하고 야심만만한 청년사업가였다.

3

홍빠오의 정치학

'꽁돈'을 주는 데 싫어하는 사람은 없다.

'홍빠오'红包를 직접 살포하는데도 민심이 움직이지 않을 리가 없다.

'창홍따헤이'唱红打黑(공산당을 찬양하고 범죄를 때려잡자) 캠페인의 성과는 충칭시 공안당국이 기획한대로 충칭지역 매체에 연일 보도되면서 광둥에서도 따라할 정도로 전 중국의 관심을 끌었다. 그러나 충칭시의 여론은 충칭공안당국이 발표하는 수치보다는 내 손에 쥐어지는 돈, 즉 홍빠오에 따라 좌우됐다. 홍빠오는 춘제(설날)나 결혼 등의 길흉사 때 축의금이나 조의금을 붉은 봉투에 넣어준다고 해서 '홍빠오'라고 불렀다.

2010년 5월 단오에 배포한 20위안씩의 홍빠오는 충칭시민의 여론을 움직였다. 300만 명에 이르는 저소득 빈민층에게 20위안씩 총 6,000만 위안의 '떡값'을 뿌렸다. 충칭시민들은 이 단오 떡값을 보시라이가 보낸 작은 선물이라는 뜻으로 '보리'薄礼라고 불렀다. 가난한 서민들이 단오에 먹는 전통 음식인 쫑즈粽子를 만들거나 사 먹으라며 나눠준 돈이다.

이미 충칭에서 홍빠오는 세 차례 지급됐다.

범죄와의 전쟁, 서민임대아파트 건설을 통한 집값전쟁. 그리고 이번에는 홍빠오 뿌리기 등으로 보시라이의 인기는 최고조에 달했다.

보시라이는 문화대혁명 때 홍위병 활동을 한 어린 학생들(지식청년)들을 농촌으로 내려 보내 정신개조에 나섰던 것과 마찬가지로 충칭 대학생들을 대상으로 4개월간 사회체험 프로젝트를 실시했다. 2010년 8월 시작된 첫 프로젝트에는 무려 5천여 명의 대학생들이 지원했다. 프로젝트에 참여한 대학생들은 4개월간 농민, 노동자, 군인들과 함께 생활하면서 사회체험을 했다.

문혁 당시의 '지식청년 하방'을 연상케하는 프로젝트에 대해 베이징 등 일각에서는 마오쩌둥 시대로 회귀하려는 것이 아닌가. 혹은 극좌파의 모험주의이자 인기영합주의라는 비난이 제기됐다.

보시라이는 아랑곳하지 않았다. 개혁개방에 대한 반작용으로 마오 시대에 대한 향수가 고조되면서 보시라이의 정치적 행보를 지지하기 시작했다.

보시라이의 보수회귀 '포퓰리즘'에 대해 걱정스럽게 보는 것은 후 주석을 비롯한 베이징의 당 최고지도부였다. 덩샤오핑과 후야오방이 이끌던 개혁개방이 톈안먼사태로 난관에 봉착했을 때 이를 정면 돌파하는 카드로 선택된 장쩌민은 총서기직을 움켜쥔 이후 보수회귀 음직임을 노골화했다. 그래서 개혁개방정책이 장 전 주석에 의해 방해를 받았던 적이 있다.

반면 상하이방을 중심으로 한 보수파는 보시라이의 홍색红色캠페인에 대해 대놓고 박수를 보냈다.

차기 후계자가 시진핑으로 확정됐지만 아직까지 제5세대 지도부 구성을 완료하지 못한 채 혼란스러운 국면이 지속되고 있었다.

후 주석 체제가 물러난 이후 '시진핑-리커창'이라는 두 핵심인사를 중심으로 차기 지도부를 짜는 것이 상식적이었다. 그러나 상하이방의 공세가 워낙 거칠어서 후 주석은 상무위원 지명 권한을 제대로 발휘하지 못한 채 어정쩡한 시간를 이어가고 있었다.

극좌 모험주의적 경향을 노골화한 충칭의 창홍따헤이 성과를 내세운 보시라이의 상무위 진입은 공청단파와 개혁파들이 가장 우려하는 상황이었다. 보시라이가 홍색캠페인을 가속화하면 할수록 보수파의 기세는 높아지고 상대적으로 개혁파의 입지는 위축되는 구도였다.

충칭시는 2011년 들어 홍색캠페인의 강도를 높였다. 보시라이의 베이징 진입을 위한 노골적인 압박이었다.

충칭의 관영네트워크 충칭TV는 프라임시간대인 저녁 7시부터 11시까지 모든 드라마와 오락프로그램의 방송을 금지했다. 이 시간대에는 홍색문화를 찬양하는 프로그램만 방송하도록 강제했다. 중국 각 성의 대도시 TV채널에서 황금시간대에 드라마와 오락프로그램을 규제한 것은 충칭이 처음이었다.

시민들의 원성이 자자했다.

철저하게 계산된 홍색캠페인의 일환이었다. 물론 충칭에서 제작해서 방송하는 채널이 2~3개 밖에 없었지만 CCTV와 베이징TV 후난TV 등 각 지역에서 제작 송출하는 채널이 모두 나오고 있어 채널선택권

이 없는 것은 아니었다.

충칭TV만 해도 채널이 여럿 있고, 시청율이 높은 후난위성TV나 광시TV 혹은 CCTV의 오락 채널 등도 볼 수 있었다.

보시라이가 홍색캠페인을 지나치게 강요한다면, 라오바이싱의 불만은 높아지겠지만 보수파의 정치적 지지는 높일 수 있다는 계산이 앞섰다.

2011년 3월.

베이징 인민대회당에서 제11기 3차 전국인민대표회의(전인대)가 개막됐다. 물론 그 하루 전에는 전국정치협상회의(정협)가 먼저 열렸다.

전인대에 참석한 각 성과 자치구 대표단들이 차례로 여는 신문발표회(기자회견)장에서 보시라이 서기는 최고의 스포트라이트를 받았다. 충칭에 찾아가더라도 쉽게 만날 수 없는 양회 스타 보시라이였다. 보시라이는 내신 뿐 아니라 외신기자들까지 집중적으로 취재하려는 최고의 스타로 등극했다.

외신은 1년 반 후로 다가온 17기 상무위 구성을 앞두고, 보시라이의 정치적 성과를 칭송하는 리포트를 쏟아냈고, 그의 미래를 장밋빛으로 보도했다.

#4 _____ 영국에서 온 청년사업가

제임스 스테인 James Stein은 MI6(SIS(Secret Inteligence Service), 영국 해외정보기관)의 홍콩책임자였다.

제임스는 중국계 영국인 첸陈요원을 충칭으로 급히 보냈다.

다국적 투자컨설팅회사를 운영하던 한 영국인이 베이징에서 충칭으로 들어간 이후 모든 행적이 사라졌다. 생존신호마저 끊겼다.

현지 IO(요원)들과의 비상연락망은 물론이고 그를 찾을 수 있는 모든 신호가 사라졌다. 요원이 중국당국에 체포되거나 공격을 당해 사망했을 가능성이 높은 '레드락'红色封鎖 상황이었다. 베이징에서 활동하고 있는 요원을 보내기에는 노출 위험이 컸다. 현지 '블랙'요원들이 나섰다가는 자칫 어떤 위험에 처하게 될지 알 수 없었다. 중국내 활동하는 블랙요원들을 노출시키려는 함정일 수도 있다.

CIA는 충칭시 공안국의 이상한 분위기를 감지했다며 신변이상설을 확인해줬다.

충칭과 가장 가까운 청두成都 주재 IO에게 영국인의 충칭 도착이후 행적조사를 지시했다. 사라진 정보원의 부인은 베이징 외곽 고급 빌라촌에 거주하는 중국인이었다. 회사를 통해 그의 최종 목적지가 충칭이라는 것을 확인했으나 그의 아내도 누구를 만나려고 했는지, 출장 목적에 대해 구체적으로는 아는 바가 전혀 없었다. 해외투자기업의 투자프로젝트에 대한 사전 조사 등을 수행하는 업무 특성상 중국 어디에서 연락이 오더라도 현지 출장을 다니곤 했다. 이번에도 사업상의 일로 급하게 연락을 받고 충칭으로 갔다는 사실만 알고 있었다.

그의 휴대전화 신호는 완전히 끊겼다. 통신회사를 통해 확인한 그의 휴대전화 최종 신호는 충칭의 난산南山지구에 있는 한 호텔이었다. 충칭시의 오래된 경관지구인 난산에는 고급 리조트와 호텔이 곳곳에 산재해있었다. 제임스는 대충 짐작이 갔다. 그 호텔에는 충칭의 1호 인사가 이용하는 비밀스러운 안가安家가 있다는 것을 알고 있었다.

'난산리징쟈두호텔'南山丽景度假宾馆, '남산홀리데이인호텔'이다.

MI6는 미 중앙정보국 CIA에 버금가는 영국 정보기관.

홍콩이 영국령일 때부터 활동한 MI6의 중국내 정보력은 미국 CIA 이상으로 수준이 높았다. 홍콩이 중국에 반환된 이후에도 MI6는 홍콩에 머물면서 활동을 멈추지 않았다.

영향력있는 수많은 '친영'親英 인사들이 홍콩에 거주하고 있었고 홍콩은 여전히 영국의 아시아 전진기지였다. 무엇보다 홍콩은 중국의 자금줄 역할을 하고 있는 아주 매력적인 도시였다.

냉전시대 이후 그 기능과 조직이 다소 축소되기는 했지만, 1912년 창설되면서 군사정보부 6국 (Militery Intelligence Section 6)을 칭하는

'MI6'라는 애칭으로 불리면서 세계정보기관의 역사를 기록해 온 MI6는 냉전시대 CIA와 소련의 KGB와 더불어 세계 3대 정보기관으로 성가를 높였다.

닐 헤이우드 Neil Heywood는 40대 초반의 영국인 사업가다. 대학을 졸업한 후 아시아 각국을 여행하다가 중국에 정착하게 된 그는 베이징에서 어학연수를 하면서 중국어를 배웠다.

베이징 제2외국어대학에서 어학연수를 마친 그는 1990년대 초반 개혁개방의 물결이 중국경제를 빠르게 성장시켜 세계경제의 한 축이 될 것을 확신했다.

런던 근교에서 무역업을 해 온 부친의 사업을 어릴 때부터 지켜봐 온 닐은 '해로우사립학교'와 워릭대학교를 졸업한 것으로 알려졌다.

아시아로 간 그는 태국과 필리핀 등을 여행한 후 중국으로 건너가 베이징에 머물렀다. 어학연수를 하면서 저녁에는 학원에서 영어를 가르치는 원어민 강사로 돈을 벌었다.

1990년대 초반, 중국은 모든 부분에서 개혁개방의 열기가 차고 넘쳤다. 해외에서 자금이 물밀 듯이 쏟아져 들어왔다. 누구라고 할 것 없이 모두 장사의 세계로 뛰어들었다. 누구나 창업의 바다에 뛰어들어 부자가 됐다. 죽의 장막이 무너지면서 신세계가 열린 것이다.

그 때까지도 대학을 졸업하면 '딴웨이'單位(회사)를 배정받아 일을 하고 거주할 주택도 배정받는 계획경제가 혼재했다. 칭화대와 베이징대, 런민대와 푸단대를 졸업한 아이디어 넘치는 청년들은 창업의 바다로 뛰어들었다. 농민들은 일자리를 찾아 도시로 나와 '농민공'신분으로 탈바꿈했다.

무도한 독재권력의 시대, 문혁때 지식청년知靑들이 모두 농촌으로 하방下乡되었다면 이제 도시청년들은 '돈을 벌기위해' 샤하이下海, 창업의 바다로 뛰어들었다.

영국청년 닐도 그런 중국의 청년무리들과 다를 바 없었다, 그에게 개혁개방을 통해 빛의 속도로 성장하고 있는 중국은 똑같은 기회를 제공했다. 그에게는 '차이니즈드림'의 무대였다.

영어학원에서 닐은 꽤나 유명했다. 외국인이 영어강사로 일하는 것은 베이징에서 흔하게 볼 수 있었지만 영국인은 선호순위에서 앞섰다. 영어학원에 다니던 학생으로부터 개인교습을 요청받았다.

학생의 집안이 태자당(홍얼다이 紅二代)이었다. 중국에서 성공으로 가는 지름길에는 고위층과의 밀접한 관계, 즉 '꽌시关系'가 있다는 것을 모르는 사람은 없다.

중국에서도 영어는 필수 외국어다. 중국인들은 미국식 영어보다 정확한 발음을 요구하는 영국식 영어를 더 높게 평가하는 경향이 있다. 한 때 유행하기도 한 독학방식의 '미친 영어'도 바로 그런 영국식 영어에 바탕을 두고 있었다.

닐은 중국인이 좋아하는 여러 조건을 갖추고 있었다. 영어강사로 명성을 얻은 그는 태자당 집안에서 개인교습을 시작했다.

일주일에 사흘 학원에서 영어를 가르쳤고 주말에는 태자당 자녀들을 개인교습했다. 그 집에서 마침 아들의 조기 영국유학을 준비하던 고위 당간부의 부인을 소개했다.

닐은 소개받은 부인이 어느 정도의 영향력을 가진 것인지 처음에는 몰랐다.

그녀는 보시라이의 부인 구카이라이였다. 고위층과의 깊은 '꽌시'를 맺기 위해 닐은 열심히 영어를 가르쳤다.

하루에도 수 만여 개의 기업이 창업을 했고 수천여 개 식당이 개업을 했다. 바다를 끼고 있는 '연해도시'는 쏟아지는 해외투자를 받아 개발특구를 지정하고 공단으로 조성했다. 경쟁체제로는 살아남을 수 없는 적자투성이의 국영, 국유기업들은 구조조정이라는 명목 하에 헐값으로 민간에 불하하는 시기였다.

민형사 소송을 대리하는 법률사무소보다는 투자컨설팅 자문을 하는 것이 더 큰 사업이라는 것을 파악한 '카이라이법률사무소'는 닐 에게 외자를 주로 취급하는 '투자&컨설팅 사업'을 함께 할 것을 제의했다.

그의 운명이 달라지는 결정적인 순간이었다.

닐은 흔쾌히 구카이라이의 제안을 받아들여 따리엔大连으로 함께 갔다.

#5 진퇴양난

엎질러진 물이다. 엎질러진 물은 다시 주워 담거나 대신할 다른 방법은 없었다.

초조하게 베이징(당 중앙)의 결정을 기다리고 있던 보시라이에게 마침내 짧은 통지가 왔다.

"一切都败了…"(모든 것이 끝났다…)

믿을 수가 없었다.

공안과 정법분야를 좌우하는 실세 저우 서기와 당 서열 2위의 우방궈 전인대 상무위원장, 장 전 주석의 복심을 자청해 온 자칭린 주석, 의형제와 다름없다고 여긴 시진핑, 허궈창 기검위 서기와 리장춘 위원 등 9명의 상무위원 중 6명의 우군을 확보하고도 후 주석 구도대로 충칭사태에 대한 보시라이 서기의 책임문제가 그대로 가결된 것이다.

믿었던 시 부주석이 결정적인 역할을 했다는 점에 대해 그는 배신감을 감출 수 없었다. 방미 중이었기 때문에 전화를 받지 않거나 입장

을 유보할 수 있었지만 시 부주석은 그런 선택을 하지 않았다.

후회막급이었다. 한시라도 빨리 행동에 나섰더라면 국면을 뒤집을 수도 있었다는 생각이 들었다. 지금까지는 상대보다 늘 한 발 앞섰지만 이번에는 판단이 달랐다. 돌발사태로 인해 준비가 전혀 안 된 상태였다. 급히 14 집단군과 공군전폭기 대대를 움직여보려고 했다. 베이징의 조치가 보시라이보다 한 발 앞섰다. '정변의 칼'을 뽑아들기도 전에 강한 압박으로 모든 것이 막혔다. 후 주석측이 보시라이의 동향을 예의주시하고 있었기 때문에 가능한 조치였다.

저우 서기와 링 주임도 기검위에 신병이 넘어간 왕리쥔 국장이 미국에 전달한 비밀자료목록을 파악하지 못했다. 왕 국장이 어떤 정보를 폭로한 것인지 제대로 알지 못한 상태에서 백기투항 해야 하는 상황에 처했다.

코앞에 다가 온 베이징 입성의 순간을 만끽하기도 전에 모든 것이 무너져버린 것이다.

(무엇을)지킬 수 있을까?

지킬 것이 남아있을까?

정치국 상무위원회 진입은 고사하고 정치국에서도 퇴출될 것이 분명했다.

1차방어선이 무너지면 2차, 3차 방어선이 줄줄이 무너진다. 나(보시라이)뿐 아니라 우리 모두의 운명이 와르르 무너질 수밖에 없다. 각자도생도 불가능해 질 것이다.

이미 내 문제에 관한 정법위의 관할권이 정지됐다. 기검위는 나와 저우 서기의 유착관계를 깊숙하게 조사하고 있다. 저우 서기의 위상이 흔들린다는 것은 당 중앙의 보호우산이 더 이상 작동하지 않는다는 것을 의미했다.

구카이라이의 살인범죄가 이미 표면에 드러난 문제라면 구체적인 실행계획이 드러나지는 않았어도 쿠데타政変세부계획 정도는 왕리쥔 수중에 있었을 것이다. 그 자료는 기검위가 확보했을 것이다.

어떻게 빠져나갈 것인가. 정리가 되지 않는다.

'정변계획은 실체가 없다. 어느 누구도 정변을 기획하거나 계획한 적이 없다. 부패비리가 확인되자 미국 망명을 시도한 반역죄를 저지른 왕 국장의 모함일 뿐. 그가 알 수 있는 정변계획이 있을 리가 없다. 충칭시 공안국장 정도가 정변을 알 수 있는가?

구카이라이의 살인죄에 대해서는 아는 바가 전혀 없다. 당시 사건에 대한 재조사를 요구한다. 만일 아내 구카이라이에 대한 범죄혐의가 확인되더라도 나와는 관계가 없는 일이다.나는 전혀 모르는 일이었다.

충칭시 간부인 공안국장이 당의 명예를 실추시킨 사건을 일으킨 것에 대해서는 내가 책임지겠다.

다만 '창훙따헤이'唱红打黑 캠페인을 통해 혁명정신을 고양시키고 개혁개방과정에서 흐트러진 인민의 사회주의 도덕을 재확립한 충칭의 성과에 대해서는 제대로 평가해주기를 바란다.'

보시라이는 쉬밍徐鳴 비서실장을 호출했다. 아내의 소재를 즉시 파악해서 신병을 확보하라고 지시했다.

일단 그녀를 데리고 와서 입을 맞춰야 했다. 기검위 조사에 앞서 정확한 입장정리와 사건 경위부터 파악해야 했다.

시간이 별로 없다. 전국인민대표대회는 3월5일 개막될 예정이었다. 불과 20일이 남았다. 당의 공식조치는 전인대가 끝나는 시점에 이뤄질 것이다. 그 때까지 총력전을 펼쳐야 한다.

아직 상하이방 방장, 장 전 주석의 영향력은 여전히 일정 정도 있었다. 쩡 전 부주석의 위상이 전과 똑같지는 않더라도 여전히 막강했다. 보시라이는 자신이 낙마할 경우, 상하이방의 대응방안이 마땅치 않을 뿐 아니라 정치적으로도 궁지에 몰리게 될 것이라는 것을 알고 있었다. 나와 상하이방이 '공동운명체'라는 것을 절실하게 느껴야 구명에 적극적으로 나설 것이라는 생각이 들었다.

정치국 상무위의 결정으로 충칭시 서기직에서는 물러나고 정치국에서도 쫓겨날 것이다.

황제의 꿈은 깨졌다.

'하찮은 몽고족 부하 때문이었다'고 탓하기에는 스스로에게 화가 치밀어 올랐다.

망명사건이 터지기 불과 하루 이틀 전에 손을 썼어도 피할 수 있었을 것이라는 아쉬움이 들었다.

집무실에 그를 불러 추궁을 했을 때 그 자리에서 요절을 냈어야 했다. 그날 쥐도 새도 모르게 처리했어야 했다. 하루 이틀 미뤘다가 사태가 벌어진 것이다.

아내의 소재는 쉽사리 파악되지 않았다. 이미 신병이 기검위에 넘어간 지도 모른다.

총체적 난국의 실체를 보시라이 스스로도 파악하지 못하고 있었다.

#6 지옥과 천국

'그녀는 정말로 나를 사랑했을까

영국인인 나를 진정으로 사랑해서 결혼하게 됐을까

12년 동안의 결혼생활은 행복했을까.'

그렇게 묻고 싶었다.

그녀 역시 보통의 중국인들이 바라보는 시선으로 나를 바라보다가 사랑에 빠졌다. 나의 오리엔탈리즘 때문인지, 그녀의 영국남자에 대한 환상 때문인지는 알 수 없다.

어쩐지 그녀와의 사랑이 다소 급하게 진행되면서 누군가의 개입이 있었던 것 같았다. 그러나 당시에는 이상한 느낌의 실체를 찾아낼 수가 없었다.

카이라이 변호사의 의도에 따른 것이 아니었는지 의심하기도 했다.

그녀는 필요로 하는 모든 조건을 갖추고 있었다. 서양인 누구나 그렇듯이 '오리엔탈리즘'에 빠져 중국에 온 나로서는 중국사업의 파트너이자 직원, 그리고 사랑하는 연인으로서 중국여인, 그녀가 좋았다.

오리엔탈리즘.

서구의 '일방적인' 동양 취향이라고 치부할 수도 있는 오리엔탈리즘은 간단하게 서양남성의 동양여성에 대한 무조건적인 취향을 의미하기도 한다. 미국의 유명 영화감독이자 배우 우디 알렌이 한국출신 입양아 '순이'같은 동양여성을 맹목적으로 좋아하는 것처럼 말이다. 적잖은 서양인들이 오리엔탈리즘이란 말을 분별력없이 사용하고 있는 것이 현실이다.

대학을 졸업하고 무작정 아시아로 여행을 떠난 것도 일종의 오리엔탈리즘 취향이라는 이유말고는 설명할 길이 없다. 아르튀르 '랭보'처럼 닐도 무작정 아시아와 아프리카로 가는 외항선을 탔다. 랭보가 아프리카에 가서 삶을 마감했다면 그는 아시아, 종착지가 중국이었다.

랭보의 시 '지옥에서 보낸 한 철'이 기억난다.

혹시라도 나의 삶이 그가 느꼈던 지옥은 아니더라도 '천국과 동시에 지옥에서 보낸 한 철'이 될지 모르겠다....

지옥에서의 한철 -서시-
장 니꼴라 아르튀르 랭보

예전에, 내 기억이 정확하다면, 나의 삶은 모든 사람들이 가슴을 열고 온갖 술이 흐르는 축제였다.
어느 날 저녁, 나는 무릎에 아름다움을 앉혔다.
그런데 가만히 보니 그녀는 맛이 썼다. 그래서 욕설을 퍼부어주었다.

나는 정의에 대항했다.

나는 도망쳤다. 오 마녀들이여, 오 비참이여, 오 증오여, 내 보물은 바로 너희들에게 맡겨졌다.

나는 마침내 나의 정신 속에서 인간적 희망을 온통 사라지게 만들었다.

인간적 희망의 목을 조르는 완전한 기쁨에 겨워, 나는 사나운 짐승처럼 음험하게 날뛰었다.

나는 사형집행인들을 불러들여, 죽여가면서, 그들의 총 개머리판을 물어뜯었다.

나는 재앙을 불러들였고, 그리하여 모래와 피로 숨이 막혔다. 불행은 나의 신이었다.

나는 진창 속에 길게 쓰러졌다. 나는 범죄의 공기에 몸을 말렸다.

그리고는 광적으로 못된 곡예를 했다.

하여 봄은 나에게 백치의 끔찍한 웃음을 일으켰다.

그런데, 아주 최근에 하마터면 마지막 '꾸악' 소리를 낼 뻔했을 때,

나는 옛 축제의 열쇠를 찾으려고 마음먹었다. 거기에서라면 아마 욕구가 다시 생겨날 것이다.

자비가 그 열쇠이다. 이런 발상을 하다니, 나는 꿈 꾸어왔나 보다.

'너는 언제까지나 하이에나이리라, 등등......',

그토록 멋진 양귀비꽃으로 나에게 화관을 씌워준 악마가 소리지른다.

'너의 모든 욕구들, 너의 이기심, 그리고 너의 큰 죄업들로 죽음을 얻어라'

아! 나는 그것들을 실컷 맞이했다.

하지만, 친애하는 사탄이여, 간청하노니, 눈동자에서 화를 거두시라! 하여

나는 뒤늦게 몇몇 하찮은 비열한 짓을 기다리면서,

글쟁이에게서 묘사하거나 훈계하는 역량의 부재를 사랑하는 당신을 위해,

내 악마에 들린 자의 수첩에서 이 흉측스러운 몇 장을 뜯어내 덧붙인다.

'그들은 내가 누구인지 정확히 모른다. 나도 나의 정체를 정확하게 친구들에게 조차 털어놓은 적이 없는데 말이다.'

'사랑한다고 느끼는 순간, 사랑한다고 고백하는 순간' 부터 사랑은 실체로 존재한다. 사랑이라는 감정이 특정대상을 상대로 한 실존이 되는 것이다. 그것이 실제의 감정인지 아닌지는 중요하지 않다. 우리는 사랑으로 불탔고 서로를 탐닉했고 그 때부터 각자의 동양과 서양을 마구 파헤쳤다.

사랑한다고 믿으면 사랑하는 것이다. 사랑하지 않는다고 의심하는 순간, 그 사랑은 거짓이 되는 것처럼 말이다.

우리가 언제 그 때처럼 불붙은 적이 있었던가 곰곰 생각해보면 나는 무어라고 분명하게 대답할 수는 없을 것이다. 나는 늘 현재의 상황에 충실하려고 한다. 실재한다고 믿었고 실재하지 않는다고 불신한 적은 단 한 번도 없었다. 사랑 역시 마찬가지였다.

어느 날 그녀와는 다른 동양이 다른 세계처럼, 다른 무게감으로 다가왔다.

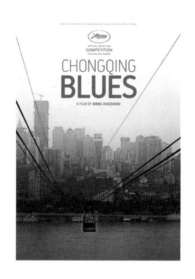

내가 들어가고자 했던 그 오리엔탈리즘의 핵심으로 들어가는 문门이라는 게 확실했다. 나는 그 문으로 거침없이 들어갔다. 오리엔탈리즘의 세계에 지옥과 천국이 공존한다는 것을 이전에는 미처 몰랐다.

지옥과 천국은 하나의 세계였다. 동전의 앞면이자 뒷면이고 낮과 밤이었고 남녀 구분없는 암수동체였다. 그들이 나를 그렇게 만들었고 그들이 속해있는 세계가 그런 속성을 갖고 있었다. 자연스럽게 나는 그들과 한 패가 되었고 그들은 나를 그들과 같은 무리로 분류하기 시작했다.

***

결혼식은 중국식이었다.

따리엔大连같은 대도시에서도 '중국아내와 영국남편'의 이색 결혼식은 흔히 볼 수 있는 풍경은 아니다. 헤이우드라는 이름의 컨설팅회사를 운영하고 있어 결혼식은 따리엔 사람들의 화제에 오르기도 했다. 결혼식 후 두 사람은 영국으로 가서 혼인신고를 마치고 영국 친구들과 피로연을 갖는 것으로 영국식 결혼식을 마쳤다.

중국에서 사업을 하면서 중국인 아내를 둔 외국인은 중국사업을 하면서 부딪치게 되는 성가신 문제들을 쉽게 처리할 수 있다. 1990년대까지만 해도 외국인이 중국에서 허가를 내서 독자사업을 벌이기가 쉽지 않았다. 당과 정부기관 그리고 국유기업들을 대상으로 사업을 한다는 것은 웬만한 꽌시关系로는 어림도 없었다. 그래서 중국인과 합작이나 합자회사 형태가 대부분이었다.

그의 투자컨설팅 및 부동산투자자문회사는 외국자본을 유치하는 것이 주요사업이 아니었다. 외자투자를 자문하고 유치하는 것은 허울좋은 명분이었다.

카이라이와 함께한 컨설팅 사업은 폭발적으로 성장했다. 헤이우드는 영국의 '애쉬틴 마틴' 자동차 고문으로도 위촉됐다. 자문료는 매달 정상적으로 지급됐고 닐은 수도 베이징에도 사무실을 개설, '헤이우드 보딩턴'이라는 투자회사를 설립했다. 중국에 투자하는 영국기업에 투자컨설팅을 제공했다.

국경을 넘나든 사랑의 결실도 맺었다. 아들 '조지'와 딸 '올리비아'가 태어났다. 두 아이들이 태어난 곳은 따리엔이었다. 아이들은 따리엔의 외국계 유치원에 다니다가 베이징으로 간 이후에는 영국계 사립학교에 다녔다. 연간 학비가 20만 위안(3,500만원)에 이르는 고급학교였다. 휴가 때는 온가족이 따리엔에 갔다. '동방의 베니스'라고 불리는 '보하이만渤海弯'의 풍광 속에서 닐은 요트를 타고 휴가를 즐겼다.

누구나 꿈꿀 수 있다고 해서 누릴 수 있는 것은 아니다. '차이니즈 드림'이 이뤄진 것이다.

중국에서 성공한 외국계 기업인으로 중국인 아내와 가족들과 안락하게 살면서 여행을 다니는 것은 천국과 마찬가지였다. '天上天堂 地上苏杭'이라는 중국인이 즐겨 인용하는 말이 있다. 하늘에 천당이 있다면 땅에는 쑤저우와 항저우가 있다는 뜻이다. 중국 최고의 미녀로 꼽히는 쑤저우苏州 미인을 얻어 지상천국 항저우杭州에 사는 것이 최고라는 의미다.

영국이 청나라와의 아편전쟁에 승리한 후 수많은 영국인이 홍콩으로 이주했다. 차와 비단과 오리엔탈리즘의 나라 중국은 천국이 아닐 수 없었다.

중국사업을 하는 기업인의 현실은 천국일리가 없어도 말이다.

'나는 성공한 기업인이 아니다. 빚에 쪼들렸고 허겁지겁 일에 매달렸고 빚 독촉을 받았다.

내가 하는 일이 다 내 사업이 아니었다. 이젠 중국을 떠나고 싶다.'

2007년 어느 날 그의 일기장에 적혀있는 닐의 독백이다.

'이건 내가 원하던 삶이 아니다. 이건 내가 꿈꾸던 중국이 아니다. 내가 그들을 위해 일을 해야만 한다는 건 끔찍하다. 이번 일들이 마무리되면 나는 지체없이 중국을 떠나고 싶다.'

그의 일기장에 남겨진 그의 메모들은 그의 오리엔탈리즘이 사실은 가짜였다는 고백과 다름없다.

우리가 알고있는 것과 어긋나있는 중국에 대한 닐의 불편한 상황은 무엇을 말해주는가? 그렇다고 그가 불법적인 일이나 불편한 사건

에 연루된 흔적은 어디에서도 찾을 수 없다. 출장에서 돌아와서는 늘 두 아이들과 함께 시간을 보내곤 하던 그의 '바른 생활' 어디에서도 그가 불성실한 아빠이자 남편이었다는 기록은 보이지 않았다.

그의 활동반경은 베이징에만 머물지 않았다. 베이징과 따리엔과 충칭을 중심으로 청두 그리고 티벳의 라싸까지 그는 대륙 전역으로 종횡무진 다녔다.

그러나 그가 디디고 있던 현실은 우리가 보는 것과 달랐다.

천국도 지옥도 아닌 그 경계지대였다.

보시라이에 대한 처분이 확정되었지만 공식 통보는 유예된 상태였다.

전인대와 정협의 '양회' 兩会가 코앞에 닥쳤다. 국내외적으로 이목이 집중되는 정치행사를 마친 후 조용하게 처리하기로 내부방침을 정했다.

보시라이도 충칭시 서기에서 해임될 것이라는 것은 알고 있었다. 처분 내용을 구체적으로 통보받지 못했지만 한직으로 좌천될 것으로 여겼을 것이다.

전인대에 참석할 충칭시 대표단을 이끌고 베이징으로 가는 전세비행기에서 그는 짐짓 아무 것도 모르는 듯 태연했다.

예년 전인대 때와 달리 올해 대표단이 여장을 풀 베이징 호텔은 '징시빈관'京西宾馆이 아니었다. 각오한 일이었다. 각 성시자치구별 전인대 대표들은 각각 대표단별로 베이징 시내 호텔을 배정받았지만 정치국 중앙위원 이상 당 간부들은 징시빈관에 숙소를 배정하는 것이 통상적인 관례였다.

'마지막이구나…'

게다가 정치국 상무위원 등 최고지도자들의 숙소 '징시빈관'과 충칭시 대표단 숙소를 최대한 멀리 벌려놓았다. 보시라이가 혹시라도 정치국 상무위원 등 고위급 인사들과 접촉할 수 있는 가능성을 차단했다.

전인대가 열리는 '인민대회당' 바로 뒤쪽에 있는 '인민대회당호텔' 人民大会堂宾馆이 충칭시 대표단 숙소였다. 이곳 역시 내외신 기자들의 출입은 통제했다.

보시라이의 베이징 도착여부와 충칭대표단의 동선에 대해서도 정보를 주지 않았다.

'징시빈관'은 외국 국가원수를 접대하는 국빈관 '조어대'釣魚臺에 버금가는 경비경호를 하는 국영호텔로 평소에도 일반인들이 이용할 수 없도록 통제한다. 중국공산당의 주요 정책을 결정하는 중앙위원회 전원회의(중전회)가 늘 이곳에서 개최될 정도로 당의 역사에서 중요한 정치적 장소다.

중전회가 열리는 10월, 중앙위원들은 전원 이 호텔에 함께 묵는다.

'징시빈관'은 중앙 군사위원회가 인민해방군 전용으로 건립한 호텔이다. 현제는 인민해방군 총후근부(군수사령부)가 직접 운영하는 '5성급 호텔'로 1,000여개의 객실을 갖고있다. 1950년대에 지어진 오래된 호텔이지만 2001년 리모델링을 통해 새로 단장됐다.

전인대가 열리면 중국 전역에서 상경한 3,000여명에 이르는 대표단은 징시빈관(중앙위원급이상)을 비롯한 베이징 시내 주요 호텔에 분산 숙박하면서 일주일 동안 진행되는 전인대에 참석한다. 전인대와 더불어 정치협상회의(정협)도 동시에 열리기 때문에 베이징에서는 양회 참석자만 5천여 명 이상이 북적거리게 된다.

이 요란한 정치행사의 첫 테이프는 인민대회당에서 열리는 정치협상회의(정협) 개막식이 끊는다.

2012년 3월 3일 오후, 정협이 개막됐고 전인대는 그로부터 이틀 후인 5일 열렸다.

당의 처분통고만 기다리는 속사정에도 불구하고 보시라이의 베이징 무대 등장은 지난 해와 다름없었다. CCTV는 웬일인지 보시라이가 정협 개막식에 참석, 미소띤 얼굴로 손을 흔드는 모습을 방영했다. CCTV는 보시라이에 대한 연민이 남아있었던 것일까.

당 공식기관지인 〈인민일보〉가 이미 보름여 전인 2월 16일자 사설을 통해 당의 보수화를 경계한다는 논조로 보시라이를 비난하는 논평

을 게재, 보시라이의 낙마를 기정사실화했는데도 말이다.

개막식에서 보시라이가 허궈창 상무위원을 접견하는 모습도 화면에 노출됐다. 전인대 등 양회가 열리면 정치국 상무위원들은 각 성시 자치구 대표단을 접견했다. 허 위원이 기검위 를 맡고 있는 '저승사자'라는 점에서 두 사람의 접견은 주목받을 수밖에 없었다.

보시라이는 허궈창 외의 다른 위원들과는 만나지 못했다.

허궈창과 보시라이의 불편한 관계에 대한 소문이 시중에 파다하게 퍼졌다.

보시라이는 "물을 마시는 사람은 우물을 판 사람을 잊지 않는다."는 뜻의 '음수사원飮水思源'을 인용하면서 "허 위원이 충칭에서 닦아놓은 업적이 충칭의 변화에 큰 도움이 되고 있다"며 뒤늦게 허 위원 앞에 머리를 숙였다.

허궈창은 표정하나 변화없이 물끄러미 보시라이를 바라봤다.

보시라이는 허 위원과 만나 자신이 기사회생할 가능성이 1%도 되지 않는다는 것을 느꼈다.

왕리쥔에 대한 1차 조사에 이어 보시라이 주변에 대한 기율검사위의 전방위조사가 진행되고 있었다.

이틀 후 전국인민대표회의가 열렸다.

9명의 정치국 상무위원들이 차례로 등장했고 정치국 위원들과 함께 회의장 맨 앞줄에 앉았다. 왕양 서기와 보시라이서기가 나란히 앉아있었다. 두 사람 사이에는 중앙군사위 부주석이자 정치국 위원 쉬차이허우가 있었다. 내·외신기자들이 흥미롭게 그들을 지켜보고 있었다.

물정모르는(?) 외신기자들은 보시라이의가 전인대와 정협 등 양회에 참석하자 '왕리쥔 사건'에도 불구하고 그의 '정치적 건재'健在를 시사하는 것이라고 오독하기도 했다.

개막식이 끝난 후 보시라이의 행방이 묘연해졌다. 숙소인 인민대회당호텔에도 보시라이는 돌아오지 않았다. 보시라이의 동태를 원거리에서 '쫓고' 있던 기검위 요원들이 황급하게 추적에 나섰다.

보고를 받은 허궈창 기검위 서기와 저우융캉도 행방을 수소문했다. 어느 쪽에서 먼저 찾아내느냐가 관건이다.

보시라이는 개막식이 끝나자마자 당 중앙의 승인을 받지 않은 채 인민대회당을 떠나 은밀하게 충칭으로 되돌아갔다.

회생 가능성이 1%도 없는 절망적인 상황을 확인하고 아무 일도 없다는 듯 회의에 참석해 웃으며 앉아있는 것은 고통스러웠다.

울화통이 치밀었다.

왕리쥔 사건만 없었더라면 이런 대접이 아니라 가을 정치국 상무위원회로 진입, 황제의 꿈을 전개하게 될 것이었다는 생각이 들자 버틸 수가 없었다.

비서실장을 호출했다.

'그냥 앉아서 잡으러 올 때까지 가만히 있을 수는 없다'는 오기가 생겼다.

이판사판이라는 생각이 들었다. 무엇보다 꼬리자르기에 나선 상하이방이 섭섭했다.

그날 저녁이었다.

보시라이는 수행원만 단촐하게 데리고 장베이 공항 외곽에 주둔하고 있는 충칭주재 무장경찰부대로 향했다. 그가 충칭으로 돌아갔다는 사실이 확인되자 베이징이 발칵 뒤집혔다.

저우 서기는 가장 먼저 전화를 걸었다.

"보 동지. 즉시 베이징으로 돌아오시오. 당 중앙에는 건강문제로 일시적으로 베이징 외곽병원에 머물고 있는 것으로 하겠습니다. 경거망동하지 마시오. 주시하고 있습니다."

".... 알겠습니다."

선택할 카드는 없다. 보시라이 단독으로 정변政變을 일으키는 일이란 불가능하다. 그를 설득해서 조용하게 베이징으로 돌아오도록 해서 신병을 우선 확보하는 것이 급선무였다. 정법위와 기검위 두 감찰기관이 나서 그를 체포하려고 대기하고 있었다. 소란스럽지 않게 처리해야 한다.

충칭 무경부대장이 저우 서기의 지시를 보시라이에게 전달했다.

보시라이의 무모한 저항은 허무하게 끝났다.

다음 날 베이징으로 돌아온 보시라이는 인민대회당호텔에 하루종

일 머물렀다. 연금상태였다.

전인대 2차 전체회의는 8일 오전 인민대회당에서 다시 열렸다.

개막식 때 보시라이가 앉은 자리에 쉬차이허우 부주석이 앉았다. 보시라이는 회의장에 보이지 않았다. 보시라이의 행보에 촉각을 곤두세우던 내외신기자들은 문제가 생겼다는 것을 파악하고 난리법석을 떨었다.

그래선가 이날 오후 열린 충칭시 대표단 토론회에는 보시라이가 참석했다. 저우융캉 서기도 어쩐 일인지 모습을 보였다. 황치판 충칭시장이 토론회를 주재했고 보시라이는 한마디도 하지 않았다.

15일 신화통신은 보시라이를 충칭시 서기에서 해임하고 후임에 장더장張德江 국무원 부총리를 임명했다고 보도했다.

전인대는 14일 폐막했다.

폐막과 동시에 보시라이의 신병은 당 기검위에 인계돼 베이징 교외의 한 초대소에 연금됐다.

8

해명과 변명사이

보시라이는 '왕리쥔 사건'에 대해 처음으로 공식적인 해명에 나섰다. 전인대가 열리던 9일 오후였다.

"(왕리쥔 사건이)나 개인과 이번 18대 공산당 대회와 어떤 관계가 있다고는 지금까지 생각해본 적이 없다."

기자회견은 왕리쥔 사건에 대한 해명이라기보다는 변명에 가까웠다.

'왕리쥔의 망명시도는 나와는 관계없다. 비리를 저지른 중간 간부의 개인적인 문제다. 그를 공안국장으로 임명해 인사관리를 소홀히 한 것은 내책임이다'라는 것이다.

전날 전인대 전원회의에 참석하지 않아 사직서를 제출하거나, 신변에 이상이 생긴 것 아니냐는 의혹이 인 것에 대해 묻자 "사직서는 제출하지 않았다. 회의에 출석하지 못한 것은 갑자기 몸이 불편해서였다"고 했다.

향후 충칭시 서기에서 해임될 것 같다는 질문에 대해서도 "이런 저런 소문이 많다"면서 "18대 당 대회를 맞아 충칭시를 발전시키는 것이 내가 해야 할 도리"라며 일축했다.

그러나 그의 표정에서는 특유의 도도하고 자신만만한 자세는 사라졌다.

또 후 주석이 단 한 번도 보시라이가 부임한 이후 충칭을 방문한 적이 없다고 지적하자,

"후 주석은 충칭을 아주 중시한다. (충칭 모델은)후 주석의 지시에 따라 진행한 것"이며 "후 주석께서 곧 충칭에 가서 직접 충칭의 성과를 확인할 것으로 믿는다."고 답했다.

창홍따헤이唱红打黑 캠페인에 대해 9명의 상무위원 중 후 주석과 리커창 총리를 제외한 7명의 상무위원이 한 두 번씩은 충칭을 방문, 사실상 보시라이의 정치적 행보를 지지한 바 있다.

그는 다시 한 번 자신의 측근이었던 왕리쥔 국장에 대해 "그가 갑자기 떠난 것이 당황스럽고 놀랍지만 그의 업적에 대해서는 긍정적으로 평가한다."며 "충칭의 범죄조직을 소탕한 성과를 부정해서는 안된다. 사람을 쓰면서 제대로 주의를 기울이지 못한 점이 마음 아프다."며 에둘러 이번 사건이 전적으로 왕 국장 개인의 일탈이라고 강조했다.

"조직폭력범죄에 대해 눈을 감고 있어야 하는가. 아니면 지도자가 이를 책임지고 척결해야 하는가. 우리는 후자를 선택했다. 충칭에서 깡패들을 타도함으로써 3천만 시민의 삶은 물론 지역 기업 활동에 우호적인 환경이 만들어졌다. 앞으로도 충칭은 더 안전하고 건전한 환경을 만들기 위해 최선을 다해나갈 것이다."

'왕리쥔 사건'이 터지지 않았으면 보시라이는 정치국 상무위로 직

행했을 것이고, 그와 그들의 계획대로 왕조가 교체되는 쿠데타도 성공적으로 진행됐을 지도 모른다.

'헤이우드 살해사건'의 진상도 드러나지 않고 묻혔을 것이다. 그리고 중국은 지금과는 전혀 다른 방향으로 가고 있을 지도 모르겠다.

왕리쥔 사건은 후계자 수업을 착착 쌓고 있던 시진핑에게는 억세게 운이 좋은 천재일우의 기회였다.

보시라이는 이 기자회견을 끝으로 공식석상에서 더 이상 보이지 않았다.

쿠데타의 시작

저우 서기는 가만히 있지 않다. 은밀하게 조직을 가동했다.

'보시라이사건'에 관할권을 빼앗겼지만 그렇다고 마냥 당하고 있을 수는 없었다. 기검위 조사가 이어질수록 '꼬리자르기'로 이 사건이 끝나지는 않을 것이라는 것을 누구보다 잘 알고 있었다.

후 주석의 칼끝이 향하는 곳은 결국 상하이방 핵심이었고, 핵심이 누구란 것은 두말할 필요가 없었다. 절치부심의 시간이었다. 그동안의 수모를 한꺼번에 되갚아 주고 싶을 것이다. 절호의 기회를 이번에는 놓치지 않을 것이다.

왕리쥔이 제출한 보시라이 가문의 축재와 부패비리 리스트는 보시라이가 직접 책임져야 하는 문제다. 그러나 보시라이를 '政變'의 축으로 만든 배후세력이 밝혀지지 않았다. 동조세력을 찾아내야 했다.

시진핑을 대노하게 만든 쿠데타계획에 대해서는 꼬리를 자르는 수외에는 없다.

보시라이로 하여금 우선 왕 국장에 동조한 둥베이東北 출신 충칭 공안국 중간 간부들에 대한 감찰에 나서도록 했다. 공안 부국장, 특수 수사대장 등은 보시라이가 따리엔 시장 시절부터 손발처럼 부리던 수하들이었다.

왕 국장과 한패가 된 그들을 믿을 수 없었다. 칼끝이 자신들을 향하면 공안들은 배신할 것이다.

저우 서기는 정법위 산하 무경武警특수수사대를 동원, '따리엔 스더'大连实德그룹 쉬밍徐明회장 신병을 확보하도록 지시했다.

왕 국장에 대한 조사를 통해 쉬밍이 그동한 해 온 역할이 다 드러났다. 쉬밍의 신병이 넘어가면 고구마줄기처럼 보시라이의 자금줄이 드러나면서 상하이방 쪽으로 전선이 확대될 가능성이 높았다. 쉬밍은 화약고가 될 수 있었다.

보시라이가 즉각 쉬 회장과 연락, 재빨리 신병을 저우 서기에게 넘겼다. 정법위가 움직이기 시작했다. 저우 서기의 지시를 받은 검찰이 쉬밍 회장의 신병을 인수, 안가로 데려갔다.

보시라이 해임이 발표되기 몇 시간 전의 일이다.

전날 보시라이 신병을 확보한 기검위도 곧이어 백방으로 쉬밍 소재파악에 나섰다.

'쉬밍을 잡아라' 그가 입을 열면 여럿이 다치게 된다. 그의 핵심네트워크는 어마어마했다.

'정법위 경비와 보안상황이 삼엄해졌다. 무슨 상황이 발생한 것이 아닌지 모르겠다.'고 링지화 주임이 정보를 제공했다.

원자바오 총리는 산전수전 다 겪은 백전노장이었다.

톈안먼사태 당시 탱크부대의 압박을 뒤로 하고 자오쯔양을 수행, 톈안먼 광장에 직접 나가 학생대표들을 만나기도 했다.

저우 서기에게 전화를 걸었다. 허궈창 서기에게는 보시라이와 쉬밍의 신병확보와 엄격한 조사를 지시했다.

"저우 동지. 쉬밍... 거기 잡아두고 있지요... 기검위로 보내주시오..."

짧지만 단호한 어조였다.

"아닙니다. 우리는 그 문제에 관여하지 않습니다...."

"정말입니까? 정법위가 쉬밍을 확보하고 있다고 하는데. 당의 명예를 존중해주셔야 합니다...."

짧은 순간, 두 사람의 침묵은 한 치도 물러설 수 없는 양측의 대치를 대신했다.

9

쿠데타 - '쉬밍을 잡아라'

베이징 시내 한복판인 자금성 오른쪽, 회랑回廊같이 좁고 긴 골목 길 한가운데 숨어있는 듯 자리 잡은 '중앙정법위원회'

며칠 전부터 주변 경비가 강화됐다. 건물 앞에는 무장경찰의 장갑차까지 포진해 있다. 최고지도부의 집무실인 중난하이와 두 블록 밖에 떨어져 있지 않고, 인민대회당이 있는 톈안먼광장이 인접한 곳으로 평소에도 경비가 삼엄하지만 최근 정법위 주변에 대한 일반인의 접근이 완전 차단됐다.

따리엔스더 그룹 쉬밍 회장 신병을 수소문하고 있던 '기검위'는 정법위 주변의 수상한 움직임에 주목했다. 더불어 중난하이를 경비하는 중앙경위국은 중난하이 주변에 대한 경호를 한 단계 격상했다.

양회가 아직 끝나지 않은 시점이어서 톈안먼광장 주변은 뉴스 스탠딩 리포팅을 하려는 내외신기자들의 출입이 빈번했다. 기자들은 이런 상황을 눈치채지 못했다.

"저우 동지. 어떻게든 방법을 찾아주시오. 자칫 우리 모두가 한꺼번에 공동운명체가 될 수 있소!"

'공동운명체'라니... 보시라이의 읍소는 협박조였다. '혼자서는 죽을 수 없다'는 은근한 협박이었다.

"받아들이시오. 왕리쥔 사고가 치명적이지 않소. 수습하시오!"

산전·수전·공중전까지 다 치른 저우 서기로서는 참을 수 없는 어이없는 협박이었다. 황제를 노리던 자가 어떻게 자기 수하 한 사람 제대로 관리를 하지 못하고 아내가 살인사건을 저지르도록 방조할 수 있는가. 당초부터 위험한 인물이라는 것을 알았지만 기가 막혔다. 한마디로 불한당같은 놈이었다.

애시당초 벌어져서는 안되는 일이었다. 사생활 관리를 제대로 하지 못한 채 살인사건의 주역이 되고 처리하는 과정에 부하를 연루시킨 깔끔하지 못한 일처리였다. 망명사건을 무산시키기 위해 미국 측이 요구하는 무리한 요구를 어쩔 수 없이 수용했다.

"당신이 살아날 길은 전혀 없소. 당의 처분을 완화할 수 있는 방법이 있다면 나도 백방으로 노력하겠소. 최대한 주변정리를 해주기 바라오.

다시 태양이 뜨는 날을 볼 수 있을 때까지. 너무 무리한 요구는 하지 마시오. 그 때까지 잘 견디고 참아내시오!"

"쉬밍을 그냥 처리해야 합니다. 그는 심약한 성격이라 기검위에 가면 다 털어놓을 겁니다."

기검위가 찾는 쉬밍을 넘겨주지 말고, 쥐도 새도 모르게 없애야 후환이 없다는 뜻이었다. '왕리쥔사건'도 하루 이틀 처리를 늦췄다가 발생한 일이다.

그가 목숨을 부지하기 위해 미국영사관을 찾아갈 것이라고는 꿈에도 생각하지 못했다. 그날 집무실에 불러 책임추궁을 하는 그 자리에서 처리했더라면 하는 후회가 일었다.

쉬밍은 이제 사라져 줘야 하는 버거운 존재가 됐다.

그는 보시라이 가문의 비리를 공유하고 있다.

보시라이는 정법위에서도 그를 조사해서는 안된다고 생각했다. 그저 빨리 그를 사라지게 하는 것 외에는 방법이 없었다.

쉬밍은 보시라이가 꿈꾸던 대망을 실현시키기 위한 주춧돌을 자임했다.

따리엔大连에서는 마르지 않는 '돈줄'이었고 스더 그룹의 자금력을 바탕으로 보시라이는 상무부장으로 당당하게 베이징으로 진입할 수 있었다. 정경유착이 아니라 아예 '정경일체'였다. 쉬밍은 보시라이의 집사였다.

양회 폐막을 앞둔 2012년 2월 14일.

원자바오 총리가 예고도 없이 기자회견을 자청했다.

보시라이 문제가 나오자 원자바오는 주저없이 '엄정한 처리'를 강조했다. 외신은 곧바로 원 총리의 말을 기사로 내보냈다.

'보시라이 처분 임박', '보시라이 해임 예상'

그 시각.

정법위에 한 대의 검은 차량이 진입했다. 쉬밍이었다. 쉬밍은 베이징의 서북쪽 차오양구에 위치한 한 호텔에 있었다. 갑작스러운 호출을 받고 와이셔츠 차림으로 1층에 내려온 그는 정법위 검찰관들에 의해 연행되다시피 했다. 쉬밍의 신병을 확보하려고 정법위가 나선 것이다. 쉬밍도 정법위가 보시라이 편에 있다는 것을 알고 있었다. 그러나 두려웠다. 보시라이 편인지 정법위 편인지 반대편인지 모르지만, 쉬밍 편은 어디에도 없다.

그는 1971년 4월 따리엔에서 출생. 1992년 따리엔 스더实德그룹을 창업했다. 보시라이후견인을 자처하면서 급성장한 스더 그룹은 화학 건재사업으로 시작해서 석유화학, 금융보험 문화체육, 가전제품 등으로 사업영역을 문어발식으로 확장하면서 따리엔을 대표하는 기업으로 성장했다. 따리엔 스더는 2001년 프로축구단도 창립, 중국 축구사에 족적을 남겼다. 물론 이 축구단은 스더그룹이 창단한 것이 아니라 기존의 구단을 인수한 것이다. 2011년 스더는 121억 위안의 영업이익으로, 중국부자기업 순위 66위에 올랐다.

스더는 따리엔 역 승리광장과 '진스탄' 개발프로젝트 등 따리엔시의 개발사업을 도맡으면서 보시라이의 따리엔 경제성과 만들기의 일등공신으로 자리잡았다.

보시라이의 아들, 보과과의 해외유학도 쉬밍이 책임졌다.

정법위의 쉬밍 신병확보작전은 어렵지 않았다.

보시라이 해임조치를 전격 발표하고 후임까지 발표한 당 중앙은 보시라이에 대한 본격조사에 앞서 쉬밍 회장 신병을 확보하고자 했으나 쉬밍이 사라졌다.

허궈창은 대노했다.

"당장 찾아와. 도대체 누가 쉬밍을 먼저 어디로 데려간 것인지 분명히 알지 않은가."

기검위 역시 정법위와 마찬가지로 쉬밍의 소재를 파악하고 감시하던 상황이었다. 보시라이 측의 반발을 우려, 해임처분이 내려지고 난 뒤에 신병을 확보하기로 하고 기다리고 있던 상황이었다.

눈앞에서 쉬밍이 감쪽같이 사라진 것이다. 보시라이측이 한 발 앞서 손을 썼다. 자칫 그가 이 세상에서 사라지기라도 하면 보시라이 문제가 용두사미가 될 수 있다.

'서둘러라 반드시' 살아있는 '쉬밍을 찾아 데리고 와!'

호텔 CCTV를 확인해서 그를 납치해 간 차량을 찾아냈다. 정법위 차량이었다. 정법위의 경비상황이 갑자기 강화된 이유가 쉬밍 때문이라는 것이 확실해졌다.

저우 서기는 기검위의 요청을 무시했다.

원자바오가 직접 나섰다.

그의 신병을 내줄 수밖에 없게 됐다.

쉬밍의 신병을 인수하러 간, 중앙경위국 요원들은 베이징을 방어하는 수도방위사령부인 '38집단군'에 SOS를 쳤다. 곧바로 특전단 소속 1개 대대가 출동, 정법위 건물을 포위했다.

베이징 시내 한복판.

중난하이와 정법위를 사이에 두고 탱크가 출동했다. 일촉즉발의 군사적 충돌상황이 전개되고 있었다. 베이징 도심을 에워싸고 있는 얼환二環순환로 이내 도로는 그 때부터 긴급하게 통행이 금지됐다.

1989년 톈안먼 사태 이후 국경절 열병식이 아닌 때에 톈안먼이나 얼환 내에 탱크가 진입한 것은 처음이다.

쿠데타와 다름없었다.

정법위를 경비하던 무경부대 지휘관은 완강하게 버텼다.

총소리가 충돌했다,

두두두두 다다다다....특전단이 허공을 향해 기관총 사격을 개시하면서 정문으로 돌진했다.

탕탕 타탕탕...병력들이 주춤했다. 총구는 허공이었다.

....

오분 간의 소강상태가 억겁의 시간처럼 느껴졌다.

이대로 저항한다면 양측 모두 엄청난 희생을 치를 수밖에 없는 정체절명의 시간이었다.

"동지들 지금부터는 실제상황이다. 당 중앙의 명령이다. 무기를 버리고 당의 명령에 따르라. 현장지휘자가 누구인가? 지금부터 당의 지시에 따르지 않는 자는 반혁명혐의로 체포하겠다! 탕 탕 탕...."

마침내 문이 열렸다.

무장경찰이 손을 들었다. 상대는 톈안먼 사태를 진압하러 베이징 시내로 진입한 인민해방군 최정예부대 38군이었다. 탱크까지 동원한 부대와 맞붙어봤자 역부족이었다.

보시라이의 '키맨' 쉬밍의 신병이 정법위에서 기검위로 넘어갔다.

왕리쥔의 폭로

보시라이 해임이 발표된 그날, 왕리쥔은 기검위에서 조사를 이어가고 있었다.

왕리쥔은 '중대한 자백'을 했다. 보시라이 일가의 뇌물축재와 비리부패혐의 그리고 구카이라이의 영국인 살해범죄, 더 나아가 보시라이와 그 배후세력들의 쿠데타(정변)政変계획이다.

신중국 건국이후 마오 시대는 물론이고 역사상 단 한 번도 쿠데타는 성공하지 못했다.

배후세력의 핵심은 정치국 상무위원 저우융캉周永康 중앙정법위 서기였다. 장쩌민-쩡칭홍의 상하이방이 리커창李克强을 제치고 차기 후계자로 시진핑을 만들었다. 그런데 상하이방의 실세인 저우융캉이 시진핑 체제를 전복하려는 '쿠데타'라는 앞뒤가 들어맞지 않는 음모였다.

후 주석과 차기 후계자 시 부주석에게 즉각 보고돼야 할 폭발적인 자백이었다.

왕 국장이 밝힌 쿠데타 계획에 대한 구체적인 증거는 부족했다. 정변계획을 한 단계씩 조사해서 관련자들의 가담여부를 확인해야 했다.

정변은 시 부주석에 대한 반대가 아니라 당의 영도에 대한 중대한 도전이었다.

기검위는 발칵 뒤집어졌다. 전인대 폐막식에 참석하려던 허 서기가 인민대회당에서 곧바로 기검위로 달려왔다.

허 서기는 후 주석에게 긴급 보고했다. '정변계획'이 드러난 이상 보시라이와 저우융캉에 대한 즉각적인 신병확보가 우선 필요했다. 보시라이는 전날 사전 신병을 확보해 둔 상태였다. 후 주석은 그러나 저우 서기에 대해서는 유보하라고 지시했다. 그가 200만 명에 이르는 무장경찰을 지휘하는 중앙정법위를 관할하고 있어 섣불리 체포하려고 하다가는 무력충돌사태를 야기할 우려가 있었다.

'왜 저우 서기가 나섰을까.... 시 부주석과의 관계가 틀어진 것인가?'

후 주석은 상념에 잠겼다.

자신들이 만들어놓은 차기지도자가 취임하기도 전에 그를 배제한 제3의 인물을 새로운 지도자로 세우겠다는 쿠데타음모라니... 도대체 왜 그렇게 하는 것인지 이해가 되지 않았다.

2011년 하반기부터 상하이방- 태자당 연대가 삐걱대는 걸 느끼긴 했다. 상하이방 핵심이 시진핑 대신 다른 주자를 내세우기로 한 쿠데타계획을 세웠다는 게 이해가 되지 않았다.

긴급보고서애서 저우 서기가 쿠데타음모의 핵심인사로 지목됐다. 국가안전부 해외공작 부서를 통해 시진핑 부주석은 물론, 후 주석과

원 총리 일가의 부정축재 의혹에 대한 폭로를 준비하고 있었다. 이를 통해 해외여론을 환기시키고 중국 최고지도부에 대한 도덕성을 흔들어 정법위와 기검위를 통한 대대적인 당핵심 숙청작업에 나선다는 시나리오였다.

2011년 후하이펑에 대한 해외언론의 폭로가 터져나왔을 때부터 폭로의 배후가 내부라는 것을 알았지만 명확하게 밝혀내지 못했다. 후하이펑이 일하던 기업이 아프리카 국가에 뇌물을 제공한 의혹은 이미 수년이 지난 사건이었다. '홍얼다이'(혁명지도자의 아들)에 대한 중국 인민, 라오바이싱의 분노를 야기하도록 기획된 것이라는 것이다.

차기 지도자가 권력을 잡고난 이후 그의 도덕성을 비난하면서 지도력을 약화시키고, 그 후 자연스럽게 당의 집단지도체제를 강화시켜 권력을 장악하겠다는 큰 그림이 보였다. 그 중심에 저우융캉이 있었고 그가 움직이는 새로운 대안 지도자가 보시라이였다.

양회가 열리기 일주일 전, 후 주석은 베이징군구 사령관에 믿을 수 있는 측근으로 전격 교체인사를 단행했다. 조짐이 있었다.

베이징에서의 군사쿠데타를 사전 견제하기 위한 조치였다. 베이징 군구사령관은 곧바로 비상경계령을 발동하고 경계태세를 두 단계 상향조정했다. 중앙군사위 명령 없는 군부대의 훈련과 이동도 금지시켰다.

그리고 후 주석은 군구내 2개 여단의 베이징 시내로의 이동대기를 명령했다. 창핑昌平구와 다싱大興구에 주둔하고 있던 2개 여단에 비상사태 대비태세를 발령한 것이다. 유사시 베이징 중심인 톈안먼 등 얼환(2환) 이내로 신속하게 진입할 수 있도록 경장갑차도 대기시켰다.

2012년 2월19일 밤 10시였다.

실제상황이 벌어졌다.

베이징군구 38집단군 기갑부대는 정법위로 출동했다. 한밤중 지축을 흔드는 탱크부대의 이동은 베이징 시내를 발칵 뒤집어 놓았다. 탱크부대는 정법위 건물을 두 겹 에워쌌다. 뚱즈먼东直门에 주둔하고 있던 무경 장갑부대가 반격 차원에서 38집단군에 포위된 중앙정법위 지원을 위해 이동중이었다.

중앙판공청은 이에 주석을 경호하는 중앙경위국 예하 신속대응팀 출동을 지시했다. 쿠데타였다. 2환내 차량의 진입이 전면 금지됐다. 후 주석과 시 부주석 등이 거주하는 중난하이를 경비중인 경위국은 무경부대와 정문에서 대치했다.

톈안먼 주변 곳곳에서 피아를 구분하기 힘든 무장병력이 일촉즉발의 무력충돌을 벌일 수도 있는 비상상황이었다.

간헐적인 총성도 들려왔다. 정법위쪽이다.

쉬밍 회장 신병을 인수하려는 기검위와 정법위간 대치상황에서 빚어진 위협사격과 우발적 충돌상황이었다.

중난하이에서도 소동이 빚어졌다. 정법위 지원요청을 받은 뚱즈먼의 무경이 경장갑차를 동원, 출동해서 중난하이를 포위하면서 위협하자 중난하이 경호를 담당하고 있던 8341부대가 무력대응에 나서 대치상태가 악화되면서 총격전이 벌어졌다.

정법위에 출동한 기검위 체포팀 지휘자는 마위뱌駁 기검위 부서기였다. 마 부서기는 원 총리의 친서를 지참하고 내부로 들어가 저우 서기를 만났다.

저우 서기는 쉬밍의 신병을 넘겨달라는 요구를 거부했다.

대신 무장병력 철수를 우선 요구했다.

'정법위를 무력으로 포위하는 등 위협해서 쉬밍의 신병을 확보하겠다'는 조치에 대해 화가 난 것이다.

그리고는 쉬밍의 당 기율 위반혐의나 범죄혐의가 확인되지 않은 상태에서 그의 신병을 기검위에 넘겨줄 수 없다며 거부했다.

"정법위에서 따리엔스더의 탈세혐의에 대해 조사 중에 있다. 당장 기검위에 넘겨줄 수는 없다."

마 부서기는 다른 카드 하나를 꺼냈다.

저우 서기의 아들 저우빈周斌이었다. 저우빈은 이미 아버지의 후광을 입어 석유방으로서 수조원 대의 부정축재 등 비리혐의를 받고 있었다. '석유방의 대부'인 아버지의 권력을 이용, 쓰촨에서 수력발전과 화력발전소 및 관광분야에서 두각을 보인 저우빈은 10여년 만에 수조원대의 부를 쌓았다.

시중에서 '신비의 사업가'로 불리던 석유방 2세다.

'당장 쉬밍을 내놓지 않으면 저우빈을 처리하겠다.'

"감히 나에게 협박을 하다니!...."

그 자리에서 마 부서기를 쏴버리고 싶었다. 그러나 상대는 기검위의 표적이 되는 순간 '저승사자'로 돌변하는 기검위 실세 부서기였다.

상무위원이더라도 기검위가 부패혐의로 조사하겠다며 상무위에 요청할 경우, 공식적으로 직무가 정지되고 체포될 수 있었다.

"기검위가 상무위 의결없이 상무위원을 협박한 것은 묵과할 수 없소! 오늘은 그냥 돌아가시오!"

마 부서기는 아무런 대꾸없이 저우 서기를 바라봤다.

그는 마음의 평정을 잃었고 마 부서기는 평정심을 유지하고 있었다.

게임은 끝났다.

10여분의 시간이 흐르자 저우 서기는 수화기를 들어 쉬밍을 정법위 안가로 급히 옮기라고 지시했다.

저우 서기의 지시는 집무실 소파에 앉아있던 마 부서기가 들으라는 소리였다.

저우 서기가 그냥 순순히 쉬밍을 넘겨줄 수는 없으니, 안가로 옮기려고 밖으로 나가는 순간에 기검위가 신병을 확보하라는 언질이었다.

저우 서기에게 남은 카드는 없었다. 중앙경위국이 인민해방군까지 출동한 판국에 대응에는 한계가 있었다. 무경을 동원해서라도 먼저 중난하이와 기검위를 쳤어야 했는데 한 발 늦었다.

이제 상무위의 매서운 칼날은 보시라이가 아니라 저우융캉에게로 밀고 들어올 것이다.

저우빈의 비리혐의에 대해 위협한 마당에 그 카드가 현실화되는 것은 시간문제다.

당장 무경을 시내로 이동배치한 것에 대해 지휘권 문제가 제기될 것이다. 선제공격을 하지 못하면 발톱도 숨겼어야 했다.

최고지도자를 향해 칼을 뺀 것만으로도 '군사정변기도'로 목이 날아갈 것이다.

쿠데타 기도는 한밤의 공포탄처럼 허무하게 끝났다.

정법위 뒷문으로 쉬밍을 태우고 나가려던 정법위의 차량은 곧바로 기검위 요원들에 가로막혔다.

쉬밍 신병이 기검위로 넘어갔다.

#11

보시라이에 이어 쉬밍의 신병까지 확보됐다. 속속 체포돼서 구금
됐다.

후 주석은 사태의 조속한 해결을 위해 상무위 긴급회의를 소집했
다. 9명의 상무위원 전원이 참석했다. 후 주석은 이번 사태 전개과정
에서 중앙군사위의 승인없이 베이징에서 자의적으로 무장경찰부대
를 동원시킨 책임을 물었다.

"저우 동지! 이번 사태는 묵과할 수 없는 위험한 돌발행동입니다.
당 중앙군사위 승인없이 베이징에서 경거망동한다는 것은 자칫 우리
끼리 충돌할 수 있는 해당행위입니다. 자중을 요구합니다."

"……"

저우 서기는 한마디도 반박하지 못하고 눈을 감고 침묵으로 일관
했다.

명백한 쿠데타 기도였다.

자의적으로 병력을 이동, 중난하이를 포위하고 공격하는 행위는 정변政變이었다. 중앙경위단과 수도방위를 맡은 8341부대가 나서지 않았다면 후 주석을 비롯한 최고지도부가 공격을 당해 상황이 역전될 수도 있는 아찔한 상황이다.

당 중앙군사위를 장악하고 전 중국 7개 군구 사령관 중 일부 군부의 동의를 받을 수 있었다면 그들은 중난하이 공격도 주저없이 감행했을 것이다.

후 주석의 선제조치와 병력이동이 늦었더라면 중난하이도 쉽게 공격을 당했고 후 주석도 반혁명혐의로 체포됐을 것이다.

"저우 동지에 대한 직무정지를 요청합니다. 저우 동지는 옆방으로 잠시 나가계십시오."

저우융캉을 회피시킨 후 참석자 전원이 기립했다. 만장일치로 저우 서기의 직무 정지가 결정됐다.

이번 사안에 대해서는 기율검사위의 조사도 착수하기로 했다.

보시라이 사건을 조사하고 있는 기검위가 저우 서기와 정법위의 쿠데타 기도혐의에 대해서도 조사에 나섰다. 거센 후폭풍이 불고 있었다.

기검위로 연행된 쉬밍은 쉽게 입을 열지 않았다.

쉬밍으로서도 정국이 어떻게 돌아가는지 알 길이 없었다. 외부사정을 파악할 때까지 묵비권을 행사한 것이다.

1차 조사는 스더 그룹의 성장배경에 집중됐다. 보 서기의 후광없이는 절대로 승승장구할 수 없는 성공스토리였다. 쉬밍은 보시라이의 돈줄일 뿐 아니라 보 서기가문의 자산관리인 역할까지 도맡았다.

스더 그룹의 2011년 영업이익은 121억 위안 (약 2조 6천억원)이었다. 중국 대기업 순위 66위에 올랐다.

따리엔에서 창업한 스더 그룹이 화학에서 금융, 관광 문화사업 등으로 급속하게 확장할 수 있었던 것은 따리엔시가 발주하는 온갖 프로젝트를 독점수주했기 때문이다.

기검위는 쉬밍과 함께 호텔에 있던 여배우 '장평'姜豐을 체포해서 참고인으로 조사했다.

쉬밍은 자수성가(?)한 젊은 대기업 회장답게 그동안 수많은 스캔들을 양산했다. 보시라이와 마찬가지로 따리엔大連방송국 아나운서에서부터 이름만 대면 알만한 유명 여배우에 이르기까지 염문을 꽤나 흘렸다. 중국 부자치고 얼나이二奶 문제가 없는 사내는 단 한 명도 없을 것이다.

10여 년 전 행방불명된 따리엔 방송국 아나운서 장웨이제에 대해서도 뒤늦게 논란이 제기됐다. 당시 그녀는 보시라이의 연인으로 공공연하게 알려져 있었다. 그러다가 어느 날 갑자기 감쪽같이 세상에서 사라졌다. 그녀는 어디로 사라진 것일까. 출근길에.

쉬밍은 단 이틀을 버티지 못했다.

장평을 체포한 뒤 두 사람에게 시간을 줬다. 연인은 말없이 손을 잡았다. 누가 먼저랄 것도 없이 눈물이 소리없이 흘러내렸다. 중국에서 재벌회장과 사귄다면 곧바로 '얼나이'二奶 첩, 샤오산'小三 불륜녀 혹은 '디산저'第三者 정부로 불리면서 손가락질을 받지만 한편에서는 동경의 대상이 되기도 한다.

　당과 국무원 등 당정 고위급은 물론 기업인이나 벼락부자에 이르기까지 너나할 것 없이 얼나이(첩) 한 두 명은 거느리는 것이 불문율 같은 중국식 세태였다.

　오죽했으면 불륜에 빠진 아버지를 당 기검위에 고발한 딸의 사연이 보도되면서 엄청난 사회적 찬반 논란이 일었을까. 당 기검위는 간부들의 단순한 축첩행위에 대해서는 특별한 조치를 취하지 않는다. 그러자 아버지를 고발한 딸은 아예 인터넷에 '반축첩사이트'를 만들어 축첩행위에 대한 고발 캠페인을 전개하기도 했다. 그러나 아버지는 끝내 돌아오지 않았다.

　남녀간 불륜행위에 대해 중국은 제재하거나 비난하지 않는다. 불륜을 처벌하는 간통죄도 없다. 대신 중혼重婚은 엄격하게 금지한다. 고위 간부들이 독직이나 부패혐의로 조사를 받게 될 경우, 당원의 '모범'의무 위반이라는 죄목으로 처벌하는 게 고작이다.

　쉬밍의 불륜은 중국에서 처벌할 만한 수준이 아니었다. 돈이 없어서 못할 뿐 부자나 권력을 가진 자의 애정은 죄가 아니다.

　장평의 경우, 이혼녀였기 때문에 특별히 문제될 일은 없었다.

　그녀는 남녀문제에 대해서는 당당했지만 쉬밍의 재산 해외은닉 혐의와 관련해 혹독한 조사를 받아야 했다.

무엇보다 쉬밍이 보시라이에게 뇌물로 준 프랑스 칸 소재 호화별장의 세 번째 관리인이 장펑이었다. 이 별장은 구카이라이가 현지 관리인을 믿지 못한다고 푸념하자 쉬밍이 장펑에게 직접 관리를 맡겼다. 그래서 장펑이 보시라이의 정부로 오해받기도 했다. 장펑은 쉬밍과 보시라이 두 사람의 재산은닉과 관련한 역할을 했다는 사실 때문에 한동안 조사를 받았다.

그녀는 보시라이와 쉬밍의 여러 정부 중 한 명에 불과했다. 장펑 외에도 수많은 여배우와 아나운서들의 이름이 나왔고 대부분 사실로 드러났다.

여배우 장쯔이章子怡도 두 사람과 관련, 구설수를 탔다.

쉬밍의 연인으로 알려진 여배우는 그밖에 몇 명이 더 있다. 상하이 연극학원 출신으로 무협대하드라마 주연으로 나오곤 했던 '톈하이룽' 田海蓉은 쉬밍의 아이를 낳은 미혼모다. 한 때 장쯔이 대신 장춘영화제의 히로인을 맡을 정도로 잘나갔다. 어느 날 갑자기 사라진 그녀는 3년간이나 모습을 드러내지 않았다.

"나는 몇 년 동안 한 여자가 겪을 수 있는 모든 일을 경험했다."

딸을 출산했다는 소문이 무성했고, 아이의 아버지가 쉬밍이라는 소문이 났다. 쉬밍이 조사받는 동안 그녀의 연예계 활동도 다시 중지됐다.

원래 기검위는 고위급 당간부들의 위신을 떨어뜨리기 위해 조사과정에서 파악한 불륜스캔들을 홍콩언론을 통해 흘리곤 했다. '장쯔이'와의 밀회설도 그 중의 하나다. 쉬밍이 보시라이와 장쯔이의 밀회를 주선하고 화대(?)와 밀회장소까지 제공했다는 것이다.

"나는 재산을 보고 사랑하지 않았다. 내 생활은 자연스럽고 진실되며 군이 자랑해 본 적 없지만 그렇다고 숨기지도 않는다. 싱글여성이 싱글남성과 연애를 하는 과정에서 얼나이 등의 용어를 사용하는 것은 바람직하지 않으며 기분이 나쁘다."

장평의 고백이다.

이 사건으로부터 시간이 한참이나 지난 후 웨이보에 글을 올려 쉬밍과의 관계를 시인한 장평은 쉬밍과의 사랑이 진정한 사랑이라고 믿었던 것일까?

3월 말 기검위 조사요원들이 따리엔시에 들이닥쳤다. 따리엔시와 스더 그룹에 대한 전면적인 압수수색이었다. 건설은행을 비롯한 스더그룹 주거래은행에 대한 조사가 이어졌고 금융권에서는 스더 그룹에 대한 추가 여신이 중단됐다.

따리엔의 다른 기업들도 연쇄적으로 기검위 조사를 받는 등 따리엔 경제는 한순간에 동결됐다. 스더 그룹은 이로 인해 유동성 위기를 겪으면서 부도위기에 몰렸고 결국 주인이 바뀌었다.

#12 ———————————— 꼬리잡힌 불륜

헤이우드의 아내 루루는 마침내 남편의 불륜상대가 누구인지 알아챘다.

베이징으로 귀경한 남편이 왜 곧바로 집으로 오지 않고 베이징의 호텔에 며칠씩 머물다 온 사실을 밝히지 않은 채 늦게 귀가한 것인지 알 수 있었다.

모르는 것이 나았다. 아는 것이 오히려 두려운 일이다.

결혼한 이후 10여 년 동안 남편은 어디로 출장을 가는지 구체적으로 알려주지 않았다. 그녀도 굳이 알려고 하지 않았다. 그냥 출장일정을 통보하듯 말하고 언제 돌아오는 지는 돌아와서야 알 수 있었다.

'투자컨설팅 회사'의 명칭도 수년 동안 몇 차례 바뀌었다.

'브리티쉬 인터내셔널 투자자문회사'였다가 '헤이우드 & 따리엔 투자회사'로 바뀌었다가 '닐 헤이우드&에소시에이츠'가 되기도 했다. 홍콩에 법인을 갖기도 했다.

헤이우드는 홍콩과 싱가포르를 수시로 드나들었고 영국은 물론 유럽 투자자들을 상대로 투자 유치와 투자컨설팅을 했다. 일에 빠진 사람이었다.

그녀가 결혼과 동시에 남편과 함께 일한 회사는 따리엔의 '닐 헤이우드&투자자문사'였다.

중국에 투자하는 외국기업을 상대로 투자자문과 정보를 제공하는 법인회사였다. 따리엔을 패션과 화학관련 산업 중심에서 IT와 조선산업 등의 중화학기지로 키우려고 외자를 유치하려는 보시라이 시장은 유럽지역 투자프로젝트는 헤이우드에게 주로 맡겼다.

구카이라이의 투자컨설팅과 헤이우드의 투자자문은 사실 같은 회사나 다름없었다. 실상은 구카이라이가 따낸 대형 투자자문을 헤이우드가 하청받아 확장하는 구조였다.

헤이우드는 해외투자자의 투자를 유치하기보다는 구카이라이의 수익을 해외로 내보내는 업무를 주로 맡았다. 헤이우드의 해외투자는 보시라이 일가의 자산을 해외로 빼돌리는 것과 다름없었다.

변호사 사무소 개업 초기, 구카이라이의 능력과 수완은 꽤나 좋았다. 그 모든 것이 보시라이의 후광 때문이기는 하지만 말이다.

"구카이라이는 중국의 재키 케네디와도 같았다."

미국 덴버의 변호사 에드워드 바이런은 1997년 미국기업과 송사를 벌이던 중국기업 변론을 맡았다. 그 때 중국기업의 주변호인이 구카이라이였다.

미국 한 기업이 영업기밀 도용과 사기혐의로 중국기업을 고소한 이 사건에서 미연방법원 1심 재판부는 중국기업에 100만 달러의 배상

판결을 내렸다. 그러나 구카이라이가 이끈 중국변호인단이 상급심에서 판결을 뒤집어 무죄로 만들었다.

소송에서 이긴 구카이라이는 미국변호사들을 중국 따리엔으로 초청, 보시라이 시장이 주최하는 성대한 파티를 열어 보답했다. 구카이라이 변호사의 영어이름이 '호루스 L 카이'였다. 호루스(horus)는 이집트에서 태양신을 뜻하는데, 구카이라이는 스스로를 태양신이라 칭한 셈이다.

헤이우드로서는 꿈꾸던 '오리엔탈리즘'이자 '차이나 드림'을 실현하게 된 꿈같은 시간이었을 것이다.

그에게 보시라이는 정열적이고 야심만만하고 자신감에 찬 중국의 차세대 지도자였을 것이다. 보시라이 곁에서 차이나드림과 오리엔탈리즘을 실현시킬 수 있다는 확신이 들었을 것이다. 그의 기대에 맞춰 보시라이는 따리엔大连 시장에서 랴오닝辽宁성장으로, 그리고 상무부장(상무부장관)으로 승승장구했다.

보시라이의 아내 구카이라이는 특출난 미인인데다 사업능력도 뛰어난 재색겸비 변호사였다. 황제의 꿈을 실현할 '키'까지 쥐고 있는 최고의 카드였을 것이다.

헤이우드가 통역이나 투자컨설팅 업무를 넘어 구카이라이谷开来와 친밀한 관계를 맺게 된 것은 보시라이 아들 보과과薄瓜瓜의 영국 유학문제를 전담 처리해주면서부터였다.

***

보과과의 영국 유학길에 따라나선 것은 즉흥적이었다.

그 사건이 없었다면 결단코 영국에서 살겠다는 생각도 그런 불같은 사랑도 일어나지 않았을 것이다.

유학수속을 마무리하고 쉬밍이 마련해 준 런던의 저택에 짐을 풀었다.

자기 일 인양 물심양면 수속을 도와준 닐에게 고맙다며 가볍게 펍 pub에 가서 맥주 한 잔 시작하면서 부터였다. 핸버리(anburry)스트릿에 위치한 '파피스Poppies 피쉬&칩스'의 분위기에 취했다. 저녁시간 이어선지 동네펍처럼 북적거리는 소란스러움이 좋았다. 다른 사람들의 기분좋은 수다가 '웅웅'거리며 귓가를 맴돌았다.

생선가스와 큼직한 감자튀김을 안주삼아 맥주잔을 기울이는 이 남자가 갑자기 귀여웠다. 내게도 아직 소녀시절 첫사랑의 감정이 남아있다니....아련했다. 한 남자를 사랑하고 그 남자를 품에 안아본 것이.

그는 저돌적이었지만 급하고 서툴렀다.

룸메이트와 함께 쓰는 기숙사였다. 그땐 기숙사 문이 잠기지 않았다. 언제든지 누구나 문을 불쑥 열고 들어올 수 있는 불편한 상황이었는데도 그는 막무가내로 들어왔다. 능숙한 남자인체 했지만 그의 수법은 단순했고 그는 아마도 나를 가졌다는 도취감에 빙글빙글 웃었다. 감흥보다는 어서 빨리 끝내고 룸메이트나 사감선생의 발걸음에 귀를 기울이느라 그 때 이후 나는 그런 관계에서 일종의 트라우마 같은 것이 생겼다. 그는 들떴지만 나는 그럴수록 냉정했다.

그와의 관계는 늘 그런 식이었다. '쑈 윈도우'같은 관계가 지속될수록 그의 수법은 진부해져갔고 그는 오히려 변태적인 관계만 요구했다. 지겨웠다. 그가. 중국남자가.

보과과 출산이후 아마도 그와는 더 이상 같이 잔 적이 없었던 것 같다.

영국남자는 중국남자와 달랐다. '오리엔탈리즘'이라는 케케묵은 고질병에 찌든 발정남이라도 괜찮았다. 오늘만큼은 영국남자의 손길이 그리웠다.

오크향 머금은 글렌피딕같은 맥주였다 독일맥주와 달리 영국맥주는 하우스맥주인데도 두터웠다. 아주 오랜만에 동네 펍에서 느끼는 기분이었다. 또박또박 설명해주는 닐의 영어는 감미로웠다.

'바보같은 놈'

생각할수록 멍청한 놈이라는 생각이 들어 미간이 찌뿌려졌다.

그런 소문이 내 귀에 들려올 때까지 멍청하게 협박을 당하고 있다니 한심했다. 무엇보다 자기가 곧 따리엔 시장 부인이 될 것이라며 떠벌리고 다닌 것을 생각하면 울화통이 치밀었다. 아나운서 주제에 감히 정실부인이 되겠다며 나를 무시한 태도가 괘씸했다.

죽을 꾀를 낸 것이나 다름없다.

더 이상 따리엔에 머물고 싶지 않았다. 그래서 서둘러 아들 보과과와 함께 유학길에 올랐다.

누가 먼저랄 것도 없이 입술을 찾았다. 언제부터였을까 그의 눈빛이 가끔씩 반짝이게 된 것이. 오늘은 그냥 그 눈빛을 받아주자. 여긴 중국이 아니라 영국이다 그는 내 남자다. 오늘부터 그는 내 말을 듣는 노예다. 언제든지 내가 필요로 하면 달려와야 하고 내 말에 충직하게 따르는 하인이다.

그는 내 몸위에서 연신 '원더풀' '그레이트..'환호하면서 감탄사를 내뱉었다. 부드럽게 강하게 그리고 속삭임. 안단테, 포르테, 아다지오, 돌체...완급을 조절하는 수법이 피아니스트의 그것보다 더 정교했다.

'런던의 첫날밤'이 그들의 운명을 바꿔놓을 계기가 될 줄 그 때는 몰랐다.

***

보시라이의 바람기는 천부天賦적인 것이었다.

문화대혁명이 발발하자 고등학생 신분으로 홍위병에 뛰어든 그는 '반당분자'라는 명분으로 국가급 과학자를 때려죽인 사건을 주도한 혐의로 기소됐다.

문혁이 끝난 1976년 보시라이는 베이징 당서기를 역임한 리쉐펑李雪峰의 딸 리단위李丹宇와 결혼하는 데 성공했다. 리쉐펑과 보시라이의 부친 보이보薄一波는 중국혁명을 함께 치른 노老전우였다. 보시라이가 리단위와 결혼하게 된 것은 아마도 출세지향적인 그의 정치성

향 때문이었다.

문혁이 시작되자 '보이보'는 반당분자인 '흑오류'黑五類로 분류돼 하방되는 등 공직에서 쫓겨났다. 보시라이 역시 부친의 처지와 마찬가지로 한 때 기계수리공으로 일을 해야 했다.

반면 장인 리쉐펑은 문혁 초기 베이징 당서기로 중용되는 등 잘나갔다. 그가 결혼할 당시 리쉐펑의 딸 리단위도 군의관 신분으로서 공장노동자에 불과한 보시라이와는 비교가 되지 않을 정도의 탄탄한 신분이었다.

문혁이 끝나기 직전이었다.

보시라이와 리단위는 집안 차이에도 불구하고 결혼에 성공했다. 훤칠하고 미남인 보시라이는 리단위는 물론 여자들을 유혹하는 재주가 남달랐다.

두 사람은 결혼한 이듬 해 첫 아들을 낳았다. 그 아들이 두 사람이 이혼을 한 후, 성씨를 어머니 성씨로 바꾼 리왕즈다.

갑작스러운 마오의 사망과 문혁 종료는 두 사람의 인연도 강제 종료시키는 계기가 됐다. 보이보는 복권復權이 되면서 덩샤오핑이 이끄는 당 '8대 원로'의 한 사람으로 막강한 영향력을 발휘했다. 반면 장인 리쉐펑은 '린뱌오 반당사건'에 연루돼 실각하는 등 밑바닥으로 추락했다.

1978년 보시라이는 29살이라는 나이임에도 베이징대에 '늦깍이 대학생'으로 입학했다.

태생적 '바람둥이' 보시라이의 눈에 베이징대 법학과 신입생 구카이라이가 들어왔다. 리단위의 오빠 리샤오쉐의 부인 구단谷丹의 셋째 동생이었다.

보시라이와 구카이라이는 사실상 결혼할 수 없는 사돈 간이었다.

리단위는 보시라이가 요구하는 이혼에 응하지 않았다.

보시라이는 끈질겼다. 그녀도 마찬가지였지만 결국 소송 끝에 정식으로 이혼했다. 보시라이는 1984년 마침내 구카이라이와 재혼에 성공했고 함께 따리엔으로 부임했다.

결혼한 이후에도 보시라이는 수많은 염문을 뿌리고 다녔다. 따리엔에 가서도 그는 얼굴이 반반하기만 하면 즉시 '손'을 댄다고 할 정도의 천하난봉꾼이었다.

구카이라이와의 사이에 난 아들이 보과과였다. 보과과의 영국유학은 '장웨이제 스캔들'이 논란되면서 갑작스럽게 이뤄졌다.

1998년이었다.

당시 장웨이张伟杰는 따리엔방송국의 간판 여자 아나운서였다. 따리엔 시장 보시라이와 장웨이제간의 불륜 스캔들이 소문났다. 장웨이제가 임신까지 했다고 했다. 곧 보시라이가 구카이라이와 이혼하고 장웨이제와 결혼하기로 약속했다는 소문으로 확산되면서 일파만파 확산됐다.

당혹스러워진 보시라이는 장에게 낙태를 종용했다. 야망에 불타는 그는 혁명원로 집안인 구카이라이와의 이혼은 꿈에도 생각지 않았을 것이다.

어느 날 장웨이제가 갑자기 사라졌다. 그 이후 누구도 그녀의 소식을 알지 못했고 그녀의 생존신호는 더 이상 나오지 않았다. 보과과는 엄마와 영국유학을 떠났고 그 뒷처리를 헤이우드가 도맡았다.

영국유학기간 구카이라이도 영국에 있었다.

장웨이제와 관련한 소문은 한동안 나돌다가 잠잠해졌다.

그동안 헤이우드는 영국에 머물면서 물심양면으로 구카이라이 모자의 생활을 뒷바라지했다.

헤이우드는 구카이라이에게 어떻게 각인되었을까...

바람난 난봉꾼 남편에 대학 억하심정은 아니었을지도 모르지만 그동안 숱한 컨설팅 사업을 함께 해 온 헤이우드와 구카이라이는 영국 생활을 함께 하면서 자연스럽게 남녀관계로 발전했다.

유혹은 구카이라이가 먼저 했다.

중국 여인은 영국 남자를 좋아한다.

영국이 중국을 아시아의 종이호랑이로 전락시키고 홍콩을 조차한 이후에도 중국의 영국사랑은 변함이 없었다. 중국인은 절대로 영국을 미워하지 않았다. 제국주의 첨병 영국은 중화 중국이 가야할 굴기였다.

영국남자는 중국여인의 로망었다. 따라서 헤이우드는 불륜에 대해 책임이 없다.

영국에서 귀국한 후 사흘 동안 헤이우드는 사랑하는 아내와 두 아이들이 있는 집으로 곧바로 돌아가지 않았다. 이전에는 한 번도 그런 적이 없었다.

"베이징에 왔는데 왜 전화도 하지 않고 어디에서 지냈어?"

루루는 핵심을 찔렀다.

남편 헤이우드가 찰스와 엘리자벳, 두 아이를 얼마나 사랑하는지 알기에 이해가 되지 않는 이상한 행동이었다.

영국남자의 '특급비밀'은 그렇게 꼬리가 잡혔다.

구카이라이는 헤이우드에게 이혼을 요구했다. 루루와 이혼하고, 함께 사업을 하자고 노골적으로 유혹하고 압박했다.

자신의 불륜에 대한 집착이자 명분쌓기이면서 보시라이 부부의 정치적 미래를 위해 미래의 화근을 제거하는 일이었다.

그러면서 그에게 약속했던 컨설팅비와 자문 리베이트를 지급하지 않았다. 헤이우드로서는 진퇴양난이었다.

'오버페이스' 축张

#13 _____

어디서부터 잘못된 것있까.

자신만만했다. 상하이도 아니고 광둥도 아닌 내륙 깊숙한 '벽지' 충칭에 부임한 지 4년, 충칭의 스카이라인은 상하이에 버금갈 정도로 상전벽해桑田碧海로 변했다.

'충칭모델'이라는 신중국의 새로운 발전방향을 제시했다.

2010년 충칭을 방문한 시진핑 부주석이 충칭모델에 깊은 관심을 보이면서 박수를 보내기까지 하지 않았던가. 개혁파가 '행복광둥'이라는 캐치프레이즈로 '광둥모델'을 제시하면서 성장을 통한 개혁개방 정책을 옹호하고 나섰다. 광둥모델은 개혁개방을 선도한 선전과 광저우 등 광둥성을 중심으로 전개한 성장모델이다.

차기지도자로 내정된 시 부주석은 충칭방문을 통해 '창홍따헤이'唱紅打黑 캠페인에 대한 적극적 관심과 지지를 표했다. 국가주석에 취임 한 후 강한 드라이브를 건 '부패와의 전쟁'과 '혁명정신 고취'는 사실 충칭의 창홍따헤이 캠페인을 벤치마킹한 것과 다를 바 없다. 시 부주석의 보시라이 껴안기는 그 때 결론이 났다.

그 사건이 일어나지만 않았다면 말이다.

인민일보가 선정한 '2010년 10대 최강목소리'선정이후 보시라이는 "가난하고 힘없는 라오바이싱의 편에 서 부정부패 척결에 앞장선 현대판 포청천"으로 전 중국에 각인되기 시작했다.

왕리쥔을 '인민영웅'으로 선정하고 성과를 홍보한 연출자는 보시라이였다.

이토록 자신만만해진 보시라이의는 자칫 오만하게 비쳐지게 마련이다.

보시라이의 오만함은 천하가 다 안다.

그의 정치적 꿈은 차기 정치국 상무위원이 되는 것 이상이었다. 그는 만족할 줄 몰랐다.

상무위원이 목표였다면 그의 행보는 보다 겸손했을 것이다.

이미 차기지도자가 정해진 상태에서, '정변'政变외에는 당의 후계결정을 뒤집을 수 없는 상황이라면 욕심을 버려야 했다. 그러나 그의 권력욕은 멈추지 않았다.

장쩌민과 쩡칭훙 등 상하이방의 정치적 주도권이 후계자와 충돌하는 미묘한 상황이 갈등으로 진화되기 시작했다. 보시라이는 동물적으로 풍파를 일으키는 공깃돌을 자처했다.

그러자 저우융캉과 자칭린 정협 주석, 허궈창 기검위 서기 상하이방 사람들이 시진핑의 뒤를 이어 충칭을 찾았다.

마지막으로 서열 2위 우방궈 전인대 상무위원장도 충칭을 찾아 왔다. 모두 보시라이의 성과에 박수를 보냈다.

물론 후진타오 주석도 충칭에 잠시 들렀다. 그를 지지하려는 행보는 아니었다. 결국 보시라이를 지지하지 않는 정치국 상무위원은 후 주석과 리커창, 그리고 원자바오 총리 등 단 세 사람 뿐이었다.

마지막 관문이 남아있지만 8부 능선을 넘었다.

2012년 가을 당 대회를 앞두고 열리는 그해 베이다이허 회의에서 그의 거취는 최종결정될 터였다. 이미 그는 선두주자로 자리매김했다.

우 상무위원장은 2011년 충칭을 특별방문한 자리에서, 충칭 프로젝트의 성과에 박수를 보냈다.

"범죄와의 전쟁으로 충칭의 범죄발생률이 40%나 줄어들었다. 인민의 안전이 한층 강화된 것이다."

시진핑이 주도하는 2012년 제18기 정치국 상무위는 후진타오 주석을 위시한 7명의 17기 상무위원이 퇴진한다. 시진핑과 리커창 외에 왕치산 부총리, 위정성 상하이 서기 등의 진입이 유력시되고 있었다. 9인 상무위체제를 유지한다면 다섯 자리가 비었다. 보시라이의 상무위 진입은 그다지 어려워보이지 않았다.

왕양 광둥성 서기와의 '데쓰매치' 라면 보시라이의 신승이 예상되는 국면이다.

이런 상황을 낙관한 보시라이는 평생 몸에 밴 거들먹거림을 감추지 못했다.

돌다리도 두드려보고 건너야 할 정도로 살얼음판을 건너야 하는 중국공산당 최고지도부 경쟁 국면에서 그는 신중하고 철저하지 못했다.

중국매체는 물론이고 해외언론들까지 나서 충칭에 대한 칭송기사가 쏟아졌다.

"이제는 충칭모델이다"라는 식의 기획기사들이 쏟아지면서 그는 화제의 인물로 주목받았다. 각 매체의 영향력을 감안해서 초청, 홍보한 효과가 주효했다. 충칭을 방문한 기자들은 보여주는 성과에 찬사를 보냈다.

'사회주의 시장경제'를 고수하고 있는 중국에서 '부동산보유세'를 처음으로 도입한 것도 충칭이었다. 충칭시는 2011년 고급 아파트와 고급 빌라를 대상으로 부동산 보유세를 징수하는 법안을 통과시켰다.

고급 주택은 건축면적 144㎡ 이상에 해당하는 주택이다. 물론 충칭 같은 지방도시의 독자적인 조세방안이라도 원칙적으로는 국무원 승인을 받아야 한다.

지금껏 지방도시 지도자(당 서기)가 당 중앙의 승인없이 먼저 독자 조세정책을 시행하려는 경우는 단 한 번도 없었다.

한마디로 '튀는' 행보였다.

'모난 돌이 정 맞는다'는 우리 속담과 비슷하게 '돼지와 사람은 튀면 먼저 죽는다'는 '중국속설'이 있다. 보시라이의 과감한 행보는 정치적 모험주의이자 대중영합주의, 즉 포퓰리즘이었다. 이렇게 하지 않으면 주목받지 못할까 보시라이는 불안했다.

마오쩌둥의 시대를 재현하려는 듯한 떠들썩한 홍가부르기 등의 '창홍'캠페인은 그 시절을 그리워하는 당 원로들을 의식한 것이다.

***

2011년 07월이었다.

한국의 제1야당 대표 손학규가 중국방문에 나서 충칭을 찾아왔다. 보시라이를 찾아 충칭에 온 한국 정치인 중에서는 최고위급이었다.

손 대표는 "오래된 친구를 충칭에서 다시 만나니 참으로 반갑다"며 한국기업의 충칭투자를 강조했다.

보시라이는 유창한 한국어로 "감사합니다"라는 인사말로 화답하면서 "중국발전의 미래 중심은 서부에 있고 서부의 중심은 충칭에 있습니다."라며 "특히 충칭과 한국은 정서적으로 깊은 유대감을 갖고 있습니다"며 '대한민국 충칭임시정부'의 존재를 상기시켰다.

보시라이로서는 한국의 제1야당 대표가 찾아올 정도로 우쭐해하던 시절이었다.

고지가 눈앞에 보였다.

'중국의 미녀는 절반은 충칭에서 나온다.'는 말이 있다. 충칭은 원래 안개도시로 유명했지만, '샨샤'三峽댐이 완공된 이후 안개가 끼는 날이 일 년의 절반이 넘을 정도로 햇볕이 그리운 도시다.

그런 탓에 충칭여인의 피부는 햇볕을 받지 못해 피부가 하얗고 부드럽고 매끄럽다고 한다. 습한 기후 탓에 충칭여인의 화장술은 다른 지역보다 더 발달됐다. 예로부터 소문난 충칭미인의 명성에 악화된 자연환경에 적응하느라 충칭미인에 대한 유명세는 더 확산됐을 것이다.

보시라이 서기는 이에 '충칭미녀'를 충칭의 대표브랜드로 삼는 프로젝트를 기획했다.

〈충칭판 미녀교통순찰대〉가 그것이다. 여성교통경찰은 왕리쥔 공안국장이 따리엔에 있을 때 처음 도입한 제도였다. 따리엔도 뚱베이의 미녀도시였지만 미녀는 충칭이 한수 위다.

충칭시 공안국은 여성교통경찰의 모집조건을 게시했다. 키 165cm 이상, 뛰어난 외모를 기본조건으로 전문대졸업 이상 고학력의 20대 여성이었다. 선발된 150명의 여성교통경찰은 3개월간의 훈련과정을 거쳐, 충칭시내 주요 번화가에 집중 배치됐다.

도심교통과 교통민원은 팔등신 미녀 경찰이 전담하도록 했다.

2011년 하반기부터 배치하기 시작한 충칭미녀경찰이 거리에 등장하자 웨이보가 뜨거웠다. 여경이 충칭의 마스코트처럼 화제를 불러 일으킨 것이다.

여경들은 흰색 상의와 검은색 바지, 검은색 부츠를 신은 화려한 제복차림으로 온 도시를 휘젓고 다녔다. 전형적인 홍보용 경찰이었지만 보시라이의 미녀경찰에 대한 일반의 호응은 뜨거웠다.

정색을 하고 그녀가 따져들기는 처음이었다.

그래서 당혹스러웠고 낯설고 어색한 순간이었다.

불륜증거가 드러난 마당에도 '쿨'한 부부는 없다.

"……"

"……"

두 사람 사이에 무거운 침묵이 한동안 자리 잡았다.

'어떻게 설명해야 할까. 사랑하는 관계가 아니라고 해야 할까.

아니면 사업을 위한 어쩔 수 없는 비즈니스 관계일 뿐이라고 해야

할까.

이미 오래전부터 눈치챈 사실을 새삼스럽게 왜 이러는 걸까?'

헤이우드는 혼자서 조용히 생각에 잠겼다.

눈치는 채고 있다고 짐작했다.

그녀나 그는 한순간의 바람이나 '비지니스'라고 이해해주는 것으로

여겼다.

그녀는 그동안 더 파고 들거나 신경을 쓰는 것 같지 않았다. 내색을 하지 않았다. 헤이우드도 사실 그 점 외에는 노골적으로 아내와 두 아이의 가정을 등한시 한 적은 한 번도 없었다.

무엇보다 두 아이는 헤이우드를 기쁘게 하는 빛나는 존재였다.

시간이 날 때마다 그는 아이들과 많은 시간을 보냈다. 숙제를 함께 해주기도 했고 아이들이 태어난 중국에 대한 사랑을 중화주의로 표현하도 했다.

이번에는 달랐다. 모른 체 하는 게 편하겠지만 정색을 하고 따지고 드는 데도 모른 체 할 수는 없었다.

긴 침묵 끝에 그녀가 툭 던졌다.

"닐. 똑바로 보세요. 당신이 서있는 곳이 어디인지 바로 보세요.

당신과 나, 그리고 아이들이 함께하는 세상이 당신으로 인해 무너질 것 같아 두려워요."

"당신이 오해하는 불행한 일은 없을거야. 우리는 앞으로도 여전히 더 행복한 날들을 기대하게 될거야. 지난 시간들이 그러했듯이 말이야....."

"그녀가 원하는 것이 이혼인가요? 당신이 그녀와 자유롭게 날아갈 수 있다고 생각하세요?

저는 오래전부터 당신과 그녀의 관계를 짐작하고 있었어요.

그녀가 어떤 사람인지 잘 알고 있고 당신의 야망이 그렇게 만든 것이라고 생각했을 뿐, 참고 기다렸어요. 그러나 그녀가 우리의 가정을 깨뜨리는 걸 상상해본 적은 없어요. 이제 어떻게 해야하는지 종잡을 수 없어요.

현실을 직시해봐요. 그녀는 너무 위험해요.

이제 마지막 기회예요."

그녀는 다 알고 있으면서도 참고 기다리고 있었다.

보통의 중국여인이라면 오래전에 파탄이 났을 텐데 말이다.

중국은 남녀평등이 아니라 여성우위의 세상이다. 잘나가는 여성이 중국공산당과 국무원 등의 최고위급에는 오르지 못하고 있지만 여성의 목소리는 세계 최고다.

특히 가정에서 아내가 주도권을 갖고 있는 것이 일반적이다.

길거리에서 부부 싸움하는 남녀를 보면 대부분 남편이 아내에게 두들겨 맞기까지 하는 광경을 보게 된다.

중국남자들이 한국여성과 결혼하고 싶어하는 이유는 중국여성과 달리 남편을 존중하는 유교문화 때문이다.

거칠고 억센 중국아내에 비해 순종적이고 재색을 겸비한 한국여성은 최고의 아내감으로 인식된다.

루루도 중국여성처럼 남편을 호되게 비난할 것처럼 보였다. 그녀는 누구보다 구카이라이를 잘 알고 있었다. 비즈니스 때문에 함께 일할 수 밖에 없고 어쩔 수 없이 엮이게 된 것이라 이해했다.

"닐, 당신이 하고 싶은 대로 해요.

내가 당신을 용서하는 것은 아니예요.

당신이 그녀와의 관계를 비즈니스라고 하겠지만 그 이상이라는 것을 오래 전부터 알았어요. 그것도 사생활이라고 둘러대겠지만 당신이 그런 사람이 아니라는 것도 알고 있어요."

헤이우드는 혼란스러웠다.

'도대체 중국인은 이런 상황에서 정확하게 자신의 입장을 밝히지 않고 빙빙 돌리고 있는지, 예스 혹은 노라고 대답할 수 있는 질문을 해주던가. 이혼하자는 것도 아니고...'

마무리를 지어야 하는데 두 사람은 결론없이 빙빙 겉돌고 있다.

며칠 간 베이징에서 구카이라이와 의무감에 젖은 정사를 하며 지내는 동안 헤이우드는 강한 압박을 받았다.

구카이라이는 불안해했다.

남편 보시라이의 정치적 위상이 높아지는 것을 바라면서 세상 속으로 들어가 당당하게 자신의 존재감을 드높이는 '전사'戰士와도 같은 그녀였다.

그녀 역시 마음 한켠에선 세상을 두려워하는 약한 여자였다.

구카이라이는 수년 전부터 독살공포를 느꼈다. 그래서 주변사람에게 음식물을 먼저 먹어보라고 할 정도로 독살 노이로제에 걸렸다. 자신을 죽이려는 사람이 보시라이의 전처라고 하소연하고 다녔다.

그러나 독살공포의 실체가 있다면 황제를 꿈꾸던 남편 보시라이가 아니었을까하는 추측도 제기됐다.

1998년 따리엔大連에서 '장웨이제' 아나운서 실종 사건이 터지자, 구카이라이는 보시라이와 대판 싸웠다. 그녀가 임신해서 보시라이에게 이혼을 요구한다는 소문을 접하자 구카이라이는 피가 머리끝까지 솟구쳤다. 그날 귀가한 보시라이와 그냥 넘어가지 않았다.

분憤을 참지 못한 그녀는 자해소동까지 벌였다. 그러나 보시라이의 여성편력은 고쳐질 병이 아니었다.

'영웅호색'이라고 황제가 되기 위해서는 더 많은 첩을 만들어야 한

다는 그릇된 생각에 빠져있다고 여길 정도로 보시라이의 엽색행각은
계속됐다.

구카이라이谷开来 방식은 단순명쾌했다.

그녀도 즐기는 것이다. 보과과의 영국유학을 위해 잠시 따리엔을
떠나면서 그녀도 삶의 활력을 찾았다. 그 때 이들 모자를 진심으로 뒷
바라지한 '젊은' 헤이우드는 '집사'이상으로 느껴진 '영국남자'였다.

창홍따헤이 캠페인이 전국적인 명성을 얻으며 하늘을 찌를 때다.
그녀의 불안과 우울증이 심해졌다. 조울증으로 발전했다.

연인관계로만 즐기던 구카이라이가 어느 날 헤이우드에게 자신만
사랑할 것을 요구했다. 아내 루루와의 이혼을 요구했다.

보시라이의 불륜 행각이 논란이 될 때마다 그녀의 요구는 강도를
더했다. 그녀만의 연인이 필요하다는 강한 집착이었다. 보시라이에
대해 복수하려는 심정이었는 지도 모른다.

사건은 이처럼 '비뚤어지고 왜곡된' 애증관계에서 비롯됐다.

#15

시진핑이 보시라이가 연금된 초대소를 방문한 사실은 누구에게도 알려지지 않았다.

후계자로 지명된 직후부터 그는 중앙경위국의 경호를 받고 있었다.

몇 차례 암살시도가 있었다는 홍콩언론의 보도가 있었지만 실제로 암살 미수는 일어나지 않았다. 늘 그렇듯이 조심스러운 시간이었다.

초대소를 비밀리에 찾은 이날 시 부주석 일정은 공개되지 않았다.

보시라이는 체포돼 연금 상태에 처하자, 후 주석과 저우 정법위 서기를 만나서 직접 해명하게 해달라고 요청했다. 그러면서 일체의 조사에 협조하지 않았다.

무죄를 주장하면서 당장 석방을 요구하는 등 난리를 치고 있어서 기검위 요원들이 곤혹을 치르고 있다는 보고를 듣자, 시 부주석은 깊은 생각에 잠겼다.

그를 만나 직접 묻고 싶었다. 한 때 의형제처럼 그를 의지한 적도

있었다. 그런데 쿠데타라니…. 결정적인 증거가 제출돼 있고 스스로
도 쿠데타기도로 의심할만한 무모한 군사적 행동을 시도하지 않았던
가. '무죄'라고 주장하는 보시라이의 본심이 무엇인지 궁금했다.

"동지. 몇 호인가? 그는 지금 어디에 있는가?"

"별관 특실에 계십니다. 아직 잠들지 않고 계시는 것으로 보고받았
습니다."

"바로 안내하게"

시진핑은 초대소에 직접 연락을 했다. 아무에게도 방문 사실을 알리
지 말라고 지시하고 수행비서만 대동한 채 베이징 외곽의 초대소로 향
했다. 보시라이에게는 도착 10분 전에 방문한다는 사실을 통보했다.

전인대가 열리는 동안에도 시진핑은 보시라이와 만나지 않았다.
개막식 때는 서로 먼 발치에서 봤다. 그가 다가오려는 듯 했지만 그와
눈인사조차 나누지 않았다.

서로 살갑게 정을 나눈 지 꽤나 시간이 흘렀다. 1년 6개월이 지났다.

만감이 교차했다.

태자당의 형으로서 친형제같이 차기구도를 앞두고 도와줄 것으로
믿어 의심치 않았다. 그런데 정변이라니… 믿기지가 않았지만 냉정
하게 처리해야 한다. 정변을 일으킬 명분도, 세력도, 기회도 분명치
않았다.

같은 편이라고 생각했다.

후계구도는 이미 오래전에 정해졌다. 2007년이었다. 정해진 후계
를 뒤집는 것이 정변이다. 그 때 보시라이는 정치국에도 들어오지 못
했을 때였다.

공청단으로 넘어가게 된 구도를 뒤집었다. 장쩌민 등 상하이방의 후견으로 우리는 똘똘 뭉쳤다. '붉은 피가 다시 후계를 이어야 한다'는 그 한마디에 쩡칭홍의 진두지휘 아래 리커창을 넘어뜨리고 나를 밀어부쳤다.

베이다이허 회의에서 최종적으로 뒤집기까지의 과정은 한편의 정변드라마라고 해도 과언이 아니다.

엔치후 초대소

시진핑은 5년의 시간을 거슬러가며 보시라이가 배신하게 된 계기를 찾아내려 기억을 더듬었다. 짐작이 되지 않았다. 그것이 보시라이의 독자적 의지와 계획이 아니었기 때문이라는 확신이 섰다.

2010년 그가 충칭을 방문했을 때 마침내 보시라이는 정치국 위원으로 진입했다. 충칭방문 내내 보시라이는 나를 공손하게 안내하고 충칭의 성과를 자랑했다. 저녁 연회에서 조금 흐트러져 특유의 거만한 표정이 노출되기는 했지만 과거의 보시라이와는 크게 달라져있었다.

'창홍따혜이' 캠페인은 정말이지 대단했다.

온 도시가 붉게 물들었고 충칭시민들의 표정에서는 홍조紅潮가득한 혁명의 기운이 느껴졌다. 충칭은 혁명의 도시로 재탄생했다. '홍위병' 보시라이의 기억이 되살아나는 순간이었다.

보시라이는 홍위병시대에 대해 향수가 있었다. 충칭은 개혁개방에 몰두하느라 라오바이싱들이 유예하고 던져버리다시피 한 사회주의 도덕관을 일깨웠다.

시진핑이 주목한 것은 그 점이었다. '창홍 캠페인'에 매력을 느꼈다. 개혁개방을 통해 인민의 삶은 윤택해졌다. 그러나 인민의 영혼은 중병이 들었다. 자본과 시장, 아니 돈의 노예가 되었다. 신중국에 다시 혁명정신을 불어넣으려면 충칭의 성과를 전 중국에 도입해야한다.

'고집불통' 이던 충칭시민들의 마음이 보시라이의 영도아래 한마음으로 모아지게 된 것도 중국인민의 정신개조의 성과로 여겼다.

충칭의 부패와의 전쟁 역시 신중국이 지금쯤은 반드시 도입해야 하는 프로젝트라 여겨졌다.

***

그런데 보시라이는 어디서부터 엇나가게 된 것일까? 설마 독자적 쿠데타가 가능하다고 여긴 것은 아닐 것이다. 그를 부추긴 상하이방은 과연 정말로 쿠데타를 실행할만한 조건을 갖추고 있을까?

오늘 내가 초대소를 직접 찾은 것은 의문점을 직접 확인하기 위해서다. 아직 기검위의 본격적인 조사가 시작되지 않았다.

아마도 보시라이에 대한 구체적인 처분은 시간이 걸리게 될 것이다. 정치국에서도 쫓겨날 것이고 쿠데타혐의 입증 여부에 따라 밑바닥까지 떨어질 수도 있다.

초대소는 완벽하게 외부와 차단돼 있었다. 초대소는 외부에선 내부가 보이지 않도록 오래된 나무로 둘러싸여 있었다. 보시라이는 초대소 본관과 떨어진 별관에 혼자서 연금돼있는 상태였다.

반쯤 열린 문틈 사이로 불빛이 새어나왔다.

당 간부들의 별장으로 이용하던 초대소였지만 시설이 오래된 탓에 방안의 조명도 낡았다.

전기사정이 좋지 않던 80년대 초반에 지어진 건물이라 전등이 하나 밖에 달려있지 않았다. 어두웠다.

문을 열자 풀죽은 표정으로 서성거리던 그가 반색을 했다.

두 사람 모두 악수조차 나눌 생각을 하지 못하고 어색하게 마주보며 소파에 주저앉았다.

"보 동지, 아니 형薄哥! 지낼만하신가요? 고생이 많습니다."

"…"

보시라이는 아무 말도 하지 못했다.

이 밤중에 갑자기 찾아온 시진핑에게 모함이라고 하소연해야 할지, 선처를 바라야 하는 지, 판단이 서지 않았다.

"면목이 없습니다, 시기동지"

그가 이곳에 연금돼있다는 사실은 당 기검위 외에는 알지 못했다.

보시라이의 가족들도, -가족이라야 살인죄로 긴급 체포된 구카이라이와 유학중인 아들 보과 뿐이지만-알지 못했다.

이곳에 연금되는 순간, 보시라이는 휴대전화는 물론이고 외부와 일체의 연락을 할 수 없었다.

"왕리쥔 국장의 문서는 보 동지가 다 알고 있는 것이지요?"

"다 거짓입니다. 시 동지가 아시다시피 충칭의 성과를 전 중국에 도입하자고 의기투합했는데 딴 생각을 할 리가 있겠습니까? 왕국장은 미국에 포섭된 스파이입니다. 정체가 드러나게 되자 미국에 망명하려고 조작한 사건입니다. 철저하게 조사해서 배후를 밝혀야 합니다."

"구카이라이의 영국인 살인혐의는 왜 그렇게 처리하셨습니까?"

"그 영국인은 10여년전부터 아내와 사업을 같이했던 사이로, 저도 잘 아는 사람입니다. 최근에 자금 횡령문제가 있어서 갈등이 있었습니다. 그 자가 아내의 재산을 꽤 빼돌린 것으로 드러나서 카이라이가 추궁하다가 비화된 것 같습니다. 왕리쥔이 배후에서 그 사건을 처리했습니다. 저는 전혀 모르고 있었습니다.

또한 영국인의 배후에 외국 정보기관이 있다는 사실이 공안국에 포착돼 조사를 진행하던 중이었는데 그 부분에 대한 보고서를 확인해 보시기 바랍니다."

"쩡 부주석입니까?"

느닷없이 시 부주석은 쩡칭홍을 지목했다.

그 순간, 보시라이는 대답하는 대신 말문을 닫았다.

그가 묻는 것은 쿠데타계획의 설계자가 쩡이냐고 직접 묻는 것이
었다.

섣부르게 대답해서는 오히려 꼬투리를 잡히거나 덤터기를 쓸 수
있었다.

시진핑은 보시라이와 접점이 있을 것으로 보고 약간의 기대를 갖
고 있었다.

보시라이는 대답을 할 수 없었다.

차기지도자인 시진핑에게 매달려서라도 적극적으로 구명을 해야
하는데 마음과 달리 그렇게 되지 않았다.

모든 자료를 보고 추궁하는 그에게 '살려달라'고 매달리는 것이 구
차했다.

"나는 죄가 없네. 그 멍구족 부하가 꾸민 일이네, 배후에 미국이 있어."

"고초가 있을 것 같습니다. 건강 잘 챙기시기 바랍니다. 보 동지"

'형'이라는 호칭을 더 이상 쓸 수가 없었다. 다시는 그의 얼굴을 대
면할 일도 없었다. 혁명원로의 자제들로써 가졌던 '붉은 피'에 대한 자
부심도 이제는 각자의 몫이다.

1시간여 짧은 만남을 끝으로 시 부주석은 방을 나섰다.

그를 만나 그의 목소리로 쿠데타계획이 실재했는지 여부를 확인했
다. 그것으로 됐다.

시진핑이 떠나자, 보시라이의 태도는 돌변했다.

"당장 후 주석 동지와 저우 동지에게 직접 연결해! 나는 죄가 없어. 다 모함이고 조작이야. 미국의 스파이가 짠 소설일 뿐이다."

보시라이의 아내 구카이라이谷开来가 구속됐다.

영국인 사업가 살해혐의였다. 2011년 11월 17일 충칭의 한 호텔에서 변사체로 발견된 외국인의 죽음에 직접적으로 관련된 혐의였다. 그녀가 드나든 CCTV기록이 확보됐고 헤이우드의 혈액샘플도 비밀리에 도착했다. 화장된 피살자의 혈액샘플이 확보됨에 따라 수사는 급물살을 탔다.

#16 _____

2010년 12월 6일이면 불과 1년 3개월여 전이다.

그의 충칭시찰이 엊그제처럼 선명하게 떠올랐다, 그 사이 보시라이는 되돌릴 수 없는 왕리쥔 사건이 터져 해임되고 구금됐다. 지옥이 있다면 이런 기분일까.

꿈에서도 일어날 수 없는 일이 현실에서 벌어졌다.

그 날의 기억들이 주마등처럼 떠올랐다.

충칭에서는 보기드문 안개가 걷힌 청명한 겨울날씨였다.

2박3일간의 충칭 일정이 시작됐다.

충칭 장베이江北공항에 내린 시진핑习近平 국가부주석 및 중앙서기처 서기 겸 중앙정치국 상무위원은 곧바로 보시라이 충칭시 서기와 황치판 충칭시장의 영접을 받았다. 시진핑은 보시라이에게 충칭의 성과를 보자고 요청했다.

보시라이가 3년간 이뤄놓은 충칭의 성과를 직접 확인하고 충칭의 업적을 전 중국으로 다전파하겠다는 생각이었다.

보시라이는 곧바로 공항 옆에 조성된 춘탄寸灘 공항보세구역 기능지구부터 시찰하자고 권했다. 공항 구역 옆이었다. 포크레인과 기중기 등이 보세창고를 짓고 있었다. 대형크레인은 화물하역작업을 하고 있었다.

충칭시는 세계적인 노트북 전문 기업의 투자를 유치해서 IT산업단지를 가동중이었다. 타이완의 에이서와 렌바오, 화수 등의 노트북 기업들이다.

기억은 또렷하게 그날을 되살렸다.

시 부주석은 "충칭이 내륙항이지만 서부지역 허브공항과 '수항'水港 양쯔강의 중류지역의 수상물류의 중심의 이점을 충분히 살려 모범적인 발전 성공사례를 발휘할 수 있기를 희망한다"고 말했다.

'내륙 깊숙이 자리잡은 충칭의 발전전략은 전 세계로 즉시 연결되는 물류산업의 중요성을 확인시키고 있다.'

시진핑은 량장신구两江新区 기획전시청에 가서는 '신구'의 기능 배치와 신구건설상황을 보고받았다. 량장신구는 첨단기술산업과 미래전략산업에 대한 해외투자를 중점유치하고 있다는 보고를 받고, 과학발전 관련 연구소 등의 시범사업도 병행 추진하는 것이 좋겠다는 의견을 제시했다.

시 부주석은 충칭의 발전전략에 박수를 보냈다.

상하이에서 보인 '천지개벽'이 장강长江물길을 거슬러 충칭에서 재현되고 있었다.

감회가 새로웠다. 주역은 보시라이였다.

이어 전자산업단지에 도착한 시 부주석은 다국적 글로벌 기업 'HP 공장'에 갔다.

생산라인과 연구소를 잇따라 둘러 본 시 부주석은 노동자들의 손을 잡으며 일일이 격려했다. 그는 "충칭이 경쟁우위에 있는 부문 투자를 가속화하면 세계1위로 나아가는 길이 빨라질 것"이라고 강조했다. 이어 "충칭은 자연조건이 뛰어나지 않지만 위대한 지도자의 영도력을 통해 새로운 발전의 모멘텀을 확보했다"며 보시라이의 지도력을 높이 평가했다.

이날 시 부주석의 산업현장 시찰은 충칭시내 중심가에 있는 '시중의원'으로 이어졌다. 병원에서 환자와 의료진을 만난 시 부주석은 충칭의 창의적인 의료시스템의 우위는 무엇인지에 대해 물었다.

그는 사회주의적 의료보호시스템을 도입한 충칭의 실험을 다른 지역에서도 시행할 수 있는 지 주목했다.

민생시찰은 충칭의 가장 오래된 서민주거지역으로 이어졌고 그곳에서 라오바이싱들과 격의없이 대화를 나누며 보시라이의 성과에 대한 민심도 확인했다.

"대중을 위한 일을 할 때는 대중의 입장에서 사고를 하도록 해야 한다. 마음으로 대할 때만이 대중과 진심으로 소통하고 교감할 수 있다."

보시라이는 세 가지 시스템이 충칭시에서 작동하고 있다고 보고했다.

"그 첫 번째가 라오바이싱의 생활 속으로 들어가는 당 조직 구축입니다. 세포조직을 통해 각 가정의 상황을 파악할 수 있었고 당원들이 가난한 친척을 정기적으로 방문해서 도움을 줄 수 있도록 하고 이를 통해 파악된 문제들을 당에 보고해서 해결책을 찾도록 하고 있다는 것이 그것입니다."

당이 라오바이싱과 괴리되지 않고 그들 속에서 작동되는 풀뿌리 조직으로 거듭나고 있다는 것이다.

이는 마오쩌둥 시대의 '따궈판'大锅饭 한솥밥 문화를 현대적으로 재현한 것이었다.

그는 사핑바이구區 바이린白林촌 행정지원센터를 찾았다. 마침 3층의 시민학교에서는 사방 십리내의 대학생 촌관村官이 강의를 하고 있었다.

"나는 산시陝西출신입니다. 모두가 농촌생활에 잘 적응할 수 있을까요?"

한 촌관이 대답하기를 "저는 칭화대학을 졸업하고 화학을 전공했습니다. 전공이 현장에서는 별로 맞지는 않지만 이 방면에서 시장기회를 찾고 있습니다."

시 부주석은 "대학생 촌관은 아주 유용한 제도입니다. 스스로에게 자기 훈련할 기회를 주는 한편, 농촌발전에 이바지할 수 있는 인재수요에 부응하는 것입니다. 모두들 열심히 노력해서 농촌의 발전을 도모하고 새롭게 시작하는 젊은 청춘의 시작도 풍부하게 하시기 바랍니다."라고 격려했다.

시 부주석은 충칭의 젊은이의 생각에 관심을 갖고 쓰촨 미술아카데미와 충칭사범대학을 방문, 대학생들과 격의없는 대화를 나누기도 했다.

그는 도서관에서 대학생들을 만나 마이크를 잡았다.

"1년의 계획은 봄에 있습니다.

하루의 계획은 아침입니다.

그대들이 대학에 가는 것은 인생의 황금기입니다.

마오쩌둥 주석은 청소년들이 아침 8시 또는 9시에 태양이 될 것이라고 말했습니다. 대학 4년간은 지식을 습득하는 중요한 단계이며, 또한 학습 능력을 향상할 수 있는 기회를 소중히 해야 합니다."

연설을 마치자 우레와 같은 박수가 터져 나왔다.

창훙캠페인에도 시간을 할애했다. '홍가부르기' 및 마오어록 및 혁명도서 읽기, 홍색공연까지 섭렵했다.

'조국을 노래하다'와 같은 홍가红歌가 나오자 시진핑은 직접 무대에 올라 합창하기도 했다.

이틀간의 시찰과 민생탐방을 마친 시 부주석은 8일 오전 충칭시당위원회와 충칭시정부의 업무보고를 받았다.

"충칭의 당위원회와 정부는 간부와 대중할 것 없이 모든 수준에서 실용주의를 추구, 최근 몇 년 동안 경제 및 사회 발전 분야에서 괄목할만한 성과를 이뤄냈고 변화를 달성했다.

'지역 GDP'는 3년 연속 크게 증가했디. 1인당 GDP는 4,000달러 수준으로 상승했다. 재정 수입, 도시와 농촌 주민 소득의 급속한 성장, 도시와 농촌 지역의 전반적 개혁 및 호구 제도의 개혁까지도 추구하고 있다.

또한 충칭시의 지리적 조건을 감안, 내륙 가공 무역 기조를 혁신, 3년 동안 외국 투자 자본이 6배 이상 증가했다.

이러한 성과는 당 중앙위원회와 국무원의 강력한 지도력 아래 역대 시위원회와 시정부의 업무를 토대로 보시라이薄熙来 동지를 중심으로, 당과 시정부 간부들을 진취적이고 열심히 일하게 한 결과다.

충칭의 발전과 변화는 개혁개방의 혜택을 누릴 수 있으며, 서부지역의 중요한 성장동력을 건설하는 동시에 개혁개방 수준을 종합적으로 향상시켰다."

충칭시에 대한 평가는 이례적으로 찬사 일색이었다.

이틀간의 시찰이 끝나자 보시라이는 마음을 놓고 시 부주석을 저녁연회로 인도했다. 두 사람은 긴장감을 풀고 모처럼 술잔을 나눴다.

시진핑과 보시라이 두 사람은 이날 서로가 나아갈 방향이 다르지 않다는 것을 확인했다. 시진핑은 괄목할만한 성과를 보인 보시라이의 충칭 정책들을 전중국에서 추진해야겠다고 생각했다.

'충칭의 봄을 중국의 봄으로 꽃피우는 것이 5세대 지도자의 사명이다.'

***

그런데 지난 1년 동안 무엇이 바뀌었을까 무엇이 그를 쿠데타의 도구가 되도록 이끌었을까? 보시라이의 꿈은 오래된 것이다. 치밀하지 못한 성격 탓에 그의 계획은 번번이 실현가능성이 없는 용두사미가 되곤 했다.

아버지 보이보가 느낀 시중쉰에 대한 콤플렉스나 경쟁의식이 그를 지옥의 길로 내몬 것은 아닐까.

눈을 감았다.

그의 미래는 여기까지였다.

#17 _____ '코드블루'

베이징 쇼우두首都공항의 연발착사태는 오후에도 이어졌다.

CA(중국항공) 항공기는 공항당국이 가장 배려를 하는 중국을 대표하는 국영항공사여서 예정시각보다 30여분 밖에 지체되지 않았다.

11월이라 초겨울같이 쌀쌀한 날씨였지만 등에서는 식은땀이 홍건할 정도로 긴장이 풀리지 않았다.

헤이우드는 '비즈니스' 좌석에 앉았다. 먼저 탑승하면서 뒤쪽을 힐끗 둘러봤지만 아는 얼굴이나 눈에 띄는 사람은 보이지 않았다.

구카이라이谷开来의 집사 장샤오쥔张晓军은 일반석 비상구 좌석에 자리를 잡고 앉아있었다. 헤이우드는 그를 알아보지 못했다. 그러나 오랜 중국생활의 노하우 덕에 이상한 기운을 느꼈다.

일단 하루만 충칭에 머물고 바로 귀경하겠다는 생각이다. 일정을 마치는 대로 지체없이 베이징으로 돌아오기로 했다. 충칭은 위험했다.

그저께 첸陈에게 연락을 했다. 청두成都에 있는 친구에게 연락을 해서 충칭重庆으로 먼저 가서 대기해줄 것을 부탁했다. 장베이江北 공항에 도착하는 대로 연락을 해서 도움을 받기로 했다. 만일 내가 연락이 되지 않거나 비상상황이 생긴다면 '코드블루'를 발동하겠다며 안심시켰다.

'코드블루'

헤이우드는 그제서야 '정보기관'들이 관여할 정도로 중대한 사건이 벌어질 수도 있다는 사실을 깨달았다.

그가 주변 지인들에게 전해주는 가벼운 이야기조차 CIA나 MI6 같은 서방 주요 정보기관들에게는 엄청난 정보자산이었다. 중국 권력 핵심 정치국 상무위에 근접해있는 보시라이일가와 직접 관계되는 정보였다. 그동안 수많은 정보들을 전했고 그것이 어떻게 가공돼서 활용되고 있는지도 알았다.

중국에 진출한 영국과 유럽기업들의 투자자문과 컨설팅을 맡으면서 친분을 쌓은 글로벌기업 주재원들과 수시로 중국의 태자당이나 고위층들의 동향에 대한 정보를 교환하는 모임도 있었다. 그곳에서 헤이우드는 단연 최고의 뉴스메이커이자 정보원으로 통했다.

또 다른 모임은 중국인과 결혼한 외국인들이 부부동반으로 중국식 도락을 탐구하는 모임도 했다. 중국은 음식천국이다. 평소에는 접대 등에 따라 아주 화려한 고급 중국식당에서 만찬을 하는 것이 일상이었지만 헤이우드는 아침에는 거리에서 순두부豆腐脑와 또우장豆浆을 먹는게 편했고 점심에는 햄버거보다는 도삭면이나 충칭소면같은 간단한 먹거리를 즐겼다.

　보시라이와 구카이라이 부부의 초대를 받아 따리엔과 랴오닝성 정부 및 공산당 간부들과 맺은 오래된 꽌시는 외국계 주재원들에게 선망의 대상이었다.

　아내가 중국인이라는 점도 다른 주재원들이 갖지 못한 헤이우드만의 강점이었다. '루루'는 종종 헤이우드가 접근하지 못한 고위층의 사생활에 대한 온갖 소문을 전해왔다. 그런 소문은 중국투자기업들에게 정보거리로 활용되곤 했다.

　대사관이나 영사관에 파견된 화이트요원은 사실상 CIA와 MI6 등의 정보요원이었다. 중국투자기업 주재원이나 투자자 등으로 일하고 있는 블랙요원까지 합치면 베이징과 상하이는 가히 스파이천국이라고 해도 과언이 아닐 정도다.

　헤이우드는 그들 모두에게 먹을 거리를 제공하는 특급 정보원으로 통했다. 헤이우드 역시 그들을 활용하기도 하고 투자유치에 도움을 받았다.

　헤이우드는 '하클루이트&코'(Hakluyt&Co)라는 영국계 정보회사에 비정기적으로 정보를 제공하고 대가를 지급받기도 했다. 이런 정보회사는 수집한 정보를 각급 정보기관에 제공하고 수익을 창출하는 정보회사로, 영국 MI6 출신 고위인사가 설립한 사설 회사였다. 사실상의 MI6의 하부 IO인 셈이다.

'하클루이트'가 정보를 제공 판매한 곳은 각국 정보기관 뿐 아니라 중국에 투자한 각국의 글로벌기업도 꽤 있었다. 투자대상 중국기업에 대한 투자리스크 분석 등의 업무와 더불어 관련된 중국내 정치적 인맥과 관련 정보를 광범위하게 수집하는 것이 일반 컨설팅회사들이 하지 못하는 정보회사들의 특화된 업무였다.

헤이우드가 첸에게 도움을 요청한 사실은 곧바로 CIA 홍콩지부를 통해 상급 정보기관들에게 전파됐다.

CIA는 쓰촨성의 성도인 청두成都에 있는 총영사관을 통해 신속대응방안을 비밀리에 지시했다. 청두 총영사관은 중국서부지역을 총괄하는 최대 규모의 미국영사관이다. 중국인의 미국비자발급업무 뿐 아니라 쓰촨과 산시성, 신장과 티벳 등지에서의 웨이우얼족(위구르족)과 짱족 등 소수민족의 분리독립 움직임을 파악하는 등 미·중 사이 민감한 현안들이 많다. 그래서 요원들의 숫자도 다른 지역보다 1.5배나 많았다.

충칭공항으로 파견된 요원들은 부산하게 충칭시와 당쪽의 분위기를 살폈다. 평소와 다른 별다른 움직임이 파악되지 않았다.

보시라이의 주요일정은 대외적으로 공표되지 않았지만 공식적인 일정을 입수했다. 황치판 시장과 왕리쥔 국장 등 공안간부들의 움직임에서도 특별한 동향은 보고되지 않았다.

충칭의 자욱한 안개는 이날따라 더욱 짙게 내려앉았다.

역시 오전에는 충칭 시내에서 50여km 떨어진 장베이江北공항도 일부 항공편의 운항이 취소되면서 혼선이 빚어졌지만 오전 10시가 되면서 가시거리가 확보되자 공항은 정상화됐다.

그러나 공항안팎의 분위기는 초거울처럼 싸늘했다.

연발착으로 인해 발이 묶인 여행객들의 숫자가 늘어난 탓인지 낯선 여행객들의 모습이 눈에 띄게 늘었다.

첸이 보낸 블랙요원은 한 눈에 누군가를 기다리는 듯한 낯선 사내 무리들을 찾아냈다. 직감적으로 헤이우드를 기다리는 사람들이라는 것을 알았다.

'코드블루예고.

공항에 도착하는 대로 8번 게이트로 나와 渝C 10888 번호판 검은 폭스바겐에 타서 즉시 공항을 떠나기 바람. 납치가능성 농후.'

30여분 연착한 비행기는 오후 6시 10분에서야 충칭공항에 도착했다.

헤이우드는 휴대전화 전원을 켰고 메시지를 확인했다.

우려했던 사태가 실제로 벌어졌다는 생각이 들었다.

비행기 안에서도 알 수 없는 시선이 느껴졌는데 이제 피할 수 없는 일들이 나를 기다리고 있다는 생각에 두려움이 앞섰지만 담담하기도 했다.

그는 주위를 돌아보지 않고 곧바로 8번 게이트로 나가, 정차해있는 폭스바겐을 찾았다.

승용차 뒷문을 열고 올라탔다.

기사는 중국인이었다.

그가 타자 자동차는 달렸고 그도 기사도 아무 말을 하지 않았다.

백미러로 뒤를 둘러보자 8번 게이트 쪽에서 여러 사람이 뛰쳐나왔고 손가락으로 가리키는 등 부산한 움직임이 보였다.

자신들의 먹잇감이 급히 차를 타고 떠나자 당황한 모양이다.

무엇보다 황당한 것은 베이징에서부터 따라붙던 집사 장샤오쿤이다.

그의 눈은 헤이우드가 탄 차량번호를 한 눈에 파악할 정도로 매서웠다.

일행들에게 차량을 따라붙도록 지시하고 자신은 교통국에 수배령을 내렸다.

헤이우드 차량은 곧바로 시내로 향하는 고속도로로 진입하지 않았다. 보세구역에 있는 호텔로 갔다가 시내로 가는 이차선 이면도로로 접어들었다. 그쪽엔 CCTV가 없었다. 그렇게 50여분 달리다기 강변도로로 접어들었다.

낯익은 풍경이 눈에 들어왔다.

'홍야동'이었다. 충칭에서 가장 번화한 곳이자 야경이 멋진 명소였다.

장강을 건너는 장강삭도의 모습도 보였다.

차는 무작정 달렸다.

숙소로 예약한 난산리징南山丽景지구도 지났다. 거길 갈 순 없었
다. 섶을 지고 불구덩이에 뛰어드는 격이었다. 뒤따르는 차량이 있는
지 여부를 확인하느라 '안가'安家로 곧바로 직행하지 않고 도심을 빙
빙돌았다.

눈을 감았다.

어디서부터 잘못된 것일까?

코드블루에 몰린 것은 완벽하게 중국에서 사라질 수 있는 최악의
상황에 대비하라는 신호였다.

급히 변호사에게 보낸 메일을 수정했다.

영국의 변호사에게 보낸 자료를 아내 루루와 공유하지 말라고 지
시했다. 중국인인 그녀에게 메일로 자료를 보냈다가는 보시라이에게
보내는 격이 될 것이었다.

충칭 공안국

중국 국가안전법은 무지막지하다.

중국 공민 누구나 국가안전부의 요청에 응하지 않으면 '반국가죄'로 처벌할 수 있을 정도로 스파이와 관련된 혐의에 대해서는 가혹했다. 공산당원에게는 공안보다는 기율검사위의 조사가 영혼을 터는 혹독한 조사로 이름나 있지만 중국공민의 경우, 6개월 동안 아무런 통보 없이도 구금할 수 있는 있었다. 국가안전법은 '인권'에는 전혀 개의치 않는 무소불위의 악법이었다.

헤이우드는 대신 그 자료를 MI6에 보내도록 했다.

만약에 그들에게 사로잡혀 협상하게 된다면 정부가 막후에서 직접 개입하는 것 외에는 협상 여지가 없었다.

따르는 차량은 없었다.

그제서야 차는 다시 홍야동으로 돌아와 옆을 지났다.

홍야동洪崖洞은 불야성이었다. 중국에서도 최고의 야경을 자랑하는 충칭의 랜드마크가 바로 홍야동이다.

장강長江과 가릉강嘉陵江이 합쳐지는 지점이다. 이곳이 조천문부두인데 여기서 유람선을 타면 선상에서 홍야동을 가장 아름답게 즐길 수 있다.

헤이우드는 홍야동을 즐길 여유조차 없었다. 그 순간 아이들과 충칭에 왔을 때 함께 홍야동을 여행한 기억이 떠올랐다. 아이들이 보고 싶었다.

"다시는 충칭에 오지 못할 것 같다. 살아서는…"

홍야동洪崖洞은 원래 홍야문洪崖门이었다. 홍야동은 기원전부터 운하로 연결된 충칭의 관문인 충칭성으로, 군사적 요충지이자 관광명소로 각광을 받았다.

홍야동은 절벽에 절묘하게 지은 건축물로 자연지형을 잘 이용한 충칭의 오랜 역사를 집약한 곳이다. 강과 절벽을 끼고 있는 충칭에는 산의 지형을 그대로 이용해서 지어진 건물이 많았다. 특히 홍야동은 절벽을 깎아서 건물을 올렸기 때문에 엘리베이터나 계단을 통해 11층이나 내려가야 맨 아래에 도달할 수 있다. 홍야먼이 '홍야동'으로 이름이 바뀐 것은 외부절벽에 판 석굴에 상가가 들어서면서 사람들이 몰려들기 시작하면서부터다.

이제 차는 러시아워의 충칭시내를 느릿느릿 달렸다. 이차선의 좁은 옛거리로 접어들었다.

아무도 눈치채지 못할 정도로 어둠 속에서 그들을 쫓는 '추격자'가 있었다.

공안국장 왕리췬王立軍은 공항의 이상한 분위기에 대한 첩보를 보고받았다. 낯선 외국인들이 대거 와서 바로 공항을 빠져나가지 않고 있다는 것이다. 무슨 일이 벌어지고 있었다.

공항청사내 CCTV를 확인했다.

헤이우드와 집사 장샤오췬의 모습을 왕 국장이 몰라볼 리가 없었다.

장샤오췬은 게이트에서 헤이우드를 놓쳤지만 왕 국장에게 지원을 요청하지 않았다. 이 일은 공안국을 개입시키지 않고 은밀하게 진행해야했다.

공항에 배치한 요원들에게 즉시 차량번호를 수배시켰다. 바로 따라잡지는 못해도 장샤오췬은 곧 차량을 파악할 수 있었다.

왕 국장은 이 상황에 개입한 조직을 파악하라고 지시했다. 정체를 알 수 없는 차량이었다. 차량번호는 충칭번호판이었지만 차종과 맞지 않았다. 가짜번호판이었다.

도심 CCTV를 통해 확인했다. 훙야둥 뒷골목에서 차량을 찾았다.

'안가'는 번화한 홍등가에 있었다.

왕 국장의 빠른 내사를 장샤오췬은 눈치채지 못했다. 구카이라이는 이번 작전을 자체적으로 추진했기 때문에 사냥개처럼 눈치가 빠른 왕리췬을 개입시키지 않으려고 했다. 괜히 맡겼다가 약점을 잡히게 된다.

헤이우드는 요원을 믿는 수 밖에 없었다. 안가에 숨었다가 협상을 진행해보고 아니다싶으면 탈출하면 될 것이라는 생각을 했다.

오늘이 그녀의 생일이라는 따위는 잊기로 했다.

생일파티는 '미끼'였을 뿐이었다.

이미 시간은 8시가 넘었다.

일단 그냥 쉬고 싶었다. 그는 요원이 이끄는 대로 안가에 들어가서 불도 켜지않고, 짐도 풀지 않은 채 그대로 소파에 기댔다. 피곤이 한 꺼번에 몰려왔다.

안개주의보는 코드블루의 사전신호였다.

아예 충칭으로 출발하지 않았어야 했다.

어차피 한 번은 만나야 한다는 생각과 약속을 지키려는 영국신사 의 예의가 그를 여기까지 오게 했다.

이제 어떻게 해야 할 것인가 아무 것도 생각하고 싶지 않았다.

잠이 쏟아졌다.

#19 _____

난산리징호텔 1605호.

이틀간 아무도 방문을 두드리는 사람이 없었다.

문에는 '请勿打扰'(Do not disturb)라는 팻말이 붙어있어 청소를 하러 들어가지도 않았다.

이틀간 같은 팻말이 그대로 내걸려있자 그제서야 객실담당 직원이 마스터키를 갖고 방문을 열었다.

방안은 난장판이었다.

'110'으로 외국인 미약사범 신고가 접수됐다.

중국에서 110을 누르면 현지 공안(한국 112)과 바로 연결된다.

한 외국인이 마약중독자인데다 마약판매책으로 외국인들을 대상으로 마약을 판매하고 있다는 내용이었다.

마약사범은 한 영국인이며 그가 마약거래를 위해 충칭에 온다는 제보였다.

11월 10일이었다.

헤이우드가 베이징에서 충칭으로 출발하기도 전에 공안국에서는 그를 마약사범으로 체포하기 위해 대기하고 있었다.

익명의 제보자는 나중에 구카이라이측의 사주를 받아 거짓신고한 것으로 밝혀졌다.

보시라이사건이 터진 후 조사된 바로는 신고전화로는 마약범의 국적과 이름 그리고 거주지가 신고됐다.

공안국이 조직적으로 헤이우드 납치사건에 개입한 정황증거였다.

이처럼 고위급 인사와 자칫 적대적 관계로 돌아서거나 불미스러운 일에 휘말려 체포된 뒤 엉뚱하게도 '마약사범'으로 처벌받는 사례가 중국에서는 종종 벌어진다.

중국은 마약사범에 대해서는 상당히 엄격하게 처벌한다. 내·외국인 가리지 않고 마약사범은 초범일지라도 강력하게 처벌한다. 마약 판매책은 최고 사형에 처할 정도로 중범죄로 다루고 있다.

아마도 그것은 19세기에 영국과 '아편전쟁'을 치르면서 홍콩을 빼앗기는 등 온 나라가 마약중독으로 인해 혹독한 대가를 치렀기 때문일지도 모른다.

보시라이 비서실장 쉬밍徐鳴은 이날 왕리쥔 국장을 직접 찾았다. 쉬 실장은 왕 국장에게 헤이우드의 충칭방문사실을 미리 알리고 잘 처리해줄 것을 은밀하게 당부했다.

"들기로는 그가 마약을 한다는 소문을 들었습니다. 아마도 마약을 소지하고 있을 가능성이 있습니다."

"마약사범이라면 어렵지 않게 처리할 수 있습니다."

왕 국장은 공항에 도착하는 순간 그를 체포할 것을 지시했다.

"그를 기다리는 분이 있습니다. 난산호텔南山酒店로 데리고 가시
면 됩니다."

***

마지막 정사情事라 생각하니 만감이 교차했다.

"닐. 고마워 나를 사랑해서.

영원히 내 남자가 되어줘..."

그의 위에서 그녀가 나직하게 속삭이면서 강하게 몸을 움직였다.

그도 이 순간을 즐기려고 하는 듯 했다.

그녀와의 마지막이라는 것을 알고 최선을 다했다.

그가 신음소리를 내며 입을 벌리자 그녀는 와인 한모금을 머금었
다가 그의 입속에 밀어넣었다.

"아아... 마이 러브..."

그때 그녀는 손을 뻗어 테이블위에 미리 준비한 액체를 와인에 섞

어 그대로 그의 열린 입속에 쏟아 넣었다.

그가 눈을 떴다. 무슨 말을 하려는 것 같았다.

말이 되어 나오지 않았다

치명적인 독약이었다. 그의 혀가 굳었고 몸이 축 늘어졌다.

그녀는 곧바로 그의 몸에서 내려왔다.

헤이우드의 죽음을 확인한 구카이라이는 문밖에 대기하고 있던 집사 장샤오쥔张晓军과 함께 마약처리를 하고 문에 '请勿打扰' 팻말을 걸도록 했다.

조심스럽게 뒷문으로 호텔을 빠져나왔다.

허무했다.

정사를 제대로 마치지 못한 게 못내 아쉬웠다.

테이블 위에는 먹다 남긴 와인병과 마약을 뿌려놓았다.

완벽했다.

그는 마약범이었고 음주상태였다.

11월 14일 아침 청소를 하기 위해 문을 열고 들어간 객실담당 직원에 의해 발견됐다.

공안국 궈웨이궈 부국장이 직접 현장검증에 나왔다.

공안국은 타살혐의가 없으며 그의 아내 루루에게 과다음주로 인한 심장마비로 추정된다고 통보했다.

헤이우드의 아내는 그날 오후 늦게 충칭인민병원에 도착, 남편의 시신을 확인했다. 그리고는 구카이라이 변호사를 찾아갔다. 구카이라이는 따리엔에서 그녀의 상사였고 그들을 연결시켜준 '매파'이기도

했다.

구카이라이를 보자마자 그녀는 울음이 터졌고 한동안 그칠 줄 몰랐다. 구카이라이는 한동안 그런 그녀의 어깨를 감쌌다. 헤이우드의 죽음을 슬퍼하는 듯 했다.

두 사람 사이에 어색한 냉기가 흘렀다.

구카이라이가 헤이우드에게 이혼을 요구한 사실을 루루도 알고 있었다. 그것 때문에 헤이우드가 괴로워했고 불륜사실도 알고 있었다.

"루루, 너무 슬퍼하지마. 헤이우드는 과다음주로 처리하는 것으로 이야기가 돼있어. 공안조사에서 마약이 나왔지만 그 부분은 덮어달라고 요청했어.."

"뭐라고요? 그는 단 한 번도 마약을 한 적이 없고 그건 터무니없는 누명이에요. 건강하던 그가 갑자기 호텔에서 죽었다는 것이 믿기지가 않아요. 평소에는 와인 한 잔도 마시지 않는다는 것을 구카이라이 당신 잘 아시잖아요?"

"내가 그런 것을 어떻게 다 알겠어. 공안 조사에서 그렇게 나왔다는 거지!"

구카이라이는 차갑게 말했다.

엄청난 권력을 가진 충칭의 소황제다. 누구도 그의 손아귀에서 벗어날 수 없다는 것을 루루는 알고 있다.

공포와 슬픔을 억누르면서 그녀는 대꾸했다.

"그래도 헤이우드는 당신을 만나러 여길 왔지 않아요? 당신이 그와 마지막까지 호텔에 있었을텐데 어떻게 술을 마시고 죽을 수가 있어요! 진실을 알려주세요."

그녀의 목소리는 분노에 가득찼지만 차마 그녀에게 목소리를 높일 수 없었다.

"아니 나는 호텔에 가지 않았어. 원래 그가 만나자고 찾아왔다고 하지만 그날은 다른 일정이 있어서 가질 못했어. 내 생일은 겨울이야."

구카이라이는 헤이우드와 만난 사실을 완강하게 부인했다.

충칭 공안국이 알아서 처리할 것이다. 호텔 CCTV와 모든 기록은 공안이 조작할 것이다.

구카이라이는 마약사범으로 처리하지 않을테니 서둘러 화장해서 장례를 치를 것을 요구했다. 그러지 않을 경우, 공안이 확보한 마약증거를 토대로 마약사범으로 처리할 것이고, 그렇게 되면 제대로 장례도 치르지 못하게 된다고 협박했다.

"......"

한동안 루루는 말을 하지 않았다.

일장춘몽이었다.

그는 비명횡사했고 죽어서도 사로잡혀있다. 두 아이들의 미래를 위해서는 하루라도 빨리 중국을 떠나야겠다는 생각이 들었다.

이 모든 대화를 지켜보는 이가 있었다. 왕리쥔 국장이었다. 왕 국장은 미리 도청기를 설치해두고 두 사람의 대화를 녹취하고 있었다.

변사사건

헤이우드의 주검은 다음 날 충칭 장례식장(화장장)에서 한 줌의 재로 변했다.

루루는 눈물을 흘리지 않았다.

헤이우드의 허무한 죽음으로 이 사건이 끝나서는 안된다고 생각
했다.

그들은 집요하게 추적하고 괴롭히면서 헤이우드 가족의 존재 자체
를 없애려 들 수 있다는 생각에 더 이상 충칭에 머물러 있을 수가 없
었다.

공포가 몰려왔고 불안했다.

루루는 구카이라이의 성격을 누구보다 잘 알고 있다.

헤이우드와 관련된 모든 것을 완벽하게 세상에서 없애려고 할 만
큼 그녀의 강박증은 병적이다. 장례식장을 나선 그녀를 지켜보는 공
안때문에 서둘러 충칭을 떠나야했다.

헤이우드가 그녀에게 받아야 할 1400만 파운드(약 200억원)의 배상
금은 고사하고 장례비 한 푼 조차 받지 못한 채 그녀는 유골함을 받아
들고 장례식장을 나섰다.

곧바로 장베이江北공항으로 향했다. 베이징에 돌아가 영국대사관
을 찾아간다는 계획이었다. 그의 억울한 죽음을 밝히기 위해서는 외
교적인 접근이외 다른 방법이 없었다.

그녀는 주중영국대사관으로 갔다.

총영사를 만난 루루는 영국 국적 남편 헤이우드의 사망에 대해 의
문점이 많다며 진상을 파악해달라고 하소연했다.

총영사의 반응은 의외로 차분하고 침착했다.

이미 중국당국으로부터 사건에 대한 엄정한 조사와 처리를 약속받
았다는 것이다.

충칭시 공안국이 제시한 사망확인서에 서명을 한 것이 맞느냐고

물었다.

고개를 끄떡이자, 총영사는 "그러면 어쩔 수 없습니다. 부인"이라며 난색을 표했다.

사인이 명확하지 않을 경우, 반드시 부검을 해야 하는데 유족이 동의한 후 곧바로 화장을 해서 공안이 주장하는 사인을 정면 반박하기가 쉽지 않아졌다는 것이다.

루루는 구카이라이가 '마약사범' 운운 협박한 기억이 났다.

그들은 시신에 마약을 주입했을 것이고 부검을 해도 마약이 나올 것이 명확했다.

독약에 의한 사망이라는 주장은 직접 부검을 하지 않은 이상 더 이상 확인할 수가 없었다.

버텼어야 했는데, 영국대사관의 도움을 받지 않았던 것이 후회스러웠다. 대사관의 누군가가 와줬더라면 했지만 모든 것이 끝났다.

자국민이 호텔에서 의문사한 사건이 발생했는데도 불구하고 유족의 동의가 있다고 하더라도 대사관의 대응에 이상한 점이 한두 가지가 아니었다. 중국내 유족은 중국인 아내였고 사인이 정확히 밝혀지기 전에 화장에 동의한 것에 대사관에서 제동을 걸지 않았다는 것은 이해되지 않았다.

헤이우드와 정보기관과의 비밀스러운 연계 때문인지 루루는 혼란스러웠다.

충칭시 공안국은 헤이우드의 최종사인死因을 '과다음주에 의한 심장마비'로 확정짓고 사건을 종결했다.

이 사건은 충칭 매체에 단 한 줄도 보도되지 않았다.

당국이 엄중하게 보도를 통제했다.

사건이 일어난 장소가 충칭시가 직할하는 난산풍경지구내에 위치
해있는데다, 별관에서 벌어진 일이라 일반투숙객들은 알지 못했다.

이 사건처리는 공안국 궈웨이궈 부국장이 진두지휘하고 최종 처리
했다.

물론 보시라이와 구카이라이가 모든 보고를 받았다.

왕리쥔 국장도 이 사건을 정확하게 파악했다. 헤이우드가 도착하
면서부터 그를 미행하고 추적하다가 체포(납치)해서 호텔로 데리고
간 것에서부터 공안국이 모든 과정을 주도했다.

그를 과다음주변사로 처리하는 것이 아무래도 꺼림칙했다.

헤이우드가 신변안전에 대한 담보없이 충칭에 오지는 않았을 것이
다. 미국 CIA 등의 정보기관요원들이 충칭에 모여들었다는 점도 이상
했다.

그들이 관리하고 주시하는 중요인물이 백주대낮에 충칭시의 유명
호텔에서 사망했다면 그들이 모를 리 없었다.

자칫 공안책임자인 자신이 나중에 모든 것을 뒤집어쓸 수도 있는
상황에 처할지도 모르겠다는 걱정이 앞섰다.

타고난 '사냥개의 후각'이 그를 움직이게 했다.

확실한 물증을 확보하지 않을 경우, 후일 헤이우드 사망사건의 주범
으로 자신이 지목될 수밖에 없다는 점을 우려한 그는 구카이라이가 왕
루루와 만나 화장을 독려하면서 나눈 대화록을 녹취하는 데 성공했다.

그는 '도청'의 전문가였다. 보시라이의 명령에 따라 충칭을 방문한
대부분의 최고지도자들의 일정을 따라다니며 도청하기도 했다.

귀웨이귀 부국장에게 사건 지휘를 맡겨놓고도 왕 국장은 헤이우드의 시신이 발견되기 전에 미리 1605호실에 들어가 살인의 증거를 확보했다.

그는 헤이우드가 사망한 그날 새벽 호텔을 찾아, 준비해 간 주사기를 통해 헤이우드의 시신에서 혈액샘플을 채취하고 현장사진도 찍었다.

귀웨이귀에게 호텔 CCTV를 삭제하기 전 복사본을 확보하라고 지시한 것도 그였다.

왕리쥔이 보험을 들 듯이 헤이우드 사건에 대한 증거를 별도로 확보한 것은 다 이유가 있었다.

그는 자신의 정치적 미래가 흔들리고 있다는 것을 알았다. 보시라이가 따리엔에 있던 왕리쥔을 불러온 것은 충직한 사냥개의 역할이었지 새로운 '영웅'이 필요해서가 아니었다. 영웅은 보시라이 한 사람으로 충분했다.

충칭重庆의 '창홍따헤이'唱红打黑, (공산당을 찬양하고 범죄조직을 때려잡는) 캠페인에 대한 충칭시민들의 박수가 왕리쥔에게 쏠리자, 보시라이는 못마땅해 하는 눈치를 대놓고 표현했다.

그러나 범죄와의 전쟁을 주도하면서 실제 '인민영웅'호칭을 수여받은 것은 왕국장이었다.

범죄조직 보스들과의 협상과 담판을 주도한 것도 왕 국장이었다.

협상을 통해 뇌물을 공여한 조직은 살아남았고 전임 당서기와 전임 공안국장 등과의 친분을 과시하면서 비협조적으로 대응한 조직들은 철퇴를 맞았다. 힐튼호텔을 소유한 충칭 최대의 부동산 개발기업 회장이자 범죄조직의 수괴로 체포돼 사형당한 펑즈민彭治民이 대표적인 케이스였다.

그는 왕 국장과의 협상에서 고분고분하지 않았다.

전임 왕양 서기와의 친분도 돈독했다. 그가 오판하게 된 근거였다. 보시라이의 정치적 라이벌인 왕 서기와의 친분이 그를 죽음으로 내몰았다. 왕양을 잡으려고 펑 회장을 채포했고, 결국은 범죄조직의 수괴로 사형선고를 받도록 했다.

창훙따헤이의 모든 과정을 왕 국장이 지휘한 야전사령관이 왕 국장이었다. 보시라이는 그의 존재가 부담스러웠다.

'보시라이 서기의 성격상, 나의 존재가 부담스러워진 모양이다. 조용하게 사라질 수도 있겠다.'

한 두 사람이 아니었다. 소리도 없이 사라진 사람들이.

따리엔大连에서 사라진 아나운서 장웨이제 뿐 아니라 수많은 사람들이 소리 소문없이 사라졌다.

단단한 보험이 필요했다.

'조직에 있을 때는 나는 사냥개들의 대장으로 강한 힘을 갖고 있지만, 그가 나를 버거워서 제거하라고 지시한다면 나 역시 하루아침에 사라질 것이다.'

에필로그

1

충칭 공안국장의 망명

이상한 낌새가 감지됐다.

누군가 아파트에 침입한 흔적이 있었고 사무실 전화기에는 도청기가 설치돼있었다. 도청전문가를 놀리듯이 도청기를 설치한 것은 공공연한 협박이었다.

보시라이가 호출했다.

그의 집무실로 들어서자마자 화를 낸 그는 곧바로 뺨을 호되게 후려쳤다. 휘두르는 손을 잽싸게 눈치껏 피하자 재떨이가 날아왔다. 무슨 봉변을 당할까 겁이 나서 황급하게 집무실을 도망치듯 나왔다.

'그 문제가 터졌다'는 것을 직감적으로 알아챘다.

그 사건은 궈웨이궈郭伟国 공안부국장에게 전결 처리하도록 한 민감한 사건이었다. 현장조사는 왕펑페이王鹏飞 기술수사총대장에게 시켰다. 둥베이에서 데려 온 심복이었는데 이들이 사고를 친 모양이라고 짐작했다.

그들이 무슨 이유에선지 심사가 뒤틀린 건지, 작당을 해서 현장사진 등을 슬쩍 언급하면서 구카이라이를 압박했을 개연성이 높았다. 승진 등의 인사문제에서 불만이 누적됐을 수도 있다. 구카이라이는 화가 머리끝까지 치밀어 올라 난리를 쳤을 것이고 결국 보시라이에게 해결을 맡긴 것이다.

중국에서는 도망칠 곳이 없다.

여기까지 왔을 때 보시라이의 선택은 하나 밖에 없었다.

이 세상에서 사라지게 하는 것, 모든 증거를 없애버리는 것이 그가 지금껏 취한 행동이었다.

창홍따헤이 캠페인을 한다며 둥베이에 있던 나를 불러 '인민영웅' 칭호까지 주면서 한껏 추켜세울 때가 좋았다. 속으로는 소수민족 '멍구족蒙古族새끼'라며 쌍욕을 하며 개무시하던 그였다.

관리책임을 물어 나까지 한꺼번에 제거하려는 수순이었다.

주어진 시간이 없다. 보시라이는 결정을 하면 지체하지 않는다. 성격이 급했다.

아마도 단 하루도 남아 있지 않을 것이다. 선방이 최고다.

아니나 다를까 보시라이 집무실을 빠져 나오자마자, 충칭시는 공안국장에서 면직하고 충칭시 부시장으로 전보하는 인사를 발표했다. 공안분야와 전혀 관계없는 건설 담당 부시장이었다.

제거작전이 시작된 것이다.

며칠 안에 나는 숙소에서 사망한 채로 발견될 것이다.

아마도 과중한 업무에 따른 피로누적과 스트레스로 인한 과로사로 발표될 것이다.

늘 하던 시나리오대로 나도 사라지게 돼 있다.

공안국장실로 복귀한 그는 그동안 챙겨 둔 자료를 재빨리 뽑아냈다.

서랍 속에는 그동안 따로 정리해 둔 세 권의 파일이 있다. 거기에 그는 구카이라이 변호사의 영국인 살해사건 관련 파일을 추가했다.

사망한 헤이우드 시신에서 몰래 확보한 헤이우드 혈액 샘플도 챙겼다. 과음에 의한 약물중독사로 처리한 그의 죽음은 이 혈액 샘플로 독살된 것이 증명될 것이다.

보시라이 가문의 부정축재 파일과 쿠데타 관련 자료도 포함돼 있었다.

왕리쥔은 '비화기'를 꺼냈다. 그리고는 수첩에서 CIA요원에게 메시지를 보냈다.

CIA요원은 미국적의 사업가 첸陳이다.

첸은 신중국 건국 직전 미국으로 이민 간 부친의 고향을 찾아 투자한 사업가였다. 컴퓨터 부품을 수입해서 공급하는 사업가지만 위장한 블랙요원이었다. 공안국은 CIA등 서방 정보기관의 활동을 어렴풋이 파악하고 있으면서도 애써 막거나 체포하지 않았다.

그에게 접선 시간을 물었다. 긴급 상황을 예상하고 있었다는 듯 첸은 신속하게 대응했다.

D-day는 내일 오후 5시. 청두.

'정확히 그 시간에 청두成都영사관에 도착하면 영사관 정문이 열릴 것임.'

2월6일 정오.

'충청고속도로'重成高速公路 청두방향으로 검은색 승용차 한 대가 빠른 속도로 달리고 있었다. 날씨는 유난히 화창했다.

짙은 썬팅이 된 승용차의 운전자는 백발의 노파였다.

그녀는 연신 휴대전화를 쳐다봤고 수시로 백미러로 미행여부를 확인했다. 초조한 기색이 역력했다.

노파는 얼핏 보기에도 노인답지 않게 골격이 장대했고 얼굴이 붉었다.

충청에서 청두까지는 고속도로가 뚫려있다. 거리는 약 305km. 도로사정이 좋지 않다는 점을 감안하면 3시간 30분 정도 걸릴 것이다.

마침내 청뚜 IC를 통해 충청고속도로를 빠져나왔다. 곧바로 노선을 '티엔푸'공항고속도로를 경유해서 청뚜成都 시내로 직행하는 노선을 선택했다.

오후 4시가 막 지났다. 도심을 우회하던 자동차는 미행여부를 거듭 확인하고는 다시 목적지를 향해 움직였다. 접선시간이 시시각각 다가왔다.

'주駐청두미국총영사관'이 내걸린 정문이 눈에 들어왔다.

인민남로 4단人民南路4段이다.

심호흡을 크게 한 후 교차로에서 노파는 악셀레이터를 지그시 밟았다.

그 때 휴대폰이 울렸다. 공안부국장 궈웨이귀였다.

벨은 연신 울려댔다.

울리는 벨소리에도 노파는 휴대폰을 더 이상 쳐다보지도 않았다.

충칭에서는 그제서야 왕 국장의 부재를 눈치챘다. CCTV를 통해 그가 고속도로로 충칭을 빠져나간 것을 파악했을 것이다. 충칭의 대응이 한 발 늦은 것은 그가 변장을 한데다 그가 탄 차량도 급히 렌트한 것이기 때문일 것이다.

그녀는 영사관 정문을 향해 차를 몰았다.

자세히 살펴 보기 전에 누가 보더라도 그녀는 영락없는 백발의 노파였다.

첸 요원으로부터 왕 국장의 도착시각을 픽스한 영사관은 차가 진입하자 스르르 자동문을 개방했다.

***

게리 로크 주중 미국대사는 그 시각 베이징의 한 중식당에서 기업인들과 저녁 만찬을 시작하려던 참이었다.

휴대폰에 긴급 메시지가 떴다.

'보안구역으로 이동해서 메시지를 확인하시기 바랍니다.'

외교관들이 드나드는 베이징의 웬만한 고급 중국식당은 대부분 중국 정보당국에 의해 도청되거나 보안이 보장되지 않는다. 주중미국대사는 그래서 공식 모임을 할 때 늘 보안 담당 요원이 수행하도록 하고 있다.

청두 미총영사의 긴급통화였다.

충칭은 벌집을 쑤신 듯 난리가 났다.

충칭에 주둔하고 있던 무장경찰 경장갑 부대가 고속도로를 통해 청두로 신속하게 이동중이었다.

당 중앙군사위원회는 충칭의 움직임을 예의주시하고 있었다.

지방 무경부대 지휘권은 지역 공안국장 등이 당 서기의 지휘를 받아 통제하지만, 정법위 충칭지부는 무경부대 이동상황을 실시간으로 베이징에 보고했다.

무경부대 이동은 보시라이의 지시에 따른 것이라는 긴급보고가 이어졌다.

중앙군사위 위기대응실은 무경이동상황을 확인하고 즉시 원대복귀지시를 내렸다.

'충칭 무경은 즉시 원대복귀하기 바란다. 군사위는 부대 이동을 불허한다.'

정법위에도 무경 이동상황이 즉각 보고됐다.

'충칭과 청두에 비상상황 발생. 충칭무경 청두로 무단 이동중. 부대와 직접 교신이 불가능한 상황'

정법위와 중앙군사위의 지시 및 상황전파 즉시 중앙판공청으로 보고됐다. 링 주임은 즉각사태파악에 나섰다. 자칫 군사위 승인없는 부대이동은 군사정변으로 간주될 수 있는 비상사태였다.

당 중앙(중앙군사위)의 부대이동 승인없이 무단으로 무경을 포함한 지방 군부대가 위수지역을 벗어나 이동하는 것은 쿠데타였다.

링 주임은 후 주석에게 보고하는 즉시 후 주석 경호수위를 1급으로 격상시켰다.

주석의 경호를 맡은 중앙경위국에 대한 일상적인 지휘는 링 주임의 몫이었다.

후 주석의 지시가 즉시 하달됐다.

'중앙경위국 타격대를 즉시 청두로 보내 사태를 장악하고 보고하라'

링 주임은 이 사태의 배후가 보시라이 서기라는 것을 후 주석에게 보고했고 후 주석이 즉각적인 대응을 지시한 것이다.

저우융캉은 의외로 천하태평이었다. 그는 사태의 전모를 파악하고 있었다. 왕리쥔 국장이 위수지역을 이탈, 미국영사관으로 향한 이유에 대해서도 짐작하는 듯 했다.

청두 총영사는 왕 국장이 지참한 폭로문건과 기밀자료 목록과 더불어 망명요청을 즉시 주중 미국대사에게 보고했다. 게리 대사는 사안의 중대성을 감안 국무부와 워싱턴의 지침을 기다렸다.

'충칭시 공안국장이 미국으로의 정치적 망명을 요청했다. 그가 갖고 있는 자료는 굉장히 충격적인 내용이 포함돼 있다. 차기 중국 최고 지도부 구성과 관련한 네밀한 움직임과 권력투쟁양상에 관한 다양한 정보들이 있다.'

오바마 대통령은 유럽 순방중이었다.

주중대사의 긴급 요청을 확인한 백악관 상황실은 때마침 조 바이든 부통령(이후 2020년 대통령에 당선된)의 지휘 하에 중국 상황파악 및 중국측과의 협상방안 조율을 논의했다.

중국의 외교적 대응 역시 후 주석 지시에 따라 공식라인 외 비공식적인 고위급 접촉으로 확돼됐다. 양제츠楊潔篪중국 외교부장은 대미 핫라인을 동원했다. 즉시 미국 국무장관과 통화에 나섰고 '핫딜'을 제안했다.

양측은 협상에 나섰다.

미국으로서는 이미 필요한 자료를 확보했다. 중국 측이 강력하게 요구하고 있는 범죄혐의자 인도 요구에 대해, 인권을 앞세워 망명을 허용할 것인가 아니면 중국에 스파이혐의로 구금돼있는 CIA요원 석방 카드로 쓸 것인지 결정하는 일만 남았다.

중국측 협상안이 좋았다. 왕리쿤의 신변 안전 보장을 조건으로 거물급 스파이와 맞교환하기로 했다. 대외적으로는 중국측 요청을 받아들이는 대신 스파이혐의로 구금돼있는 5명의 요원들에 대한 즉각 송환을 받아냈다.

2

롤러코스트 인생

"지금 돌이켜보면 한바탕 꿈과 같다."

카이라이谷开来는 살인혐의로 재판정에 섰다.

사형 구형을 받은 법정 최후진술에서 그녀는 "모든 것이 후회스럽다. 그렇게 하지 않았어도 되는데 무언가에 홀린 듯 나는 그때 이성을 잃었다."며 회한의 눈물을 흘렸다.

정말로 그녀는 후회한 것일까. 감형을 노리고 흘린 악어의 눈물일까.

일장춘몽一場春夢.

한바탕 꿈을 꾼 듯 그녀의 인생은 한 순간에 추락했다. 왕리쿤 망명사건만 일어나지 않았더라면 헤이우드 사건은 묻혀버렸을 것이다. 보시라이도 당당하게 베이징으로 금의환향해서 차근차근 쿠데타기획을 추진했을 지도 모른다.

권력도 욕망도 그 많은 재산도 다 소용이 없다.

사랑에 빠진 줄 알았다. 천하를 잡겠다는 야망으로 가득찬 한 남자와 결혼했지만 그 남자는 늘 허망한 권력을 쫓았고, 늘 허허로운 육체적 사랑을 찾았다.

그 빈자리를 채우려는 듯 그녀 역시 일에 몰입했고, 돈을 쫓았고, 사내를 마다하지 않았고, 권력의 그늘에서 숨바꼭질을 반복했다. 한 미디로 '롤러코스트'같은 인생이었다.

권력은 손에 잡히지 않았다.

손에 잡힐 듯 다가온 권력은 눈앞에 어른거리는 순간, 사라졌다.

그녀는 강박관념에서 벗어나기 위해 약물을 복용했고 불면증과 편집증, 강박증에 끊임없이 시달렸다.

보시라이도 정도의 차이는 있지만 권력에 대한 집착증은 병적이었다.

닐 헤이우드는 그들 부부를 협박하지 않았다. 그는 협박할 수 있는 처지가 아니었다.

그는 하수인이었고 어쩌면 한 때의 노리개였다. 그에 환멸을 느껴 소소한 보상을 요구했을 뿐이었다. 그러나 구카이라이는 하수인이 덤빈다고 여겼다. 참을 수가 없었다. 눈앞에 다가 온 권력을 잡기 위해서는 사소한 틈이라도 노출될까 두려웠다.

"(그는)나를 돌처럼 짓눌렀다."

그녀를 짓누른 것은 권력에의 집착이었거나, 혹은 강박증이었다. 헤이우드가 압박한 것이 아니었다.

한바탕의 악몽이었으면 좋았을텐데 꿈에서 깨고난 후 그녀는 살인자였다. 거침없는 살인에는 죄의식이 없다.

보시라이와 구카이라이가 멈추지 않았더라면 더 끔찍한 사태가 벌어졌을 지도 모른다.

두 사람은 법정에서 충돌했다.

산둥성 지난济南 중급법원에서 열린 보시라이 재판에서 보시라이는 구카이라이측이 제출한 서면증언에 대해 반박했다.

"그녀는 (수중에) 훨씬 많은 돈을 갖고 있었다. 그 정체도 불명확했다."

폭로전 양상으로 번졌다.

구카이라이는 보시라이가 따리엔국제발전공사 총경리 탕샤오린唐肖林으로부터 3차례에 걸쳐 111만 위안(약 2억300만원)을 받았다는 혐의에 대한 증거자료를 제출했다.

이와 관련, 구카이라이는 따리엔과 선양, 충칭 집에 금고가 있었다며 자신이 수차례에 걸쳐 8만 달러, 5만 달러, 5만 위안을 각각 꺼내 아들 보과과의 유학자금으로 썼다고도 증언했다.

이 금고는 자신과 보시라이만 열 수 있었고 이 돈은 남편이 넣어둔 것이라고 설명했다.

이에 보시라이는 대노하면서 증언했다.

"아내의 증언은 매우 웃기고 가소롭다. 그녀는 (또 다른 집에 있는) 큰 금고에 아주 많은 돈을 넣어두고 있었다. 8만 달러보다 훨씬 많았고, 5만 위안보다 훨씬 많았다. 그녀가 쓴 돈은 이런 금액을 훨씬 초과하는데 여기에 대해 분명한 설명이 없다."

부부가 각각 뇌물을 받아 '딴 주머니를 찼다'는 얘기다.

베이징 교외의 '친청'秦城 교도소에 함께 수감돼있던 두 사람이 결국 옥중 이혼소송을 제기하자 구카이라이는 허베이河北성 싼허三河

시 옌자오燕郊진에 있는 '옌청'燕城교도소로 이감됐다.

2016년 6월 이혼수속이 끝났다.

서로의 운명을 뒤바꾼 보시라이와 구카이라이의 질긴 부부의 인연은 감옥에서 끝났다.

헤이우드를 살해한 살인죄로 사형선고를 받고 사형집행유예를 선고받은 구카이라이는 2년이 지나 종신형으로 감형됐다.

이후 7년이 지나면 다시 감형을 받아 가석방될 수도 있다. 그녀는 여전히 옌청교도소에 갇혀있다.

보시라이도 2017년 간암이 발병, 일시 가석방돼서 따리엔 근교의 한 병원에서 한동안 지내다가 친청교도소로 재수감됐다.

왕리쥔 국장은 반역도주와 직권남용, 뇌물수수 등의 혐의로 15년형을 선고받았다.

***

보시라이 일가의 집사노릇을 하면서 금고지기 역할을 한 쉬밍 스더그룹 회장은 비운의 주인공이 됐다.

심지가 약한 쉬밍 회장은 기검위 조사에 순순히 응하는 바람에 보시라이와 상하이방에 '배신의 아이콘'으로 '미운 털'이 박혔다.

재판을 받고 4년형을 선고받았지만 그의 재판과정은 이례적으로 대중에 공개되지 않았다. 수감된 교도소가 어디인지도 알려지지 않았고 체포된 이후부터의 동향에 대해서는 거의 알려지지 않았다. 쿠데타로까지 번진 그의 신병확보를 위한 무력대치사건까지 일으키면서 체포된 지 1년 3개월여가 지난 2013년 6월 느닷없이 교도소내 사망설이 제기됐다.

1차 사망설은 해프닝으로 끝났다. 보시라이가 종신형을 선고받은 데 반해 쉬밍은 비교적 짧은 4년형을 선고받아 2016년 9월 11일 형기를 마치고 석방될 예정이었다.

남은 형기는 9개월여. 2015년 12월 어이없게도 쉬밍 사망뉴스가 웨이보에 올랐다. '쉬밍 스더회장 사망, 병사한 것으로 추정'

쉬밍은 재판을 받고 수감생활을 하면서 지인들의 도움을 받아 경제와 철학 서적을 탐독할 정도로 잘 지내고 있었다고 전해졌다. 그가 후원한 보시라이 관련 혐의에 대해 당국의 조사에 최대한 협조를 했기 때문인지 각별한 보호와 배려를 받았다. 그런 그가 출소를 9개월여 앞둔 시점에 후베이성 우한교도소에서 '심근경색'으로 독방 화장실에서 사망했다.

출소 후 스더그룹 재건에 힘을 쏟기로 하고 임직원들과도 수시로 면회하는 등 복귀를 준비중이었다. 스더 그룹도 그가 복역하는 와중에 파산은 면한 채 운영되고 있었다.

그의 갑작스러운 죽음을 둘러싼 수많은 의혹에도 당국은 그의 유해를 화장해서 따리엔의 자택으로 유골만 보냈다.

물론 그는 수감생활을 하기 전에 심장과 관련한 어떠한 병력이나 치료도 받은 적이 없다.

사망 당시 나이는 44살.

죽은 자는 말이 없다.

군사적 정변政變의 도화선이 되기도 한 그의 신병을 확보하기위한 각축전으로 인해 저우융캉 서기의 운명도 하루아침에 달라졌다.

쿠데타계획의 배후핵심으로 지목된 저우 전 서기는 중국공산당 정치국 상무위원으로는 처음이자 유일하게 당적을 박탈당하고 교도소에 갇혀있는 '쌍카이' 처분을 받았다. 시실상 쿠데타 혐의에 대한 처벌이었다.

시진핑과 왕치산이 주도한 범죄와의 전쟁에서 부패'호랑이'로 지목된 그는 여전히 건재하다.

감옥 안에서 말이다.

저우융캉은 지금도 친청교도소에서 꽃을 기르며 유유자적한 삶을 살고 있다. 물론 그의 면모는 백계왕때와는 천양지차다.

그의 가까운 교도소 이웃은 보시라이다.

그들은 교도소에서 여전히 시진핑을 대체할 새로운 권력창출을 꿈꾸고 있는 것은 아닐까?

3

쿠데타, 쿠데타, 쿠데타...

2017년 4월 초 어느 날이었다.

베이징 톈안먼 광장 경비가 이중삼중으로 강화됐다. 중난하이 인근 도로는 아예 일반인의 접근이 차단됐고 관광객의 톈안먼 광장 진입도 하루 종일 통제됐다.

베이징에서 군사정변이 일어났다는 소문이 돌았다.

아니나 다를까. 이날 보시라이 전 충칭시 서기가 친청秦城교도소에서 일시 가석방된 것이다. 보시라이는 인민해방군 301 병원에서 검사와 진료를 받았다. 그 직후 따리엔 인근의 한 의료시설로 옮겼다. 이날 톈안먼 일대에 내려진 삼엄한 경계령이 보시라이의 병원 이송을 위한 보안 때문이었는지 또 다른 이유가 있었는지는 분명하지 않다.

따리엔 인근의 '방추이'棒棰섬에 있는 의료시설로 이송된 보시라이는 그곳에서 6개월여 동안 치료받으며 요양했다. '친청교도소'내에도 의료진이 있지만 암수술을 집도할 정도의 전문의는 없었다.

재판에서 종신형을 선고받은 중범죄자지만 보시라이가 간암진단을 받자 암 치료를 위해 외부 병원을 이용할 수 있도록 배려를 한 것이다. 보시라이의 간암은 비교적 초기에 발견되는 바람에 수술을 한 후, 따리엔에서 몇 개월 요양을 한 후 천청교도소에 재수감됐다.

보시라이가 따리엔大連에서 암 치료에 전념하고 있을 때였다. 그가 가석방이 아닌데도 신병치료차 외부로 나오자 움직이는 세력이 있었다.

베이징의 당 중앙에서도 보시라이가 외부로 나오자 긴장했다.

그는 여전히 꺼지지 않은 불꽃이었다.

***

2017년 열린 제 19차 중국공산당 대회는 시진핑 주석과 리커창 총리를 제외한 나머지 5명의 중앙정치국 상무위원 전원을 교체하는 중국 최대의 정치이벤트였다.

'7상8하'원칙을 둘러싸고 논란이 빚어지고 있던, 시 총서기의 오른팔격 왕치산 기율검사위 서기의 거취여부도 여전히 뚜껑이 열리기 전까지는 논란이 분분했다.

장쩌민과 쩡칭홍을 위시한 잔존 상하이방의 분위기도 심상치 않았다.

'경거망동하지 말라'는 경고였다.

19차 당 대회에서 후계자로 지명돼 2022년 시진핑을 이어 차기지도자로 오를 것으로 예상되기도 한 '제6세대 지도자' 쑨정차이孫政才 충칭 서기가 갑자기 공식석상에서 사라졌다. 얼마지나지 않아 그의 부패혐의가 공표되면서 그는 낙마했다.

시 주석의 총애를 받은 것으로 알려진 쑨정차이의 갑작스러운 낙마는 충격적이었다. 보시라이 후임으로 장더장이 충칭시를 맡았지만 얼마 지나지 않아 그 자리에는 쑨정차이가 보임돼 보시라이의 유산을 씻어내고 있었다.

쑨정차이는 2002년부터 2017년까지 고위당간부로 있으면서 각종 공사편의 등을 제공하면서 1억7,000만 위안(약 288억원)에 이르는 뇌물을 받았다.

정치국 상무위원 진입이 유력하던 '쑨정차이'였기에 충격은 엄청났다. 왕치산王岐山과 장더장張德江, 위정성兪正聲, 류윈산劉雲山, 장가오리張高麗 등 5명의 상무위원이 모두 '7상8하'(67살이하면 한 번 더 하고, 68이면 퇴진)관례에 따라 상무위에서 퇴진할 예정이었다.

쑨정차이와 후춘화, 한정, 왕후닝, 리잔수, 왕양, 자오러지 등 7~8명이 5석의 상무위원 자리를 둘러싸고 경합을 하고 있었다.

쑨정차이는 계파 색채가 뚜렷하지는 않았지만, 상하이방의 막후 지원을 받고 있었다. 장쩌민 주석시절, 중앙판공청 주임, 쩡칭훙의 아들을 통해 자칭린 당시 베이징 서기와 인연을 맺었다. 그래서 상하이방과 가깝다고 알려졌다.

그의 낙마는 어느 정도 예견된 것이었다는 후문이 뒤늦게 흘러나왔다.

2017년 2월 중앙기율검사위의 중앙 순시조가 불시에 충칭을 방문, 감찰에 나선 적이 있다. 감찰 결과 쑨 서기는 보시라이의 정치적 유산을 깔끔하게 정리하지 못하고 오히려 휘둘리고 있었다는 강한 질책을 받았다는 것이다.

당으로부터 강한 경고를 받았음에도 불구하고 쑨 서기는 쩡칭홍 등 상하이방과의 유착을 통해 정치적 입지 회복을 노렸다. 이를 모를 리 없는 시 주석이 상하이방에 대한 경고의 의미로 선제적으로 쑨 서기를 낙마시킨 것이다.

쩡 부주석은 쑨정차이 낙마에 대노했지만 별다른 방법은 없었다.

결국 쑨정차이 낙마는 당 대회를 앞두고 '상하이방'에 대해 경거망동하지말라는 사전경고 였다.

시 주석은 노련해졌다. 후 전 주석 등 당 원로들에 대한 지속적인 지원을 통해 당내부 여론을 확보하는 한편, 당 대회를 앞두고 자신의 정치적 의도를 노골적으로 드러내면서 상하이방에 대해서는 유감없이 견제했다.

보시라이의 상황과도 무관치 않았다. 사실 보시라이 몰락 이후 태자당은 더 이상 정파로서 기능하지 않았다. 류샤오치刘小奇 전 총서기의 아들 류위안刘源 군사위 정치위원 등이 시 주석과 밀접한 관계를 가지고 있었지만 상하이방과의 불협화음으로 태자당은 더 이상 공동의 이익을 도출하지 못했다.

그러나 시 주석의 1인 지배체제강화가 '마오毛시대 회귀'로 비치자 보시라이의 부재에 대한 아쉬움과 보시라이에 대한 향수도 일었다.

장쩌민은 너무 노쇠했고 쩡 전 부주석은 라오바이싱의 존경을 받지 못할 정도로 나쁜 이미지로 점철돼있었다. 시 주석에 대적할 수 있는 정치적 상대가 없었다.

친청교도소에 있는 보시라이에 대한 당 내부의 관심이 완전히 사라지지 않고 있다는 것은 '황제'수준으로 치닫고 있는 시 주석의 장기 집권에 대한 불만이 높아졌다는 반증이었다.

시 주석이 포착한 다음 제물祭物은 군부의 팡펑후이房峰辉 상장上將과 장양张阳 상장이었다.

팡 상장은 후 전 주석이 발탁한 장군으로 2009년 신중국 수립 60주년 열병식 때 베이징군구 사령원(사령관)으로 열병식을 총지휘했을 정도로 주석의 신임을 얻었다. 그가 그해 7월 비리혐의로 조사를 받고 있다는 보도가 흘러 나왔다.

19차 당 대회를 앞두고 팡 상장은 중앙군사위 부주석이라는 실세가 될 것이라는 예상을 뒤엎는 충격적 낙마였다.

팡펑후이 낙마는 집권과정에서 일시 연대한 후 전 주석과의 파열음이 마침내 터져나온 것이라고 할 수 있다.

인민해방군에 대한 시 주석의 강력한 경고는 저우융캉의 쿠데타 예비혐의 공모자로 지목받은 쉬차이허우, 궈보슝 등 두명의 중앙군사위 부주석의 비리혐의와 연루돼 조사과정에서 자살한 장양 전 정치공작부 주임(상장)에 대한 조치였다. 자살한 장양에 대해 당에서 사후 제명했다. 가차없었다.

당사자의 자살로 혐의를 마무리하지 않고 당적과 군 계급을 박탈하는 동시에 부정축재한 재산까지 압류조치를 취한 것이다.

시진핑의 사정드라이브는 전방위적이었다.

암 치료차 따리엔에 나와 있던 보시라이 전 서기 보란 듯 후계그룹을 줄줄이 낙마시키고 후 전 주석과 장 전 주석 등 당 원로들에 대해서도 경고의 메시지를 날렸다.

'이제 과거의 시진핑은 잊어라.'

군사쿠데타 우려에 대한 선제적 공세이자 경고였다. 그래선가 가을에 열리는 당 대회를 앞두고 3월부터 10월말 까지 베이징은 사실상 계엄상태나 다름없는 긴장국면이 조성됐다.

따리엔의 보시라이는 치료와 재활에 전념하면서 베이징의 분위기에는 관심이 없는 척 했다.

당분간 자신이 주인공이 되는 시간은 절대로 오지 않을 것이라는 것을 누구보다 잘 알고 있었다.

'마지막에 살아남는 자가 이길 것이다.'

보시라이는 이 말을 가슴에 새겼다.

4

실종 - '홍색중화방'紅色中华帮(?)

2022년 여름 베이다이어北戴河 회의를 앞두고 중난하이는 긴장의 연속이었다.

시 주석의 3 연임은 현실화됐다. 후계자는 당장 선택할 필요가 없다. 장쩌민 이래로 확립돼 온 '연임 10년'의 지도체제와 후계자 격대지정이라는 전통이 깨지게 된 것이다. 시진핑 체제는 1, 2기를 마치고

2023년부터는 3기로 접어들게 된다. 아무리 반대세력이 미약하더라도 이미 민심은 분분했다. 마오와 덩의 경우에는 임기제한이 의미가 없었지만 사실상 마오 주석의 장기집권이 낳은 폐해를 방지하기 위해 세운 전통이 연임과 격대지정 및 7상8하 원칙이었다.

중국혁명을 이끌고 신중국을 건국한 마오쩌둥이나 마오 사후 혼란한 정국을 수습하고 개혁개방의 길로 이끈 덩샤오핑과 비교하기에는 시진핑은 아직 한참이나 미치지 못했다.

베이징 왕푸징 거리의 오래된 사진관 외벽에는 마오와 덩, 그리고 저우언라이, 류샤오치의 사진이 걸려있다. 그리고 장쩌민 시대에는 장이, 후진타오 시데에는 후 사진이, 그리고 지금은 시 주석의 사진이 함께 내걸렸다. 이 사진관에는 신중국 5대 인물만 건다. 시 주석이 앞선 4명의 인사와 어깨를 나란히 할 정도의 평가를 받는다면 시 주석을 포함한 5명은 상시 게시될 것이다. 그러나 시 주석이 신중국의 어떤 지도자로 각인될 수 있을지 아직까지는 특정지을 수 있는 성과나 업적이 불분명한 것이 사실이다. 미국과 맞상대하는 중화굴기의 지도자 혹은 세계초강대국으로 우뚝 서는 중국의 지도자라는 타이틀은 아직은 성급하다. 마오에 이어 장기집권을 꾀한 21세기 독재자라는 평가라면 모르겠지만 말이다.

장쩌민의 건강이 악화된 모양이다. 그가 머물던 상하이 풍경이 의기소침해졌다. 시진핑의 독주를 제어할만한 힘도 총기도 잃어버리고 그는 아마도 병석에서 가쁜 숨을 몰아쉬고 있는 모양이다. 상하이방이 장쩌민 이후에 대비하는 분위기도 느껴졌다.

시 주석의 동정이 한동안 나오지 않고 있다. 이상기류가 감지됐지만 그 이유가 무엇 때문인지 알 수는 없다.

공식적으로 상하이방의 방주가 사라지면 정치세력으로서 상하이방은 일정수준의 세 위축이 불가피할 것이다. 하나의 정치방幇(세력)으로 세력화 된 시자쥔习家军은 대대적인 숙청과 부패사정에 나설 준비를 하고 있었다.

시황디习皇帝 제2기를 맞아 부패와의 전쟁 시즌2에 나서겠다며 사정을 통한 공직사회의 공포분위기가 조성되고 있었다.

시진핑 3기 출범에 대한 떨떠름한 당내외의 분위기를 다잡을 필요가 있었다.

방주를 잃어 오합지졸 신세가 된 상하이방에 대한 대대적 숙청을 위한 '칼춤'이다. 상하이방세력은 이제 겁에 질려 숨도 못 쉴 정도로 공포의 압살분위기에 휩싸였다.

민심이 뒤숭숭했다. 중국 전역에 가뭄이 심상치 않았다.

여름에 들어서기도 전인 5월 초순부터 때 아닌 태풍이 들이닥쳤다. 저장과 후난 등에서는 수백만 명의 이재민이 물난리를 겪고 집을 잃었다. 그런데 이번에는 최고지도자들 중 누구도 현장에 달려가지 않은 탓인지 저장성 원저우와 닝보 쪽 민심은 흉흉해졌다.

재난현장에 가장 먼저 달려가던 후진타오 시대의 '인민의 아버지' 원자바오温家宝 총리 흉내를 내던, 리커창李克强 총리의 발 빠른 모습도 웬일인지 보이지 않았다. 리 총리도 이번 당 대회에서 은퇴가 예고돼있는 처지인지라 매사에 의욕을 잃은 것이 당연했다. 미래가 없는 상황에서 굳이 인민의 욕을 먹는 재난 현장에 더 이상 달려갈 필요가 없었을 것이다.

저장성 등 중국 중남부 지방과 달리 허난과 산시성을 비롯한 중원을 중심으로 한 고산지대는 극심한 가뭄에 시달렸다. 이른 봄에 주로 발생하던 황사는 한여름까지 베이징을 온통 뒤덮으며 괴롭혔다. 견디다 못한 당국은 로켓을 쏘아 인공강우를 뿌려댔다.

중국 최대 농업지대인 허난성에서는 유사 이래 최대의 메뚜기 떼의 습격에 난리가 났다.

물론 이 모든 것이 지구 환경변화에 따른 재앙이겠지만 인민들의 고통을 배가시키면서 민심을 흉흉하게 했다.

라오바이싱, 인민들은 자연재해가 거듭되면 될수록 '황제'를 욕한다.

중난하이에 들어앉은 시 황제는 라오바이싱과 완벽하게 차단돼 있다. 마침내 눈에 가시처럼 거추장스럽던 '태상왕' 장 전 주석이 사라졌다. 눈 앞에 거칠 것이 없다. '상하이방'은 사공잃은 돛단 배 신세다. 태풍이 아니라 바람만 불어도 휘청거렸다. 추풍낙엽이었다. 쩡 전 부주석의 건강 역시 좋지 않았다. 좋을 리가 없다.

시 황제의 통치는 요순시대의 그것이 아니라 법가시대의 엄격한 통치처럼 무시무시한 공포정치로 변해갔다.

중국 전역의 거리는 완벽하게 통제와 보안시스템으로 감시하고 있었다.

얼굴인식 98%이상을 자랑한다는 CCTV는 길거리와 공공장소 뿐 아니라 민간 주거단지인 아파트까지 설치됐다. 도둑과 범죄자를 잡을 뿐 아니라 사람들의 행동을 옥죄는 '빅브라더'大兄였다.

교통신호를 지키지 않는 차량과 사람, 웃통을 벗어 제끼고 활보하는 동네아저씨들의 행동 하나하나가 범칙금과 벌점부과대상이었다.

인터넷 세상 역시 버전 5.0으로 업그레이드된 '만리방화'시스템으로 완벽하게 통제했다. 물론 숨구멍과도 같은 '다크웹'이나 해외인터넷망 접속을 통한 우회접속로는 막지 못했다.

사람들이 숨쉴 수 있도록 작은 숨통은 터줘야 했고 우회로를 통한 페이스북과 구글 앱으로 접속하는 정도는 내버려뒀다. 고위 당간부들도 수시로 구글과 페이스북같은 금지된 앱에 접근해서 소통했다.

신형 방화시스템으로 금지된 구글 등에 누가 접근하는 지 완벽하게 감시할 수는 없었지만 일반인들이 조직적인 소통체제를 갖는 것은 막을 수 있었다.

조지 오웰이 구상한(?) '빅브라더의 세상'이 구축됐다.

황제의 세상이 갖춰지면서 모든 것이 분명해졌지만 베이징의 분위기는 어찌된 일인지 갈수록 무거웠다.

쉽게 사라지지 않는 황사와 짙은 미세먼지 탓도 있었다.

이런 세상에서 웃고 떠들 수 있는 사람은 시 황제를 지지하는 세력이라는 생각에 사람들은 카메라가 있거나 공공장소에서는 드러내고 웃지 않았다.

온통 회색 건물들로 채워진 베이징이 더욱 더 무겁게 느껴진 것은 그 때문이었을 것이다.

상하이방과의 막후조율을 비롯한 악역해결사는 왕치산 부주석으로 통했다.

시 주석의 오른 팔이라는 사실을 대놓고 자랑하듯이 왕 부주석은 서슴없이 대중연설에 나섰다. 누구도 이 시대의 실세라는 사실을 드러내지 못하는, 웃음이 사라진 세상에서 왕치산만은 예외였다.

마치 신중국 초기 마오쩌둥 주석이 후계구도를 대내외에 공표한 후 국가주석에 오른 '류샤오치'刘小奇가 '마오毛의 신중국'과 다른 '개혁안'을 추진하다가 문화대혁명을 통해 숙청을 당한 일이 떠오르듯이 말이다.

왕 부주석의 행보에는 거침이 없었다.

그는 19대에서 '7상8하' 관행을 지킨다는 명분으로 상무위에서 은퇴한 후 이례적으로 국가부주석으로 자리를 옮겼고 이번에도 고령에도 불구하고 부주석 연임에 대한 세간의 시선을 의식하듯 경제 총괄 부주석을 내놓지 않았다.

완벽한 '내로남불'이었다.

얼마 전 상하이에 열린 '글로벌파이낸셜 서밋summit'에 참석, '중국 정부의 대내외 금융정책'을 주제로 발제에 나선 그는 '세계문화유산'으로 지정된 산시성山西省 핑야오구청平遥古城에서 열린 '아시아/호주 뱅크 컨퍼런스' 참석차 핑야오平遥현을 찾았다.

저우샤오촨 인민은행장도 이 행사에 참석했지만 중국의 금융정책을 좌우하는 것은 왕 부주석이라는 대외적인 인식을 굳히기에 충분한 정치적 행보였다. 칭화대清华大 경제학과 교수 출신으로 인민은행 부행장과 건설은행장 등 화려한 금융계 경력을 거쳐, 국무원 부총리와 상무위원으로서 중앙기율검사위 서기 등을 역임한 왕 부주석은 중국 '관치금융'의 기획자이자 총괄관리자다.

"향후 글로벌 금융은 이제 조화와 균형을 향해 나아가야 합니다. 우리는 인민을 위한 경제를 추구하면서 끊임없이 중국 특색의 사회주의 시장경제의 방향을 강화해야 합니다.

우리 경제를 떠받치는 '펀더멘탈'은 당과 정부가 보증하는 중국금융의 보안시스템이라는 점을 염두에 두시기 바랍니다.

중국이 발명한 알리페이와 위챗페이 등의 '페이경제'는 세계경제를 한 단계 업그레이드시키고 있습니다. 이제 다가오는 세기에는 화폐가 사라질 것입니다. 세계가 결국은 단일 화폐를 사용하는 날이 오게 될 것입니다. 이제 디지털 화폐가 세계를 하나로 이끌게 될 것입니다. 디지털 화폐가 기축통화가 되는 그 때에는 달러와 위안화는 사라지게 될 것입니다."

'달러화'와 '위안화' 등 미중 G2의 양대 기축통화가 이끄는 세계경제구조는 곧 끝이 날 것이라는 것이 왕 부주석의 연설 요지였다. 앞으로의 시대는 지금까지와는 다른 양상으로 전개될 것이고 그 승자는 결국 중국이라는 것이다.

'핑야오고성'은 중국 최초의 은행가들인 진상晋商 진나라상인, 산시상인들이 만든 세계 최초의 은행 '표호'漂戶가 탄생한 곳이다. 세계 최초의 원시은행인 표호 '르승창'日升昌이 바로 이곳 핑야오고성에 있다. 핑야오고성을 세계 금융의 발상지라고 부르는 것은 그 때문이다.

'아시아·호주 뱅크 컨퍼런스'가 핑야오에서 개최된 것은 원시은행의 발상지라는 역사적 상징성 때문이다.

왕 부주석은 시진핑 시대 중국경제를 총괄하는 '경제차르'다. 시진핑 시대 1기 5년간 중앙기율검사위 서기로서 부패와의 전쟁을 진두지휘하는 야전사령관노릇을 했다. 보시라이 와 저우융캉 등 '부패한 호랑이'와 '파리'들을 잡아들인 저승사자였다. 이제는 본업으로 돌아와서 미국과 패권을 다투는 중국경제의 지휘자역할을 성공적으로 수행하고 있었다.

2박3일에 걸쳐 진행된 글로벌 컨퍼런스는 G7 등 주요 선진국 재무장관과 중앙은행장이 참석한 폐막연회를 끝으로 일정을 마무리됐다.

왕 부주석은 쉬고 싶었다. 피곤이 갑자기 몰려왔다.

핑야오 고성은 산시성 성도 타이위안太原에서 100여 km 남짓 밖에 떨어져 있지 않은 거리에 있었고 이와 같은 국제회의를 위해 최근 고성 외곽에 세계 최고수준의 6성급 호텔과 6성급 객잔客栈호텔을 별도로 지었다.

그는 조용히 만찬을 끝내고 혼자서 호텔을 빠져나와 고성으로 들어갔다. 컨퍼런스를 주재해야 하는 긴장과 피로를 풀 겸, 조용하게 천년고성을 혼자서 산책하고 싶었다. 고성에 들어서자 거리 곳곳은 명청시대 옛 거리 그대로 모두 상점들로 성업중이었다. 가게들도 파장 분위기였다.

불빛이 뜸한 골목 쪽으로 발길을 돌렸다.

골목은 미로였다.

이리저리 발 길 내키는 대로 천천히 걸었다.

그의 머릿속에서는 곧 다가 올 여름 '베이다이허 회의'에서 제시해야 할 시나리오가 하나씩 그려졌다가 지워지곤 했다. 생각에 꼬리에 꼬리를 물었다.

복잡한 머리 속을 비우는 데는 생각들이 꼬리물기를 하도록 내버려두고 천천히 걷는 것이 가장 좋았다.

그러다가 좋은 아이디어가 떠오르면 메모장을 꺼내 적는 것이 그의 버릇이었다.

한참을 그렇게 걷다가 문득 옆을 보니 바짝 뒤를 따르던 경호원의 모습이 보이지 않았다. 생각없이 걷다보니 수행 경호원도 놓친 모양이다. 경호원도 잠시 긴장을 내려놓고 길거리 풍경에 빠져 군것질거리를 사느라 왕 부주석이 어슬렁거리는 모습을 눈으로 지켜보면서 따라붙겠다고 여겼을 것이다.

그렇게 왕 부주석은 천천히 10분을 더 앞으로 걸었다.

골목은 깜깜했다.

관광객들이 다니는 번화가로부터는 한참 떨어진 모양이다.

'산전수전 다 겪었는데 내가 무서워 할 것은 없지... 사람들이 나를 무서워하겠지...'

두려움이 있을 리가 없었다. 시 황제가 절대 신임하는 2인자인 그가 두려워할 것이 하늘아래 무엇이 있겠는가?

그 때였다.

무엇인가 섬뜩한 기운이 느껴져서 뒤를 돌아봤다. 낯선 사내 셋이

길을 막고 따라오고 있었다.

몸을 돌려 '누구냐!'고 소리치기도 전에 거친 사내들의 손길이 입을 틀어막았고 무릎을 쳤다.

소리를 지를 수도 없었고 몸을 돌릴 여지도 주지 않았다. 전광석화와 같은 솜씨로 그들은 왕 부주석을 주저앉혔고 의식이 몽롱해져가는 그를 한 사내가 부축하는 양 들쳐 업고 달렸다.

낮에는 세계문화유산으로 지정된 고성 안에 차량이 들어갈 수없었다. 그러나 저녁 9시 이후에는, 고성에 사는 거주민의 차량은 들어갈 수가 있었다. 옆 골목에 주차한 차량 안으로 그들은 왕 부주석을 밀어넣고는 고성 밖으로 빠져나갔다. 검은 썬팅을 하지 않아도 칠흑같은 어둠이어서 아무도 차안 사정을 알 수가 없었다.

의식이 몽롱한 와중에서도 왕 부주석은 정신을 잃지 않으려고 발버둥을 쳤지만 의식은 순식간에 바람처럼 사라졌다.

국제회의가 열리고 있는 삼엄한 경비가 펼쳐지고 있는 고성에서 주최측의 최고위인사가 실종되는 사태가 벌어졌다. 고성안팎은 물론이고 산시성 성도 타이위안까지 발칵 뒤집어졌다. 이미 베이징에서도 왕 부주석의 실종납치사건이 보고됐다.

'그들'의 반격이 시작된 것인가?

가을에 열리는 당 대회를 앞두고 시 주석과 반대파의 두 세력 간 사생결단의 한판 전쟁이 시작된 것인가?

왕 부주석 납치는 반대세력이 보내는 경고의 메시지였다.

산시성 경계는 그 시각부터 철통같이 봉쇄됐다. 차량이동은 물론이고 쥐새끼 한 마리 빠져나갈 수 없을 정도로 대대적인 검문과 봉쇄

작전이 펼쳐졌지만 왕 부주석의 행방은 어디에서도 찾을 수 없었다.

왕 부주석이 마지막까지 걷던 그 골목에서 이른 아침 '紅色中華'라고 새겨진 붉은 깃발이 발견됐다.

붉은 깃발이라니.... 보시라이의 '붉은 충칭'紅色重庆이 떠오르는 깃발이었다. 왕 부주석 납치사건을 해결하기 위해 장용위 국가안전부장이 직접 핑야오에 도착했다. 깃발을 받아 든 장 부장의 머리 속은 빠르게 돌아갔다.

납치 사건의 배후에 정치색채가 강한 조직이 있다는 표식을 일부러 남긴 것이다. 홍색紅色을 표방하고 나선 것은 다분히 정치적 의미를 담고 있었다.

국제회의 도중에 발생한 사건이라 공안국 뿐 아니라 국가안전부가 직접 나섰다.

장 부장의 머릿 속에서는 '친청秦城교도소'에 수감된 보시라이 전 충칭시 서기의 방에 놓인 붉은 깃발이 문득 떠올랐다.

5

산시방西山会, 山西帮

공안부장 왕샤오훙王小洪의 뇌리에 한 고위급 인사가 떠올랐다.

링지화令计划 전 통일전선공작부장이자 전 중앙판공청 주임이었다. 사건이 벌어진 곳은 산시성이었다. 그렇다면 산시성에 영향력있는 인사가 배후에 있다는 생각이 들었다. '산시방'의 좌장이 링지화였다.

"고성古城을 1차 차단하고 2차 차단선은 타이위안까지 확대하도록 하라. 당장 성내의 모든 가택을 철저하게 수색해서 수상한 자와 후커우(호적)가 성내에 있지 않은 자들을 찾아내도록 하라."

납치범들이 왕 부주석을 납치해서 고성을 빠져나가지 않은 채 고성 내에 마련한 은신처에 숨어들었을 가능성을 배제할 수 없었다. 당시 고성 외곽에 경호경비가 집중돼있었고 베이징으로 통하는 주요 고속도로는 철저하게 검문을 하고 있었다. 그렇다면 고성 안에 있거나 고성 주변의 안가에 납치범이 왕 부주석을 데리고 있을 가능성이 아주 높다.

공안부장은 시 주석이 가장 신뢰하는 공안분야 최고 책임자다. 시자쥔习家军 그룹 내에서 공안계통에서만 잔뼈가 굵은 핵심 왕샤오홍이 공안부부장직에서 최근 공안 분야 최고책임자로 승진했다.

핑야오에 도착한 왕 부장은 한 눈에 왕 부주석 납치사건이 단순한 강도나 실종사건이 아닌 차기 당 대회를 노린 '다오시'倒习, 시진핑 체제를 전복시키려는 세력의 치밀한 작전의 결과라는 감을 받았다.

사건이 발생한 곳이 산시성 타이위안太原에서 그리 멀지 않은 핑야오 고성이라는 점은 오래 전부터 치밀하게 계획된 사건이라는 심증을 반증하는 1차적 정황이었다. 이 컨퍼런스가 1년 전에 확정된 것이라는 점을 감안하면 최소 1년 전부터 준비된 음모일 수 있었다.

이 산시성을 속속들이 잘 아는 세력이 배후에 있을 수 밖에 없었다. 산시성 서기는 로우양성楼阳生. 로우 서기는 확실한 시자쥔이다.

전직 (산시)서기라면...누구일까?

산시방의 핵심은 링지화 전 통전부장이었다. 그가 보시라이 사건에 연루된 혐의와 부패혐의로 현재 베이징 교외 친청秦城교도소에 수감돼있다고 하더라도 산시방은 언제든지 이정도의 사건을 벌일 수 있는 능력이 있다.

친청교도소는 링 주임 뿐 아니라, 보시라이와 저우융캉 등 이른바 '부패호랑이'들이 떼로 몰려있는 곳이 아닌가.

이들 외에도 2005년 상하이에서 좌초된 천량위 전 상하이서기와 텐진시 서기를 지낸 황싱궈도 갇혀있다.

부부장급(차관)이상의 고위급들을 수용하는 교도소이긴 하지만 수감된 이들이 작당을 한다면 정변 모의를 할 수 있는 필요조건은 충분했다. 무엇보다 이들에게는 엄격한 교화와 통제보다는 전직 고위당 간부에 대한 예우차원에서 3평~6평 남짓한 독방을 제공하고 날마다 육류반찬에 노역 대신 휴식을 취하게 하고 외부인의 면회와 TV시청도 무제한으로 허용했다.

무엇보다 기본적으로 휴대전화를(심야시간을 제외하고는) 제한하지 않고 있다는 점에서 외부와의 연락도 자유로웠다.

링 주임 체포과정과 재판과정을 통해 드러난 링지화의 조력자들이 대거 적발되고 당적을 박탈당하는 등 산시山西 출신 고위공직자들의 모임인 이른바 '산시방'은 궤멸되다시피 했지만, 그 많은 산시출신 하위 공직자들까지 공직과 당직을 박탈할 수 없었다. 산시방의 하부 조직은 여전히 살아있었다. 아마도 그들은 그날이후 절치부심의 시간을 보내고 있을 것이다.

2015년 링지화 체포와 동시에 관영 신화통신은 '산시방'과 '비서방'(중앙판공청 등의 비서출신 정치세력, 이른바 쩡칭훙과 링지화), '석유방'(중국석유 등 석유관련 국영기업 고위간부출신 정치세력, 저우융캉 등)을 부정부패와 비리를 저지른 3대 파벌이라며 강하게 비판한 바 있다.

링 주임 낙마와 더불어 링 주임의 형인 링정처令政策 전 산시성 정협 부주석과 미국으로 도피한 링 주임의 동생 링완청令完成도 여론의 도마 위에 올랐다. 산시성장과 산시성 서기도 즉시 교체되는 등 시 주석은 산시방에 대해 가혹한 조사에 나서, 적잖은 산시 출신 당 간부들이 친소관계도 따지지 않은 채 애꿎게 옷을 벗거나 감옥에 가는 경우가 적지 않았다. 링지화의 정치국 상무위원 진입을 위해 산시방이 조직적으로 움직였다는 혐의 때문이다. 산시방은 시 주석에 반대한 '반역집단'으로 찍혔다.

'산시방'은 소위 정변이나 쿠데타 가담여부와 관계없이 시진핑 집권이후 지나칠 정도로 핍박을 받은 세력이라고 할 수 있다. 그들의 억울함은 살아남은 산시방 출신 고위 당 간부들의 보다 강한 내부결속을 이끌었을 것이다.

링지화에 대한 공격은 사실 후진타오 주석이 좌장인 공청단에 대한 경고와 견제의 의미도 있었다. 링지화가 리커창 총리와 더불어 공청단을 대표하는 차세대 지도자의 한 사람이었기 때문에 링지화의 반역혐의 가담은 후 전 주석까지 경악시켰다.

링지화는 산시성 핑루平陆 출신으로 후난대 졸업직후인 1976년 중국공산당에 입당했다.

1995년 중앙판공청 조사연구실(총서기 비서실)에 입성한 후, 장쩌민 주석의 중앙판공청 부주임으로 승진했고, 후진타오가 권력을 이어받은 후 중앙판공청 주임으로 올라섰다.

아들의 페라리 사고로 중앙서기처 서기와 통전부장으로 좌천되기 전까지 무려 16년간 중앙판공청을 지킨 '비서방'의 좌장이다. 3대에 걸친 판공청 붙박이인지라 중국공산당 최고지도부의 모든 것을 속속들이 알고 있다.

최고지도자의 지근거리에서 보좌했고 평상시에는 경호까지 책임지는 막중한 판공청 주임은 정치국 상무위원 이상의 막강한 실세였다.

그가 낙마한 후 중앙판공청은 수년 동안 링지화의 잔재를 청소하느라 진통을 겪었다. 시 주석의 초대 판공청 주임을 역임한 리잔수栗战书 상무위원은 3년간 10여명의 판공청 고위 간부들을 퇴직시켰다. 링지화에게 뇌물을 바치거나 기밀을 누설하는 등의 부패연루 혐의였다.

퇴직한 산시방 공직자들도 별도의 산시방 모임을 조직했다. 친목 모임 성격으로 대외적으로 알려졌지만 이들은 그들의 좌장인 링지화의 안부를 묻고 대리인을 시켜 면회를 가는 등의 활동을 이어갔다는 첩보가 들어왔다.

그들이 살아남기 위해 만든 조직은 여전히 살아있었다.

왕 공안부장은 즉시 '잔존' 산시방 고위급 인사에 대한 전수조사와 추적을 지시했다. 혹시라도 있을지 모르는 산시성내의 산시방 안가를 즉시 찾으라는 지시도 함께 내렸다.

만일 이번 왕 부주석 납치사건을 산시방이 주도한 것이라면 '정변' 政变의 예고일 것이다.

무한 독주할 것으로 예상되던 시 주석의 장기집권과 지도력에 공개적으로 반기를 든 것으로 향후 군사쿠데타 발발 가능성을 배제할 수 없다.

왕치산 부주석은 누구인가?

'시진핑의 오른팔'로 불리는 최측근인사다. 중앙기율검사위 서기로서 부패척결의 사령탑으로 지난 5년간 사정의 칼을 저승사자처럼 마구 휘둘렀다.

저우융캉-보시라이-쉬차이허우-링지화로 일컬어지는 '신4인방'과 연루되거나 친소 의혹만으로도 억울하게 처벌을 받았다.

'차르'의 의심을 받고 빠져나갈 수 있는 방법은 없다. 가차없이 목이 달아났다. 그런 시절이었다.

억울한 연루자도 꽤 있었을 것이다. 신4인방과 함께 근무한 경력만으로 승진이 좌절되고 당적을 박탈당하고 쫓겨나 재산까지 탈탈 털리는 경우가 허다했다.

'신산시방'은 그런 세력들을 규합해서 행동대를 조직했다. 특히 중앙판공청과 중앙경위국 경호요원들을 행동대로 끌어들였다.

왕 공안부장은 배후세력을 추적하다가 심상치 않은 사조직을 찾아냈다. 그 조직의 최근 활동상황을 보고받았다. 누군가 우발적으로 왕부주석을 납치하거나 혹은 다른 범죄조직이 나섰을 가능성은 없다. 중국에서 왕치산을 모르는 사람은 없었다. 그의 이름을 들으면 우는 아이도 울음을 그친다는 '차르'아닌가.

사정의 칼을 휘두르던 그가 집권 2기 들어 금융권의 황제로 복귀한 이후에는, 정치세력과 유착해 급속 성장한 대기업이 긴장하기 시작했다.

마윈 회장의 알리바바 그룹은 장쩌민-쩡칭훙 등 상하이방이 배후에 있다는 의심을 받는 대표적인 기업이다. 마윈은 어느 날 갑자기 기자회견을 자청, 알리바바 그룹 회장에서 물러나 초심으로 돌아가겠다고 선언했다.

마윈의 이같은 행보에 대해 열렬하게 박수를 친 사람은 없다. 그가 자발적으로 무소유의 삶을 선언한 것이라고 믿는 중국인도 없다.

'반중해외매체'들은 장쩌민의 손자 장쯔청이 설립한 중국사모펀드사 '보위캐피탈'(Boyu Capital)이 싱가포르에 사무실을 설립했다는 뉴스를 전하면서 이는 장쩌민의 안위와 관련, 재산을 해외로 빼돌리려는 시도라고 폭로했다.

매체는 이와 관련, 월스트리트저널이 마윈의 앤트그룹의 숨은 10대 투자자중 하나가 '보위 캐피탈'이라고 보도했다고 지적했다.

미루어 짐작컨대 중국 금융당국의 제재를 받고 있는 마윈의 앤트그룹의 지분구조가 복잡하고 대부분 중국의 권력자들로 구성돼 있으며 일부는 시진핑의 반대세력과 밀접한 것으로 분석된다.

보위 캐피털외에도 자칭린 전 정협주석의 사위 리보탄李伯潭이 지배하는 베이징쟈오더투자그룹北京昭德投资集團 역시 우회적으로 앤트그룹에 투자하고 있는 것으로 밝혀졌다. 또 푸싱그룹의 궈광창郭廣昌 회장도 앤트그룹 투자자인데, 궈광창은 장쩌민의 아들 장몐캉江綿康과 밀접하다는 소문이다

토끼사냥이 끝난 후 다음수순은 '여우사냥'이다.

사냥당한 세력들에게 지난 10년은 '절치부심'의 억울함을 삼키는 계절이었다.

드디어 때가 온 것이다.

권력에 취한 세력은 방심하게 마련이다.

강력한 적이 눈앞에 보이지 않으면 경계가 느슨해질 수밖에 없다.

10년간 딱 한 순간이 왔다.

그 때가 지금이다.

산시성에 가면서 왕 부주석은 경호 점검을 느슨하게 했을 것이다.

다음 타깃은 왕치산보다 더 높은 곳이다.

시 주석의 경호수준이 최고수준으로 격상됐다.

6

반격의 시작

폭풍전야처럼 고요했다.

왕치산 부주석 실종사건은 여전히 오리무중에 빠져 한 발짝도 벗어나지 못했다.

베이징 외교가에서는 왕 부주석의 부재는 '자작 쿠데타'일 것이라는 추측도 설득력있게 나돌고 있었다.

가을로 예정된 20차 당 대회를 앞두고 시 주석의 후계구도가 드러나지 않은 가운데 시 주석의 장기집권 구도가 수면위로 드러나게 될 경우에 예상되는 상하이방 등 정적들의 반발을 무너뜨리기 위한 긴장국면 조성과 사전경고 의미가 강하다는 것이다.

왕 부주석의 실종이 장기화되고 있다는 것은 그의 실종이 납치나 범죄가 아닌 당국의 보호 하에 이뤄진 자작극이라는 심증을 갖게 한다는 분석도 있다. 그렇지 않다면 왕치산을 납치해봤자 아무런 정치적 실익이 없는데, 정치적 위험부담을 무릅쓰고 그런 위험한 시도를 했을 리 없다는 것이다.

왕 부주석은 보안당국의 보호 하에 은거해 있을 것이다. 소문은 꼬리에 꼬리를 물었다.

현실적으로도 중국에서 당국의 감시와 수색에 적발되지 않은 채 몇 달간 왕치산을 죽이지 않고 납치한 채 생활하기란 마땅치 않다. 전 중국을 이 잡듯이 뒤져서라도 반드시 찾아내는 것이 중국의 공안시스템이다. 시 주석의 최측근인사가 납치당했는데도 공안당국이 생사여부도 파악하지 못한 채 차일피일 내버려둔다는 것은 있을 수 없는 일이다.

그래서 베이징 외교가에서는 철저하게 기획된 납치의혹사건이라는 잠정결론에 손을 들어줬다.

그도 그럴 것이 왕 부주석 가족들과 시 주석 측에서 왕 부주석의 생사를 걱정하는 눈치는 전혀 보이지 않았다. 긴장감도 크게 떨어졌다. 있다면 상하이방과 산시방 등 정적세력들의 조직적 움직임을 파악하고 통제하는 계기로 활용하려는 정치적 목적만 돋보일 뿐이었다.

***

베이징으로 통하는 모든 고속도로 톨게이트를 탱크가 막았다. 정변에 대비한 사전 조치였다.

'쇼우두'首都공항과 '따싱'大興 공항의 검색도 최고수위로 강화됐다. 비행기를 못타는 승객이 속출했다. 베이징역北京站과 베이징서역西站 남역南站, 북역北站 등 베이징에서 외부로 오가는 모든 역을 통해 오고가는 열차 탑승객에 대한 검색도 최고수준으로 격상됐다.

'정변'政變 발발에 준하는 비상계엄상황이었다. 그러나 CCTV는 물론이고 베이징TV나 중국 매체는 이와 같은 베이징의 계엄과도 같은 상황에 대한 뉴스는 찾아볼 수 없었다. 베이징 시내는 통행이 제한된 채 묵직한 긴장감이 팽배했다.

중난하이中南海를 중심으로 톈안먼天安门 광장 일대는 탱크와 무장군인들이 엄중 경계에 나섰고 일반인의 접근은 완전 통제됐다. 왕치산 실종이라는 돌발사건이 전 중국을 긴장시키면서 계엄과도 같은 상황으로 정국을 급냉시켰다.

시진핑의 동정도 끊겼다. 그는 중난하이에서 두문불출했다.

정법위와 기검위 등에 남아있는 상하이방 잔존세력들이 일시에 지령에 따라 움직인 듯이 보이기도 했다.

무장경찰과 공안 등 공안당국과의 대결 등 내란사태가 불가피할 것이라는 강력한 경고장이 중난하이에 전달됐다. 시진핑 1인 체제 연장에 대한 강력한 저항이 본격시작된 셈이다.

공안과 무장경찰, 인민해방군에 1호경계령이 내려졌다. 중앙군사위원회의 승인 없는 부대이동은 쿠데타 기도로 간주한다며 즉시 보고하도록 했다. 정법위 서기가 무장경찰을 지휘할 수 있었고 실제로 지방에서는 그렇게 했으나 무경지휘권을 당 중앙군사위로 일원화한 이후 무장경찰이 쿠데타 부대로 앞장서는 일은 일어날 수 없다.

마오쩌둥 때는 물론이고 신중국 역사상 단 한 번도 군사정변이 실제로 일어나지 않았다.

마오의 후계자였던 류샤오치와 린뱌오 모두 숙청을 당하거나 쿠데타에 성공하지 못한 채 도망치다가 추락사고로 사라진 비운의 주인공이었다.

기검위와 중앙경위단 산하 상황검열단은 친청교도소로 향했다.

교도소에 있는 산시방 좌장 링지화 전 통전부장을 찾았다.

'아닌 밤중 홍두깨'격으로 검열단의 방문을 맞이한 링 주임은 담담하게 응했다. 그가 수용된 5평짜리 독방은 이 잡듯이 집중 압수수색을 당했고 이어 그는 다른 심문실로 이감돼서 혹독한 심문을 받았다.

"링 주임, 당신이 기획한 일이란 것을 부인하지는 않겠지?

왕치산 부주석은 어디에 있나?"

"무슨 일이 벌어진 것인가?

나는 10년째 이곳에 수감돼 있는데 바깥에서 무슨 일을 꾸밀 수 있다는 말인가?"

링 주임에 대한 추궁은 밤새 이어졌지만 다람쥐 쳇바퀴 도는 질문과 답변만 오갔다.

자신이 수괴로 의심받을 것이 뻔한 상황이었다.

신산시방과의 연결고리는 다른 곳에서 찾아내야 했다.

링 주임이 수괴라고 한다면 쉽사리 발각될 꼬투리같은 것을 교도소내에 남길 바보가 아니었다.

공안과 군을 이용해서 정변을 일으킨다는 것은 저우융캉과 보시라이의 추종자들인 내부자들 일 수밖에 없다.

이틀간의 조사에도 불구하고 아무런 진척이 보이지 않았다. 직접적인 연관성이 전혀 드러나지 않은 저우융캉과 보시라이를 불러 조사하기에는 정치적 부담이 만만치 않았다.

당 중앙 저변을 파고든 반反시진핑 세력 중에는 후진타오 전 주석계의 공청단 계열도 있었다. 공공연하게 '다오시'(반시진핑, 타도 시진핑 倒习)를 표방하거나 반대 입장을 드러내지는 않았더라도 시 주석이 황제로서의 1인자의 입지를 굳히면 굳힐수록 다른 세력에 속한 고위간부들의 불만은 커졌다.

가장 큰 불만을 가지게 된 세력이 있다면 오히려 후 전 주석이었을 것이다. 상하이방의 공세 속에서 시 주석에게 권력을 이양하면서 군사위 주석까지 단번에 넘겨준 것은 조기에 권력을 안착시킨 후 차기 권력을 공청단에 물려주는 것으로 양측간에 밀약이 있었기 때문이라는 관측이 나돌았다.

시 주석과 리커창 총리 체제 10년 후, 다음 후계구도는 공청단에게 넘겨주기로 하지 않았겠느냐는 것이다.

그런데도 시 주석은 양측의 밀약을 깡그리 무시하면서 독자적인 세력 확대에 나섰다. 그 약속을 지키지 않겠다는 의지가 분명하게 드러난 마당이다.

당 대회가 치러지기 최소 2~3년 전에는 후계자가 지명됐어야 하는데 시 주석은 아무런 조치를 취하지 않았다.

후 전 주석은 아들 후하이펑이 저장성 샤오싱시의 당서기를 맡아 후계자 수업에 본격적으로 착수하는 것으로 이해했다. 그러나 그 해 하이펑은 승진하지 못했다. 후 주석의 구상이 무너졌다. 밀약을 파기하고 새로운 권력구도를 세우는 중심에 왕 부주석이 개입한 것이다.

왕치산 납치사건의 배후에 보다 복잡한 세력들의 연대가 엿보였다. 단순하게 신산시방의 독자적인 주도하에 이뤄진 것이 아니라 공청단과의 연대하에 이뤄진 것이라면 복잡해진다.

한 달여의 시간이 흘렀지만 왕 부주석의 생사여부조차도 확인되지 않았다. 사건은 미궁으로 빠져들었고 조사받은 인원만 1만여 명이 넘었지만 공안부서에서는 배후세력에 대해 어떠한 단서도 찾아내지 못했다.

베이다이허로 여름휴가를 떠나야 할 주석은 고민에 빠졌다. 단 한 해도 열리지 않았던 적이 없는 베이다이허北戴河 여름 회의가 곧 열릴 예정이었다.

베이징의 분위기는 긴장을 풀 수 없는 일촉즉발의 상황이 이어지고 있었다.

베이다이허 회의가 열리기 이틀 전이었다.

타이완의 한 지방신문을 통해 친청교도소에 있는 보시라이 전 서기의 독점 인터뷰가 대서특필됐다.

대특종이었다.

'충칭황제 보시라이 전 서기 당의 전면적 개혁을 요구하며 입을 열다.'

"중국공산당은 마오쩌둥 주석의 정신을 훼손하고 있다. 중국공산당은 인민을 위해 복무해야 한다는 마오 주석의 유훈을 따라야 한다." 中国共产党要遵从毛主席为人民服务的寻遗训

"마오 주석은 스스로 중국혁명을 위해 모든 것을 희생했다. 혁명정신을 잃어버리면 신중국은 주자파의 길을 걷게 된다. 인민의 교양은 자본으로 가득차고, 당은 자본가들로 가득차 있다. 신중국이 가는 길은 마오 주석이 가고자 했던 궤도에서 이탈했다. 다시 마오쩌둥의 길로 되돌아가야 한다. 그것이 우리 중국공산당이 추구해 온 붉은 길이다."

황제 취임을 앞둔 시 주석에 대한 정면비판이었고 강력한 정치적 도발이었다.

"시 주석이 이끄는 신중국은 우리 모두가 가야하는 방향이다. 지도자는 인민의 행복, 중국의 미래를 위해 희생해야 하는 역사적 책무가 있다. 그것이 '마오의 길'毛之路이자 하늘의 뜻天心이다.

우리는 마오 주석을 절대로 잊어버려서는 안된다. 마오 주석은 항상 옳았다."

시 주석이 '반反마오이즘'의 길에 들어선 것이라며 시 주석을 비판하는 보시라이의 인터뷰에는 격정적인 날이 서있었다.

그는 스파이 음모론도 제기했다.

"마오 주석과 선친 보이보가 걸었던 중국혁명이 없었다면 오늘의 우리는 존재하지 않는다. 나는 정치적 게임의 희생양이었다. 억울하지만 만일 당에서 왕리쥔이 미국의 스파이였다는 것을 알고 있었으면서도 그대로 방치했다면 정치공작의 소산이라고 할 수밖에 없다. 그것에 대해서도 당시 많은 증거를 갖고 있었다. 그러나 당은 나를 일방적인 정치적 희생양으로 삼아 몰았다. 좌시할 수 없으며 좌시하지도 않을 것이다."

"나는 혼자가 아니다. 우리는 그 싸움을 시작했다.

마지막에 웃는 자가 이길 것이다."